미의식과 인간

예체능계열 글 읽기

미의식과 인간: 예체능계열 글 읽기

1판 1쇄 인쇄 ‖ 2010년 09월 10일
1판 1쇄 발행 ‖ 2010년 09월 20일

엮은이 ‖ 중앙대학교 교양학부 글쓰기교육위원회
펴낸이 ‖ 양 정 섭
기획·마케팅 ‖ 노경민 김현아 주재명
디자인 ‖ 김 미 미
경영지원 ‖ 조 기 호

펴낸곳 ‖ 도서출판 경진
등　록 ‖ 제2010-000004호
주　소 ‖ 경기도 광명시 소하동 1272번지 우림필유 101-212
블로그 ‖ http://kyungjinmunhwa.tistory.com
이메일 ‖ wekorea@paran.com

공급처 ‖ (주)글로벌콘텐츠출판그룹
대　표 ‖ 홍 정 표
주　소 ‖ 서울특별시 강동구 길동 349-6 정일빌딩 401호
전　화 ‖ 02-488-3280
팩　스 ‖ 02-488-3281
홈페이지 ‖ http://www.gcbook.co.kr

값 8,000원
ISBN 978-89-5996-091-0 03810

글읽기

미의식과 인간

❸ 예체능계열

중앙대학교 교양학부 글쓰기교육위원회 엮음

도서출판 경진

제3장 문화 텍스트 읽기 63

제4장 예술과 현실 209

일러두기

1. 『미의식과 인간』은 예체능계열 대학생들의 학술적인 글쓰기와 창의적인 사고력 증진을 돕기 위해 만들어진 책이다.
2. 예체능계열 대학생들은 심화된 글쓰기 훈련을 위해 이 읽기 자료를 효과적으로 활용할 수 있다.
3. 이 책에는 시대를 아우르는 기념비적 고전과 동시대의 현실에 대한 비판적 인식이 돋보이는 글들이 수록되어 있다.
4. 이 책은 중앙대학교 예체능계열 '글쓰기 2' 강좌를 위해 제작하였지만, 교양교육의 일반적 목적에 부합하는 용도로도 활용할 수 있다.
5. 수록된 글들은 원문을 그대로 적는 것을 원칙으로 했으며, 글의 끝에는 원전의 출처를 정확히 밝혔다.

－중앙대학교 교양학부 글쓰기교육위원회

제1장
생각의 발생

글읽기

벌거벗은 눈

진 중 권

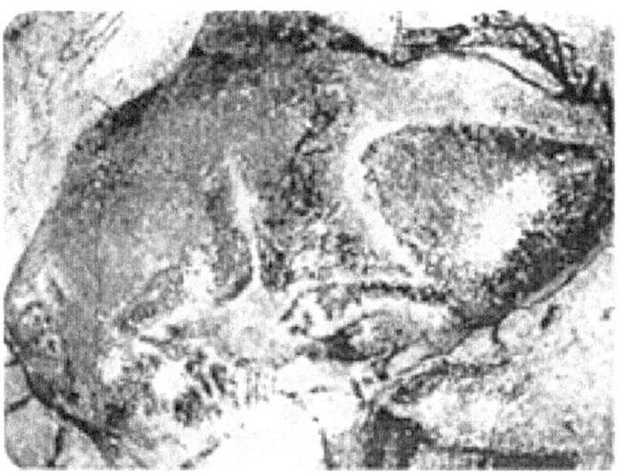

〈상처 입은 들소〉 기원전 1만5,000~1만 년, 알타미라 동굴.
〈순록〉 기원전 1만5,000~1만 년, 프랑스, 퐁드 공프.

19세기 말에 구석기인들의 동굴 벽화가 처음 발견되었을 때, 사람들은 이 그림이 위작(僞作)임에 틀림없다고 생각했다. 1만 5,000년 전, 구석기 시대의 미개인들이 어떻게 '상처 입은 들소'를 이토록 생생히 묘사해낼 수 있단 말인가. 들소가 죽어가는 처절한 순간을 보라. 네 다리는 더 이상 몸을 지탱할 수 없고, 머리는 마지막 방어를 위해 숙이고 있다. 사실 예술사에서 이 정도의 표현을 찾아보려면 한참이나 시기가 뒤로 내려와야 한다. 그 뒤 유럽과 아프리카의 여러 곳에서도 놀라운 사실성을 보여주는 벽화들이 발견되었다. 덕분에 이 그림들은 위작이라는 혐의를 벗을 수 있었다. 하지만 인류 최초의 예술이 탄생하자마자, 이처럼 단번에 생생한 자연주의적 묘사 수준에 도달했다는 것은 여전히 이해하기 힘든 일이다. 뒷날의 '개화'된 인간들도 이 정도 수준에 도달하기 위해서는 수천 년에 걸친 실험과 시행착오를 거쳐야 하지 않았던가.

이 놀라운 현상을 어떻게 설명할 수 있을까? 우리의 무례한 편견과는 달리, 이 야만인들이 이미 고도의 정신 능력을 갖추고 있었던 것은 아닐까? 물론 아니다. 신석기인들은 분명 그들보다 훨씬 더 뛰어난 정신 능력을 지녔지만, 자연주의적 묘사를 더 발전시키기는커녕 관습화한 기하학적, 추상적 양식으로 후퇴(?)하기 때문이다. 과연 이 모순을 어떻게 해결할 수 있을까?

유명한 미술사가 에른스트 곰브리치(Ernst H. J. Gombrich, 1909~2001)에 따르면, 사물을 지각할 때 우리는 오로지 눈에만 의존하는 것이 아니라고 한다. 개념적 사유를 하는 인간은 자신이 이미 알고 있는 '지(知)의 도식'을 적용하게 된다. 말하자면 시지각(視知覺) 자체가 벌써 개념적 사유라는 색안경을 통해 이루어지는 것이다. 어린이의 그림에서 벌써 우리는 시지각에 미치는 이런 개념적 사유의 영향력을 볼 수 있다. 어린이는 결코 눈에 '보이는 대로' 그리지 않는다. 그들은 자신이 이미 알고 있거나 중요하게 생각하는 부분은 크게 그리고, 그렇지 않은 부분은 작게 그리거나 과감하게 빼버린다. 그들은 '아는 대로' 그리는 셈이다.

그러나 구석기 시대 원시인들은 아직 개념적 사유가 시지각을 지배할 정도까지 발달하지는 않았다. 바로 이 때문에 그들은 '개념적 사유'의 간섭을 받지 않고, 자연을 '보이는 대로' 그릴 수 있었다. 개념적 사유로 무장하지 못한 이 '벌거벗은 눈'이야말로 그들의 놀라운 자연주의를 설명해주는 것이다. 결국 우리는 구석기인들의 '높은' 수준의 자연주의가 그들의 '낮은' 수준의 지적 능력으로 설명된다는 역설에 이르게 된다.

신석기 시대에 들어서면 사정은 달라진다. 사냥감을 좇아 떠돌아다니던 인간은 정착 생활을 시작한다. 농경이 시작되었기 때문이다. 농경은 인간의

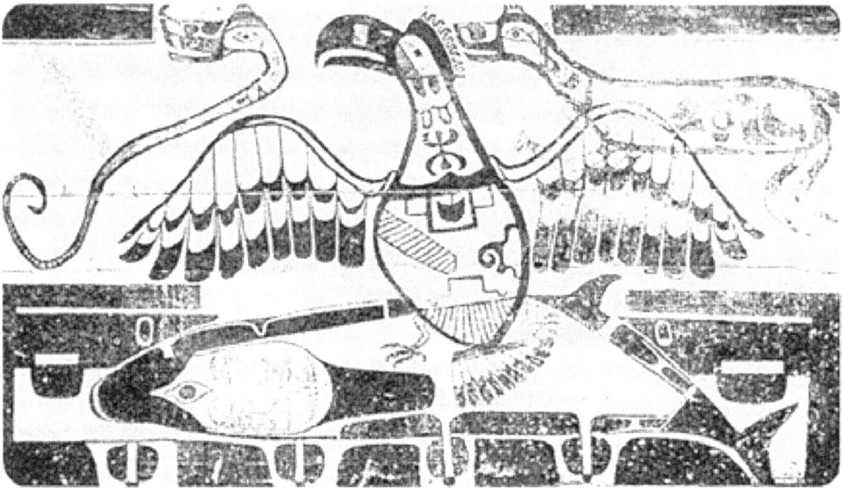

〈번개뱀과 이리, 범고래 위에 앉아 있는 뇌조〉 누트카 인디언, 1850년경. 인간의 추상 능력이 발달함에 따라 추상적, 기하학적 양식이 등장한다.

사유 능력에서 매우 중요한 의미를 지니는데, 그 까닭은 고도의 추상능력을 요구하기 때문이다. 아마도 자연 현상에 대한 최초의 추상은 '사계절의 순환'이라는 관념이었을 것이다. 농경은 이미 변화무쌍한 현상들 속에서 어떤 '운행 질서'를 발견했음을 의미한다. 즉 그들은 이미 변덕스럽고 혼란스런 자연 현상에 사계절이라는 '도식'으로 질서를 부여할 수 있게 된 것이다. 사계절이라는 개념이 없다고 생각해보라. 눈·비·더위·추위·서리·가뭄·우박·태풍·홍수 등 시시각각 눈앞에서 펼쳐지는 자연 현상은 혼란스럽기 짝이 없을 것이다. 이 현상들이 수천, 수만 번 반복되고 교차하는 가운데, 점차 그들은 이 현상의 파노라마 속에서 어떤 공통성이 있음을 깨닫고, 거기에서 '사계절의 순환'이라는 '개념'을 뽑아냈다.

그 뒤 인간들은 외부세계를 파악하고 정복하기 위해 점점 더 추상적인 사유에 의존한다. 바로 이 추상적. 개념적 사유가 신석기 시대의 추상적, 기하학적 양식을 설명해준다. 이는 일찍이 나일강이 해마다 범람하여 토지의 경계선을 지워버리는 이집트에서 기하학이 발전하는 것과 마찬가지 원리이다. 추상적, 기하학적 사유는 곧 자연에 대한 지배를 의미하므로, 그에 대한

〈캥거루에 창을 던지는 주술사〉 북부 오스트레일리아 서(西)아른헴랜드에서 나온 원주민의 그림, 1900년경. 그들은 '아는 대로' 그렸다. 캥거루의 내장까지.

인간의 신뢰는 더욱더 두터워졌다. 그럴수록 그들은 저 구석기인들이 가졌던 '벌거벗은 눈'을 잃어버렸다. 그들의 눈은 점점 더 개념의 지배를 받게 되고, 그럴수록 사물을 '보이는 대로'가 아니라 '아는 대로' 묘사하게 되었다. 그 결과 점점 더 사물의 우연적이고 개별적인 특징을 사상(捨象)하고, 불변적이고 일반적인 특징만을 추상(抽象)한 기하학적 양식이 발달한다.

선사 시대부터 우리는 벌써 두 가지 대립되는 재현 양식을 발견할 수 있다. 구석기 시대의 자연주의적 양식과 신석기 시대의 기하학적 양식이 그것이다. 현존하는 미개 부족들은 신석기 단계에 있기에 대부분 추상적, 기하학적 양식을 보여주는 데 반하여, 아직 구석기 단계에 있는 부시맨에게서는 자연주의적 양식을 찾아볼 수 있다. 어쨌든 이 두 양식의 대립은 오랫동안 미술사를 지배하게 되는데, 이 대립이 인류 최초의 문명 세계에서도 새로운 형태로 되풀이된다.

[출처] 진중권, 「벌거벗은 눈」, 『미학오디세이』, 휴머니스트, 2004, 27~31쪽.

E. H. 곰브리치, 『서양미술사』(최민 옮김), 열화당, 1977.
E. H. 곰브리치, 『예술과 환영』(백기수 옮김), 이화여자대학교 출판부, 1985.

책과 몸—찰떡궁합

고 미 숙

시각의 폭주에 대한 이야기를 좀 더 해보자. 이것이 외모지상주의와 바로 연결된다는 것은 쉽게 공감할 것이다. 우리 사회는 청소년들은 말할 것도 없고, 중장년·노인에 이르기까지 모든 세대가 얼짱·몸짱을 갈망한다. 기준은 물론 섹시미이다. '섹시하다'는 것은 '난 너한테 성욕을 느껴!', '난 너랑 자고 싶어' 이런 표현이 아닌가. 대놓고 이렇게 말하면 성희롱이 될 수 있는 말이다. 하지만 모든 매체에서 이 괴상한 낱말을 시도 때도 없이 밥먹듯 써대고 있다. 게다가 듣는 이들도 수치심은커녕 그 말을 오히려 최고의 찬사로 받아들인다. 그리하여 연예인은 물론이거니와 보통 사람들까지 온통 섹시미를 드러내지 못해 안달이다. 오죽하면 국민 여동생 문근영마저 야한 옷을 걸치고 나와 낯 뜨거운 춤을 추는 장면을 연출했겠는가.

이런 추세에 발맞추어 성형은 이제 일상이 되어버렸다. 쌍꺼풀 수술은 기본이고, 턱 수술에 종아리 수술을 넘어 전신 수술을 하는 경우도 다반사라 한다. 그래서 그런지 요즘은 다들 참 예쁘고 늘씬하다. 이러다 전 국민이 다 섹시해지면 어떻게 되는 거지? 그러면 남보다 더 섹시해지기 위해 또 다시 뜯어고칠 테지. 섹시미의 무한질주? 그럼, 서로가 서로에게 성욕만을 느끼는 시대가 도래할 것인가? 흡! 생각만 해도 끔찍하다. 하지만 일단 이

레일을 밟기 시작하면 벗어나기가 결코 쉽지 않다. 평생 성형을 해야 하고, 평생 다이어트 클럽에 다녀야 하고, 비만과 노화를 막는 약을 먹거나 주사를 계속 맞아야 하며 마침내 삶은 온데간데없이 사라지고 몸만 덩그러니 남게 된다. 마치 쇼윈도에 걸린 마네킹처럼. 실제로 우리 시대 여성들은 점점 더 마네킹을 닮아가고 있다. 더할 나위 없이 예쁘고 섹시하지만 생명에의 의미는 홀연 증발해버린 마네킹 말이다. 예쁜 연예인들이 종종 자살에 이르는 것도 이런 흐름과 무관하지 않을 것이다. 얼짱·몸짱이 되고 싶은 것이야 인지상정이라 치자. 그러나 중요한 점은 다 잘 살자고 하는 일 아닌가. 섹시함과 생명을 맞바꾸어서야 그게 어디 될 말인가?

그렇다면 얼굴도 멋있어지고, 몸도 건강해지면서 동시에 삶의 비전이 확 열리는 길은 무엇일까? 바로 독서이다! 뻥치지 말라고? 아니다! 자, 다시 한 번 되새겨보자. 초야에 묻혀 있던 제갈량. 그가 천하를 쥐락펴락할 수 있었던 힘의 원천은 독서였다. 묵적골에 숨어 있던 허생, 세상에 나오자마자 나라의 부를 한손에 움켜쥐고 마음껏 주무를 수 있었던 저력 역시 독서였다. 그런데 유비는 제갈량의 재주와 지략을 어떻게 알아보고 삼고초려를 한 것일까? 제갈량이 무슨 묘책이라도 썼나? 아니면 광고라도 찍었나? 천만에! 유비는 그냥 한눈에 제갈량의 그릇을 알아봤다. 그의 얼굴과 몸에 도저히 범접할 수 없는 기운이 흘러넘쳤기 때문이다. 허생은 또 어떤가? 부인의 강짜에 내몰려 거리로 나선 뒤, 다짜고짜 장안 최고의 갑부 변부자를 찾아간다. 대뜸 만 냥을 빌려달라고 하자, 변부자는 이름도 묻지 않고 즉석에서 만 냥을 내준다. 허생의 내공을 한눈에 알아본 것이다. 그렇다. 그들은 책을 통해 전혀 다른 종류의 신체가 된 것이다. 고도의 감응력을 지닌 신체가.

그리고 사람의 운명을 결정하는 것은 바로 그런 고도의 감응력에 달려 있다. 왜냐하면 그것은 말 그대로 사람들의 마음을 움직일 수 있기 때문이다. 친구건 연인이건 사업 파트너건 다 마찬가지이다. 외모는 아주 일차적인 조건 이상이 될 수 없다. 시간이 지나면 아무리 뛰어난 미모도 평범하게 느껴지고 그 반대의 경우도 마찬가지이다. 그러니 아무리 얼굴을 뜯어고치고 몸매를 다듬는다 한들, 기본적인 신체적 근기를 바꾸지 못하면 마주치는 관계가 달라지지 않고, 결과적으로 동일한 삶의 패턴을 반복하게 된다. 대한민국의 대표배우 최민식이 〈파워인터뷰〉에서 한 말, "배우는 평소엔 보도블록처럼 평범해야 돼요. 그래야 연기를 할 때 천의 얼굴로 변화할 수가 있습니다." 하지만 현실은 대체로 이 반대이다. 외모는 다들 톡톡 튀는데 노래나 연기를 할 때면 천편일률이다.

그러므로 정말로 멋진 몸을 만들고 싶다면 제대로 된 전략을 짜야한다. 송나라 때의 유명한 기철학자 장재가 말했듯이, "배움이 크게 이롭다는 것은, 그것을 통해 자신의 기질을 바꿀 수 있어서이다". 그리고 그 배움의 핵심은 다름 아닌 독서이다. 책을 읽으면 제갈량이나 허생만큼은 아니더라도 누구든 신체의 에너지와 기운의 분포를 바꿀 수 있다. 한 권을 읽으면 한 권만큼. 백 권을 읽으면 백 권만큼. 이것은 절대 공허한 말장난이 아니다. 중국철학사의 이단아 이탁오는 이렇게 말했다. "내 마음은 책을 열면 곧 거기에 있다. 책을 읽으면 그 사람이 보일 것이요, 정신은 또 천만 배나 잘 알게 될 것이다. 그러면 나 이탁오를 하루 종일 면대하는 것과 마찬가지이다"(『분서』). 생물학적으로 따져 봐도 모든 세포는 복제 능력이 있다. 탁구 치는 것을 많이 보다 보면 자기도 모르게 탁구 실력이 늘게 되는 것이나, 학년이 끝날 때가 되면 학생들이 담임선생님을 닮아가는 것처럼. 그와 마찬가지로 책을 읽은 만큼 삶의 지혜를 내 안에 온축하게 되는 것은 당연지사가 아닌가.

물론 독서 외에도 춤이나 노래, 각종 스포츠 등도 그런 효과를 발휘할 수는 있다. 하지만 그것들은 호흡이 그리 길지 않다는 점이 문제이다. 소수의 마니아들을 제외한 대부분의 보통사람들은 그런 활동에 지속적으로 몰입하기가 쉽지 않다. 그런 활동들에는 대체로 어떤 특별한 감각이나 성향을 필요로 하기 때문이다. 그래서 오래 하다보면 중독이 되고 그게 아니면 금방 싫증이 나게 마련이다. 하지만 독서는 그렇지 않다. 책의 세계로 들어가기 위해서는 몸 전체의 감각과 기운이 균형을 유지해야 한다. 그래서 근기가 좋아야 책을 읽을 수 있고, 거꾸로 책을 읽으면 근기가 좋아지게 되는 것이다. 요컨대 지극히 평범하고 평생 동안 누구나 할 수 있는 것, 그것은 오직 독서밖에 없다. 그야말로 몸과 '찰떡궁합'인 셈이다. 연암은 그 점을 아주 소박하게 표현했다.

> 선비가 하루만 글을 읽지 아니하면 얼굴이 단아하지 못하고, 말씨가 단아하지 못하고, 갈팡질팡 몸을 가누지 못하고 두려워하면서 마음을 붙일 곳이 없게 된다. 장기 두고 바둑 두고 술 마시고 하는 것이 애초에 어찌 즐거워서 했겠는가?
>
> —「원사(原士)」, 『연암집』에서

이탁오

이탁오의 초상

양명학의 후예들 중 가장 급진적인 자유주의자로 일컬어지는 이탁오에게는 이런 일화가 있다. 남방 출신인 탁오가 추운 겨울 북병에서 공부하던 중 양식이 떨어져 주언을 찾아가 밥을 청했다. 이를 딱히 여긴 주인은 남방의 주식인 쌀이 아닌 기장으로 밥을 지어와 대접했고, 탁오는 배고픈 나머지 허겁지겁 맛있게 먹은 후 치사했다. "참으로 좋은 쌀입니다 어찌 이리도 맛있습니까?" 주인의 대답은 쌀이 아닌 기장으로 지었다는 것. "너무 굶주린 나머지 맛이 더 좋아졌을 따름이지요." 이 말을 들은 탁오는 크게 깨닫고 "나에게 있어 도(道)라는 것은 오늘 먹은 밥과 같으니, 공자와 노자를 가릴 겨를이 있는가"라고 하며 전력을 다해 『노자』를 연구하기 시작했다고 한다. 이탁오 사상의 진수를 알고 싶다면 그가 태워버리라 한 책 『분서』를 공부할 것. "내 마음은 책을 열면 곧 거기에 있다. 책을 읽으면 그 사람이 보일 것이다."

[출처] 고미숙, 「책과 몸—찰떡궁합」, 『공부의 달인-호모쿵푸스』, 그린비, 2010, 107~111쪽.

동물도 죽음을 애도한다

최 재 천

6월 6일은 순국선열들의 넋을 기리는 현충일이다. 그날 우리는 나라를 위해 목숨을 바친 이들의 영령 앞에 머리를 숙이고 사랑하는 이의 죽음을 애도한다. 어느 문화권이든 인간은 모두 나름대로 독특한 장례문화가 있다. 우리 무속신앙에도 망자의 혼을 달래는 다양한 의식들이 전한다. 전라도 지방의 씻김굿이 그 대표적인 예이다.

죽음을 이해하기 위해 철학이 생겼고 죽음의 문제들을 해결하기 위해 종교가 탄생했다. 어느 문화권이든 종교는 거의 한결같이 영생을 이야기한다. 종교에 따라 영생의 형태가 조금씩 다르긴 해도, 그 틀은 모두 우리의 유한한 생명의 대안으로 영원한 삶을 추구한다는 데에 있다. 기독교는 우리에게 원죄를 인정하고 조물주 하느님을 영접하면 영생을 얻는다고 가르친다. 불교에서는 살아 움직이는 모든 생물은 다 연결되어 있고 모습을 바꾸며 윤회한다고 믿는다.

동물들도 과연 죽음을 인식하고 슬퍼할까? 일찍이 철학자 윌리엄 어네스트 호킹은 "사람만이 유일하게 죽음의 의미를 생각하며 죽음이 과연 모든 것의 종말인가를 의심할 줄 안다"고 했다. 그러나 제인 구달 박사는 어미의 주검 곁을 떠나지 못하고 거의 식음을 전폐하다시피 지내다 끝내 숨을 거둔 어린 침팬지의 이야기를 우리에게 생생하게 들려주었다. 어린 자식의 축 늘어진 시체를 차마 버리지 못하고 매일같이 품에 안고 다니는 침팬지 어미들을 발견하는 일 또한 그리 어렵지 않다.

네덜란드의 아른헴 동물원은 오래 전부터 침팬지 군락을 보호하고 있다. 침팬지들이 살고 있는 지역은 수로로 둘러싸여 사람들이 가까이 접근할 수 없도록 되어 있다. 바로 그곳이 지금은 미국 에머리 대학의 교수이자 『정치하는 원숭이(Chimpanzee Politics)』의 저자 프란스 드발 박사가 연구하던 곳이다.

드발은 그곳에서 '고릴라'라는 이름의 암컷 침팬지가 여러 차례 갓 낳은 새끼를 잃고 몇 주씩이나 다른 침팬지들을 멀리하며 구석에 쭈그리고 앉아 있는 모습을 관찰했다. 정식으로 정신과 의사의 진단을 받아본 것은 아니지만 거의 틀림없이 우울증에 빠진 침팬지였다. 동물원 관리인들이 조심스레 안겨준 10주쯤 된 어린 침팬지를 양녀로 받아들인 후에야 비로소 그는 깊은 우울증에서 벗어나 새 삶을 찾을 수 있었다.

코끼리들은 다른 동물들의 뼈에는 아무런 관심을 보이지 않는다. 하지만 코끼리의 뼈를 발견할 때면 언제나 그들의 긴 코로 뼈 냄새를 맡으며, 뼈를 이리저리 굴려보기도 하고, 때로는 오랫동안 들고 다니기도 한다. 코끼리들이 그들의 뼈에 관한 관심이 얼마나 큰가 하면 야생동물 사진작가들이 그 모습을 찍으려 할 때 그들이 다니는 길목에 코끼리 뼈 하나를 놓아둔다는 것이다. 코끼리들은 늘 신선한 물과 풀을 찾아 이동하며 살지만. 그렇게 이동하는 중에도 자기 어머니의 두개골이 놓여 있는 곳을 늘 잊지 않고 들러 한참동안 그 뼈를 굴리며 시간을 보낸다.

나도 야외 연구로 동해안을 지날 적이면 늘 바다가 내려다보이는 언덕 위 할아버지 산소를 찾는다. 왜 그래야 하는지는 나도 잘 모르겠다. 그 근방을 지나면서 할아버지의 뼈가 묻힌 그곳을 들러보지 않으면 왠지 발길이 가볍지 않다. 얼마 전 영동지방에 큰 산불이 났을 때도 할아버지의 산소는 신기하게도 불길이 피해갔다. 다행이었지만 그래도 무척이나 뜨거워하셨을 것이다.

죽음은 생명의 원천이다. 죽음이 없으면 생명도 없다. 한 생명이 사라지면 그 자리를 또 다른 생명이 채운다는 의미에서도 그렇지만 아무도 죽지 않고 영생하기 시작하면 곧 모두가 죽고 만다. 지구에 사는 생명체들의 번식력은 실로 가공할 만한 수준이다. 하지만 많은 개체들 중 대부분은 성장하는 과정에 죽기도 하기 때문에 그 중 일부만이 번식을 하게 되고 그래서 이 지구 생태계가 균형 있게 유지되는 것이다.

40대 중반을 넘기지 못하고 요절한 천재적인 생태학자 맥아더(Robert MacArthur)는 1분에 한 번씩 분열하며 성장하는 박테리아를 두고 다음과 같은 가상 시나리오를 쓴 적이 있다. "만일 일단 태어난 박테리아 중 아무도 죽지 않는다고 가정하면, 불과 36시간만에 박테리아는 우리들 종아리 높이만큼 온 지구의 표면을 덮을 것이다. 그로부터 한 시간 후면 우리 키를 넘길 것이고, 몇 달 후면 지구는 저 우주를 향해 빛의 속도로 팽창해나갈 것이다."

죽음 그 자체는 생물학적으로 볼 때 지극히 자연적인 현상이지만 죽음을 애도하는 행위는 유전자의 관점으로 설명하기 대단히 어려운 문제 중의 하나다. 이미 죽은 자는 더 이상 유전자를 후세에 전파할 수 없기 때문이다. 죽음을 애석해 하는 그 애틋한 감정은 유전자에게 과연 무슨 도움을 주었기에 지금도 우리 가슴속에 살아있는가?

[출처] 최재천, 「동물도 죽음을 애도한다」, 『생명이 있는 것은 다 아름답다』, 효형출판, 2001, 54~57쪽.

입맛으로 나, 우리, 그들을 구별하는 세상

－'취향공동체'의 탄생－

진 중 권

커피가 아니라 브랜드를 사고
상품과 상품 사이의 '차이'를 소비하네
－진중권

"언제 한국 사람이 다 됐다고 느끼는가?" 한국에 사는 어느 외국인이 인터넷에 올린 글이다. 대답은 다양하다. '식당에 가서 '아줌마 빨리빨리'라고 외칠 때" "두루마리 휴지가 식탁에 있어도 아무렇지도 않을 때" 그중에는 이런 것도 있다. "자판기 커피가 맛있다고 느껴질 때" 실제로 유학 갔다 처음 돌아왔을 때만 해도 자판기 커피는 끔찍했는데 요즘은 자판기 커피가 정말 맛있다. 그것의 진정한 매력은 물론 타의 추종을 불허하는 압도적인 가격 경쟁력이다.

자판기남과 스타벅스녀의 격돌

커피 한 잔에 300원 하는 사회에서 스타벅스(Star Bucks)는 가끔 문제로 여겨진다. 자판기 남성 중 몰지각한 일부는 700원짜리 삼각김밥으로 점심을 때우면서 한 잔에 5000원짜리 스타벅스 커피를 마시는 '된장녀'를 비난한다. 하지만 5000원짜리 밥 사 먹는 주제에 술집 가서는 수십만 원을 쓰는 '된장남'의 행태가 문제가 되는 경우는 좀처럼 없다. 커피 한 잔을 둘러싸고도 성 권력은 어김없이 끼어드는 모양이다. 이보다는 좀 더 합리적인 이유로 공격하는 경우도 있다.

"매일 식사 후 습관처럼 마신다고 했을 때 한 달에 20일만 잡아도 족히 10만 원은 된다. 적립식 펀드를 하나 더 가입할 수 있는 자금이다. 1년이면 원금만 120만 원, 10년이면 1200만 원, 50년이면 6000만 원이 된다. 지금 마시고 있는 커피 한 잔의 가치는 5000원이 아니라 미래의 6000만 원이다." ≪스타벅스 커피를 마시는 여자, 스타벅스 주식을 사는 여자≫라는 책에 나오는 구절이라고 한다. 그 책의 저자에게 그 6000만 원으로 나중에 뭐 할 거냐고 물으면 이렇게 대답하지 않을까? "스타벅스에 가서 커피 마시지."

'취미' 혹은 '취향'이라는 낱말은 글자 그대로 입맛(taste)을 뜻했다. 이 낱말이 이성중심주의 문화 속에서 시각과 청각의 섬세함으로, 지각 능력으로 전의된 것이다. 노르베르트 엘리아스(Norbert Elias)는 감각의 섬세화를 문명화 과정, 특히 궁정화의 산물로 설명한다. 폭식과 폭음을 일삼던 중세의 호전적 전사들이 궁정에서 귀족으로 변신하는 과정에서 점차 취향의 섬세함을 평가하게 됐다는 것이다. 이 세련된 궁정 취향은 훗날 시민계급에 받아들여지고, 민주주의와 시장주의의 확산을 통해 일반 시민들에게까지 퍼진다.

'취미'의 탄생을 목격한 최초의 증언은 세르반테스 사아베드라(Miguel de Cervantes Saavedra)의 ≪돈키호테≫가 아닐까. 거기에는 산초 판사가 제 조상 자랑을 하는 장면이 나온다. 자기 조상 중에 형제가 있었는데, 와인을 맛보는 섬세한 미각으로 유명했단다. 훌륭한 와인 통을 개봉하는 날, 동네 사람들이 그들에게 맛을 봐달라고 부탁했다. 먼저 맛을 본 형은 "맛이 훌륭하나 어딘지 금속 맛이 남는다"라고 했고, 동생은 "맛이 훌륭하나 어딘지 가죽 맛이 남는다"라고 했다. 사람들은 형제를 비웃었지만 나중에 다 비운 와인 통 바닥에서 가죽고리가 달린 열쇠가 나왔다나?

미학을 닮아가는 미래의 경제학

커피가 와인과 달라야 할 이유가 어디에 있는가? '스타벅스'는 유럽의 섬세한 커피 취향을 미국에 도입해 성공을 거두었다. 어떤 원두를 어떻게 갈아 무엇과 섞느냐에 따라 다양한 커피가 만들어진다. 마담이 타주는 다방커피에 달걀노른자를 띄워 먹다가, 설탕과 크림 분말의 혼합비로 취향을 드러내는 단계를 거쳐, 원산지가 다양한 커피들의 질적 차이에 대한 감각을 섬세히 분화시키는 단계. 거기에는 거부할 수 없는 문화적 필연성이 있다.

스타벅스는 커피의 입맛(taste)을 하나의 미학적 취향(taste)으로 바꿔놓았다. 스타벅스는 커피 이상의 현상으로, 그들이 파는 것은 커피가 아니라 브랜드다. 사이렌이 그려진 로고가 달린 머그잔·티셔츠·일기장은 문화적 아이콘으로 소비된다. 빈티지풍의 푸른색 사이렌 로고는 제법 고풍스러운 원본의 아우라를 풍기며 스타벅스의 뿌리 없음을 슬쩍 은폐한다. 커피 잔과 아이템 위에 새겨진 사이렌의 로고는 그것을 소유한 이가 어떤 '취향 공동체'의 일원이라고 말해준다. 일종의 '종족화' 현상이랄까.

고객은 "거기에 가면 늘 뭔가 새로운 아이템을 발견할 수 있기 때문에" 스타벅스를 찾는다고 말한다. 그 아이템은 물론 물질적인 것에 국한되지 않는다. 스타벅스는 커피가 아니라 커피의 취향을 팔고, 나아가 문화적 취향을 판다. 스타벅스는 매장에 흐르는 음악의 선곡자이며 읽을 만한 책의 추천자이자 볼 만한 공연의 기획자다. 그것은 취향의 방향을 결정하는 비평가다. 듣자 하니 기존의 아이템을 선택하는 수준을 넘어, 앞으로는 아예 새로운 저자, 새로운 가수를 발굴해 소개하고, 새로운 영화까지 만들 예정이란다.

스타벅스는 식품산업을 문화 산업으로 변화시켰다. 물론 이는 스타벅스만의 전유물이 아니다. 애플(Apple) 사용자들은 컴퓨터의 성능이 아니라 디자인으로 자신의 문화적 정체성을 연출하는데 민감하다. 애플숍에서는 컴퓨터와 주변기기만 파는 게 아니다. 그들은 취향을 판다. 사용자들이 자사의 기기가 아니라 브랜드를 소비하고 있다는 것을 잘 알기 때문이다. 이 전략이 보여주는 것은, 미래의 경제학은 점점 더 미학을 닮아간다는 사실이리라.

스타벅스를 바라보는 또 하나의 삐딱한 시각은 사회학에서 나온다. 상품을 통해 특정 계층에 속한다는 사실을 과시하는 것을 장 보드리야르(Jean Baudrillard)는 '파노플리 효과'2)라고 불렀다. 피에르 브르드외(Pierre Bourdieu)라면 이를 계급적 차이를 드러내기 위한 '구별 짓기'로 설명할지 모르겠다. 시뮬라시옹(Simulation)의 세계에서는 허구 자체가 세계가 되는 법, 허구로서의 커피, 서사로서의 커피가 오늘날에는 이미 에스프레소의 진한 액체만큼 진한 물질적 현실이다.

대중은 상품과 상품 사이의 '차이'를 소비한다. 중요한 것은 사용가치가 아니라 기호가치다. 생산과 소비의 물질적 모델은 산업사회에 속하는 것. 그것에 대한 정보사회의 모델은 비非물질화 혹은 재再물질화, 다시 말해 물질이 아닌 브랜드 그 자체, 혹은 물질의 디자인과 결합된 브랜드일 것이다. 스타벅스는 취미를 선사하고 전달하고 창조하는 문화적 매체다. 오늘날 기업은 취미로 묶인 상상의 공동체를 수신자로 갖는 미디어가 됐다.

[출처] 정재승·진중권, 「입맛으로 나, 우리, 그들을 구별하는 세상」, 『크로스』, 웅진지식하우스, 2009, 12~19쪽.

---

2) 파노플리 효과(Effet de panoplie) 파노플리란 '집합(set)'이라는 뜻으로 판지에 붙어 있는 경찰관 놀이 장난감 세트처럼 '동일한 맥락의 의미를 가진 상품의 집단'을 말한다. 어린아이가 경찰관 놀이 세트를 사용하면 마치 경찰관이 된 것 같은 기분을 느낀다. 마찬가지로 파노플리를 이루는 상품을 소비하면 그것을 소비할 것이라고 여겨지는 집단에 소속한다는 환상을 심어주는데, 이를 파노플리 효과라고 한다.

21세기를 어떻게 맞을 것인가?

복 거 일

인류의 미래가 어떤 모습을 하든, 미래에는 지식이 지금보다 훨씬 더 중요해지리라는 점만은 분명하다. 이용 가능한 지식은 빠르게 늘어나고 있을 뿐 아니라 늘어나는 속도 자체가 가속되고 있다. 자연히, 지식을 다루는 기술도 점점 중요해지고 있다. 실제로 지식을 다루는 기술은 이미 개인에게나 사회에게나 생존에 결정적 영향을 미치고 있다. 지식 산업의 갑작스러운 출현과 발전은 이 사실을 가리키는 또렷한 징후다. 안타깝게도, 우리 사회는 지식의 생산과 소비에서 상당히 뒤떨어졌다. 더욱이 우리의 결정적 취약점은 우리가 이미 모습을 드러내기 시작한 '지구제국'의 변두리에 자리 잡았다는 사정이다. 정보와 지식은 제국의 중심부에서 대부분 생산되고 유통되고 소비된다. 따라서 우리 사회로서는 중심부에서 생산되는 지식을 효율적으로 흡수하는 것이 중요하다. 생존에 필수적일 만큼 중요하다.

이런 사정은 지금 우리 사회에서 정보와 지식의 유통에 장애로 작용하는 것들을 걷어 내는 일을 요구한다. 문명이 발전하면, 문명의 중심부와 변두리 사이의 '지식의 물매'는 점점 싸진다. 지금 우리 사회와 중심부인 서양 사이에 있는 지식의 물매는 무척 싸다. 그러나 지식의 유입을 막는 장애들 때문에 실제로 우리 사회에 들어오는 정보들과 지식들은 아주 적다. 그나마

제때에 들어오지도 못한다. 그런 장애들은 경제 분야의 보호무역 장벽에서부터 문화 분야의 국수적 장벽에 이르기까지 다양하다. 그런 장벽들은 예외없이 그것들에서 이득을 얻는 집단들에 의해 끊임없이 보수되고 높아진다. 그리고 민족주의적 성향의 지원을 얻어, 그런 장벽들은 거의 언제나 당연하고 사회에 이로운 것으로 선전된다. 그것들의 정체와 그것들이 끼치는 해악들을 널리 알리는 일은 긴요하다.

정보와 지식의 교류를 막는 기술적 장벽을 낮추는 방책들도 마련되어야 할 것이다. 세계적 표준으로 채택된 것들은 우리도 채택해서, 그것을 전환할 경우 들게 되는 큰 비용을 줄이는 일이 긴요하다. 지금 그런 기술적 장벽들 가운데 가장 큰 비용을 강요하는 것은 언어다. '지구제국'이 나타나면서, 국제어의 필요성은 부쩍 커졌고, 현대에 세력이 가장 컸던 영어가 자연스럽게 그 자리를 차지했다. 언어는 사람의 삶에서 워낙 기본적인 도구이므로, 영어를 잘 쓰는 능력은 이제 모든 사람들에게 중요한 기술이 되었고 그 기술에서의 조그만 차이도 결정적 중요성을 지니게 되었다.

그런 사정을 반영해서, 지금 우리 사회는 영어를 잘 쓰는 기술에 큰 투자를 하고 있다. 비록 그런 투자는 대부분 개인들에 의해 자발적으로 이루어지지만, 그 규모는 무척 크다. 아쉽게도, 그런 투자의 효율성은 그리 높지 않다. 그런 투자를 효율적으로 만드는 사회적 기구들이 너무 부족하기 때문이다. 그런 사회적 기구들 가운데 가장 중요한 것은 영어를 공용어로 삼는 일이다. 영어가 공용어가 된다면, 개인들의 단편적 투자가 훨씬 큰 효과를 낼 수 있을 것이다. 이미 영어를 공용어로 삼은 나라들이 거두는 혜택들은 많고 크다. 단편적인 예를 하나 들면, 그런 나라들에선 CNN이 세계의 소식들을 실시간으로 알려 주지만, 우리 사회의 텔레비전들은 그것들 가운데 일부만을 아주 압축해서 방영한다. 비록 작지만, 그런 차이들이 모인 장기적 효과는 결코 작지 않다. 시민들이 영어를 더 잘 듣고 말하는 것만이 아니라, 나라 밖 사정에 대한 시민들의 안목까지 영향을 받을 것이다. 이젠 우리 사회에서도 영어를 공용어로 삼는 일을 진지하게 논의할 때가 되었다.

물론 영어를 공용어로 삼는 일은 지금 우리의 감정에 너무 거슬린다. 우리말이기 때문에, 개인적으로 상당한 손해를 보더라도 우리는 우리말을 아끼고 써야 한다는 주장에 심정적으로 동의하지 않을 사람이 과연 몇이나 되겠는가? 그러나 자연스러운 것이 늘 합리적인 것은 아니다. 이미 이 땅에 태어난 사람들은 모두 조선어에 큰 투자를 했다. 물질적으로만이 아니라 감정적으로도. 그런 사람들이 아주 큰 값을 치르더라도 조선어를 쓰겠다고 하는 것은 당연하고 합리적이다. 그러나 아직 태어나지 않은 세대들까지 미리 그런 판단으로 구속하는 것이 옳을까? 그들에게 국제어인 영어와 민족어인 조선어 가운데 자신들의 삶에 나은 것을 모국어로 고르도록 하는 것이 합리적이지 않을까?

이 물음에 대해 그들도 조선어를 쓰도록 하는 것이 당연하다고 선뜻 답변하는 사람들에게 나는 간단한 사고 실험을 해 볼 것을 요청한다. 만일, 막 태어난 당신의 자식에게 영어와 조선어 가운데 하나를 모국어로 고를 기회가 주어진다면, 당신은 자식에게 어느 것을 권유하겠는가? 한쪽엔 영어를 자연스럽게 써서 세상의 모든 사람들과 쉽게 어울리고 일상과 직장에서 아무런 불이익을 보지 않고 영어로 구체화된 많은 문화적 유산들과 첨단 정보들을 쉽게 얻는 삶이 있다. 다른 쪽엔 조상들이 써온 조선어를 계속 쓰는 즐거움을 누리지만 영어를 쓰는 것이 힘들고 괴로워서 다른 나라 사람들과 어울리는 것을 기피하고 평생 갖가지 불이익을 보고 힘겹게 세상 사람들과 경쟁해야 하는 삶이 있다. 당신은 과연 어떤 삶을 자식에게 권하겠는가? 아예 그에게서 선택권을 앗겠는가? 당신의 자식은 아직 조선어를 배우고 쓰지 않아서 조선어에 대한 심리적 투자가 없고, 자연히, 조선어에 큰 애착을 지니지 않은 터에?

영어를 공용어로 삼으면, 우리의 전통적 문화가 해를 입으리라는 주장도 있다. 이것은 언뜻 보기에 그럴 듯하고 많은 동조자들을 얻을 주장이지만, 그 근거는 아주 부실하다. 전통과 문화는 그것들이 사람들이 살아가는 방식에 영향을 미치는 한도에서 뜻을 지닌다. 만일 우리 전통과 문화가 우리 후손들에 의해 국제어로 구체화된다면, 그것들은 지금 조선어로 구체화된 것보다 훨씬 많은 사람들에 의해 향유될 것이고, 자연히, 훨씬 큰 활력을 지닐 것이다. 그렇게 되면, 우리 민족은 하나로 통합된 인류 문명을 이루고 발전시키는 데서 정당한 우리 몫을 할 것이다. 지금 우리 문화가, 과학이든 예술이든, 과연 인류 문명에 얼마나 큰 공헌을 하고 있는가? '박물관 언어'가 된 우리 민족어를 배우고 연구하는 학자들은 늘 나올 터이므로 조선어로 구체화된 우리 전통과 문화에 우리 후손들이 접근하지 못할 위험은 거의 없다. 지금 우리 시민들 가운데 한문을 제대로 배운 이들은 얼마 되지 않으며, 더욱이 실상 젊은 세대들에선 한자를 제대로 아는 사람들도 드물지만, 한문으로 구체화된 우리 문화 유산들을 우리가 그리 어렵지 않게 대할 수 있는 것과 마찬가지다.

언어는 도구다. 언어가 사람에게 아무리 중요하다고 해도, 그리고 모국어가 우리에게 아무리 소중하다고 해도, 언어가 도구라는 사실은 바뀌지 않고 그것을 우상으로 떠받드는 것이 비합리적이라는 사실은 오롯이 남는다. 외국 문물의 유입에 대한 장벽을 낮추는 일은 언제나 거센 민족주의적 반발을 불러온다. 농산물 시장을 여는 일이 맞은 저항은 이 점을 잘 보여 주었다. 언어가 민족주의에서 핵심적 지위를 차지하므로, 영어를 공용어로 삼는 일은 특히 거센 반발을 불러올 것이다.

이렇게 보면, 우리 사회의 거센 민족주의를 다스리는 일은 21세기를 맞는 과정에서 핵심적 조치라는 것이 드러난다. 실제로 우리에게 가장 어려운 과제는 민족주의가 거의 비적응적 형태가 된 지금 우리 사회의 거센 민족주의적 성향을 어떻게 다스리느냐 하는 것이다. 독도 문제에서 보듯, 우리 사회에선 국수주의적 주장들이 칭송을 받고 합리적 주장들은 거센 비난을 받는다. 실은 민족주의적 감정을 불러 오는 문제들에 대해서는 차분한 논의조차 어렵다. 민족주의적 열정은 어느 사회에서나 '위험한 불'이다. 작은 사회들에선 특히 위험한 불이다. 그 불을 다스리는 일에서의 성공 여부는 우리 사회의 발전에 결정적 영향을 미칠 것이다. 그리고 그 어려운 일은 자유주의 지식인들의 용기 있고 끈질긴 노력을 요청한다.

[출처] 복거일, 「21세기를 어떻게 맞을 것인가?」, 『국제어 시대의 민족어』, 문학과지성사, 1998.

복거일, 당신은 '멋진 신세계'를 꿈꾸는가

진 중 권

언어관에는 크게 두 가지 흐름이 있다. 하나는 근대 철학자들의 언어관, 즉 소통수단으로서의 언어관으로, 이는 정치적 자유주의, 경제적 자본주의, 산업혁명으로 특징지어지는 초기 근대의 멘탈리티를 대변한다. 다른 하나는 훔볼트에서 시작되어 비트겐슈타인과 하이데거로 이어지는 공동체 생활 형식의 표현으로서의 언어관. 이는 후기 근대에 널리 인정되고 있는 관점이다. 앞의 관점이 언어를 한갓 망치나 끌 같은 연장으로 보는 도구주의적 성격을 띤다면, 후자는 언어 속에서 그 이상의 것, 즉 한 언어공동체의 세계관과 세계 감정의 표현을 본다.

문제는 극단주의다. 가령 극단화된 도구주의적 언어관은 모든 것을 기술 합리성만으로 설명하는 천박한 환원주의나 인간적 가치의 수단화, 도구화로 나아가게 된다. 다른 한편 하이데거의 언어관을 극단화하여 언어를 실체화하면 괴상한 언어신비주의 내지 존재신학에 빠지게 된다. 전자, 즉 천박한 자유주의와 후자, 즉 우익 근본주의가 만날 때, 혹은 전자가 후자에게 투항을 해 버릴 때, 한편으로는 모든 인간적 가치의 수단화와 도구화, 다른 한편으로 이 로봇들의 세계관의 공백을 메워 주는 심오한(?) 신화와 정치신학이 결합된 끔찍한 (네오)파시스트적 사회가 도래한다.

복거일 발상의 바탕에 깔려 있는 언어관은 전자, 즉 근대 초기의 도구주의적 언어관이다. 언어는 어차피 수단이다. 한국제든, 미제든 수단은 수단이다. 문제는 효용이다. 정보시대에 효용이 더 큰 것은 영어다. 따라서 영어 공용화를 하자. 그럼 우리 사회는 정보시대에 효과적으로 대응할 수 있게 된다. 이걸 말이라고 하는가? 차라리 문화혁명을 하지. 국민이 복거일 농장의 실험용 토끼냐? 대한민국이 시사영어학원이냐? 그거 괜히 돈 들고 시간만 잡아먹는 불필요한 실험이다. 왜?

첫째, 어차피 산업사회에서 제일 중요한 정보 가치를 지니는 자연과학의 언어는 영어가 아니라 인공언어, 수학언어, 형식언어다. 그건 이미 국제어다. 그리고 자연과학 텍스트들은 비교적 간단한 문법 구조를 갖고 있다. 경영학을 비롯한 그 밖의 돈 되는 학문들의 경우도 마찬가지다. 끊임없이 새로운 정보를 찾아낼 만큼 전문적인 직업을 가진 사람에겐 언어의 장벽이란 별 문제가 될 게 없다.

둘째, 인터넷 시대에 정보의 문제는 언어의 문제가 아니다. 차고 넘치는 정보의 홍수 속에서 사람들에게 꼭 필요한 정보를 검색, 압축, 요약하여 신속하게 전달해 주는 게 관건이다. 이건 전국을 영어학원으로 만듦으로써 해결할 언어학적 문제가 아니라, 기술적으로 해결해야 할 정보공학적 과제다. 영어 잘 하면서도 얼마든지 무식하고 아더 왕 시대의 영국인처럼 몽매할 수 있다.

셋째, 수십 년 후면 아마 자동 번역이 상당한 진전을 이룬 상태일 게다. 소설이나 시는 몰라도 최소한 돈 되는 정보들은 몇 초 만에 번역되어 스크린에 뜨게 될 것이다. 기술발전의 무한한 가능성에 미리 한계를 그을 필요는 없다. 전국민을 들들 볶아 모국어를 영어로 대체했는데, 이 프로그램이 나왔다고 해 보라. 얼마나 허탈하겠는가? 그럼 복거일 몰매 맞는다.

'아메리카'고 '로마'고 '세계'고 간에 난 '제국'이라는 발상에 반대한다. 그게 은유라 하더라도 이런 끔찍한 은유를 사용하는 그 몰취향에 경악을 금치 못한다. 모두가 영어를 공용어로 하는 세계제국. 이건 문화 제국주의적 발상이다. 미국의 극우파들이나 입에 담을 극언을, 식민지(?) 한국의 한 자유주의자가 앞장서서 설파하고 다닌다. 한국의 우익이 팍스 몽골리카, 팍스 야파나를 설파하면 자유주의자는 팍스 아메리카나를 설파한다.

천박한 도구주의적 언어관. 이는 한국 자유주의 이데올로기의 언어철학적 반영이다. 이런 논리다. '세계어(영어)의 반대편에 민족어들이 있다. 민족어를 옹호하는 건 편협한 민족주의다. 따라서 '세계제국'의 '세계시민'이 되려면 민족어를 버려라.' 오, 하느님. '민족어=민족주의'가 아니다. 민족주의는 근대에 발생한 이데올로기지만, 민족어는 역사적으로 부침하는 수많은 이데올로기를 다 담아 낸다. 가령 아랍의 여러 나라들은 상이한 언어를 사용하면서 '아랍 민족주의'로 뭉치지만 반면 동일한 언어를 사용하더라도 미국과 영국은 다른 민족이다. 민족어의 주체는 근대적 이데올로기 구성물로서의 민족이 아니라 언어공동체다. 이 언어 공동체가 항상 민족주의일 필요는 없다.

언어는 신이 창조한 사물의 질서에 따라 세계 속의 사물을 가리키는 단순한 기호가 아니다. 세계를 창조하는 것, 즉 의미론적으로 쪼개는 것 자체가 언어의 일이다. 언어가 다르면 세계를 다른 식으로 쪼개고 그리하여 세계를 다른 눈으로 보고, 다르게 느끼고, 다르게 체험하게 된다. 하다못해 색(色)을 가리키는 단어조차 언어권마다 거기에 해당하는 빛의 파장이 각각 다르다. 언어의 다양성은 곧 세계 체험의 다양성이다. 복거일은 문학을 한다고 한다. 모든 지구인이 영문학만 읽어야 한다면 얼마나 끔찍한가. 어떤 민족어로 된 시를 영어로 번역해 보라. 언제나 번역이 안 되고 남는 부분이 있다. 근데 종종 예술에선 정작 그 부분이 중요하다. (중략)

이렇게 생각해 보자. 우리나라에도 외국인의 수가 늘어날 것이다. 나는 이들이 제 언어를 잊고 한국어만 사용하는 데에 반대한다. 외려 거꾸로 이들이 제 나라 언어를 후손들에게 가르치도록 적극 지원해야 한다. 한국이라는 모노컬처 사회에 다양한 인종, 민족들이 고유의 언어와 문화를 가지고 우리 문화에 신선한 충격과 자극을 준다면 얼마나 좋겠는가. 어느 독일인 부부. 자녀에게 한국어를 가르치겠단다. 왜? 아니 안 될 게 뭐 있는가? 우리 역시 영어만 배울 게 아니라 아이들에게 베트남어, 티벳어, 인디안어, 아랍어 등 다양한 언어를 가르치면 어떨까?

소위 세계시민들이 단 하나의 언어를 말하는 세계는 『멋진 신세계』와 같은 끔찍한 호러비전(Horror Vision)이 될 것이다. 개별 문화에 대한 존중. 동일성의 전체주의적 테러를 깨는 것. 세계를 바라보는 다양한 눈들, 이 눈들이 만들어 내는 모순적 합창. 이때 세계의 모습은 비로소 아름답다. 영어의 모노포니가 아닌, 다양한 민족어들의 폴리포니. 이때 세계의 음향은 비로소 아름답다. 그리고 이때 세계는 민주적이다.

팍스 아메리카나? 자유주의자 여러분 '세계시민'을 꿈꾸시려거든 세계가 하나가 되고 있다는 이 시점에 열심히 사람 잡는 무기나 만들고 있는 각국 정부를 향해 "탱크를 녹여 쟁기를 만들자."고 외칠 일이다. 세계가 한 나라가 되고 있다면서 무기가 왜 필요해? 민족어를 말하면서도 얼마든지 '세계시민'이 될 수 있다.

[출처] 진중권, 「복거일, 당신은 '멋진 신세계'를 꿈꾸는가」, 『말』, 1999..

아랍인의 의식구조

이 규 태

아랍 사람들이 사는 고원지방은 맹하 후에 엄동이 끝바꿈하고 또 같은 계절에도 타는 듯한 낮과 얼음 속 같은 밤이 끝바꿈한다. 이 혹서와 혹한을 완충하는 봄이 없고 가을이 없다. 이와 같은 극단을 오가는 기후 틀에 마음도 틀이 박혀 아랍사람들은 매사에 극단적이다. 사람을 극진히 환대하다가도 적대를 하고 관대하다가도 호전적이며 포옹하다가도 칼을 뽑는다. 극에서 극으로 급변할 뿐 중간의 조화나 완충이 없다. 이 같은 아랍 마인드는 말이나 행동뿐 아니라 의식주, 소설, 역사, 제도, 신앙, 철학에서도 찾아볼 수 있으며 이를 체계화한 것이 레온 고시에의 「이슬람 철학 서설」이다.

수십 년 전까지 카이로 남방 400km 지점에 있는 엘 파다리라는 농촌에는 주민 90%가 부인과 아이들만으로, 남자라고는 노인만 남고 성인은 한사람도 없었다. 이렇게 사나이가 증발하고 없어진 데는 조손 3대에 걸친 복수전쟁 때문이었다. 각기 다른 혈족 간에 모욕을 주는 사건이 있어 보복으로 살인을 했다. 복수는 같은 혈족이 공동으로 부담하는 의무요, 당대에 복수 못하면 대대로 상속 유지된다. 연쇄살인으로 성인 남자들은 죽어갔고 살아남은 사나이가 있으면 그 아내가 삭발을 하고 비겁함을 고발하는 바람에 복수의 고리에서 벗어날 수가 없었다. 가공할 원념이 이글거리는 아랍 마인

드다.

다마스쿠스에서는 북부인이 남부인의 밭에서 오이 하나 훔친 것이 발단이 되어 그 유명한 7년에 걸친 오이 전쟁을 하기도 한 아랍인이다. 같은 아랍인일지라도 이라크 시아파는 북부인이요, 사우디의 수니파는 남부인으로 각기 정통을 긍지로 삼고 적대해왔기로 반목의 골이 깊고 역사도 유구하다. 그만큼 복수에 민감하고 호전적인 아랍인이다.

아랍인들은 어머니 뱃속에서 수태된 지 40일 만에 알라신의 장부에 그의 숙명이 치부되며 그 숙명에서 자유로울 수 없음을 확신한다. 그리고 그들은 말끝마다 '인샬라-', 곧 알라신이 원하신다면, 알라신이 정해주신 숙명이라면 쌍둥이 빌딩이 폭파되건 펜타곤이 폭삭하건 국제 경제가 뒤죽박죽이 되건 미사일이 날아오건 아랑곳없다. 색출되고 있는 암살 테러범들이 예외없이 아랍인들이며 이들에게 공통점을 찾는다면 자살 충돌 직전에 예외 없이 '인샬라!'를 크게 외쳤을 것이라는 점일 것이다.

[출처] 이규태, 「아랍인의 의식구조」, 여세주 외, 『글쓰기의 논리』, 다할미디어, 2002, 87~88쪽.

황인종의 백색신화

진 중 권

나치는 유태인만 미워하는 게 아니다. 유태인과 원수처럼 싸우는 아랍인도 미워했다. 함족의 눈에는 유태인이나 아랍인이나 어차피 셈족, 이들에 대한 인종주의적 증오를 '안티세미티즘'이라 부른다. 백인 보수층에는 안티세미티즘 성향이 잠재되어 있으나, 오늘날 공개적으로 이런 인종주의를 설파하는 자들은 단 하나, 네오 나치뿐이다. 그런데 노골적으로 이 백색신화를 선동하는 분이 우리나라에도 있다. 조선일보의 이규태씨다. 몇 주 전 그는 자기 칼럼에서 들어주기 민망한 해괴한 인종주의 망언을 했다. 좀 늦었지만 인류평화를 위해 지적해 두고 넘어가야겠다.

이규태씨에 따르면, "혹서와 혹한"이 교차하는 "고원지방"에서 사는 아랍 사람들은 "극단을 오가는 기후 틀에 마음도 틀이 박혀 매사에 극단적"이며 "복수에 민감하고 호전적"이다. 그래서 "인샬라—곧 알라신이 원하신다면—쌍둥이 빌딩이 폭파되건 펜타곤이 폭삭하건 국제 경제가 뒤죽박죽이 되건 미사일이 날아오건 아랑곳없다." 그리고 지금 "색출되고 있는 암살 테러범들"은 "예외 없이 아랍인들"이며 이들은 모두 "자살 충돌 직전에 예외 없이 '인샬라!'를 크게 외쳤을 것"이라 한다.

이것은 유치한 환경결정론으로, 고리타분한 19세기의 편견이다. 인종주의는 다양한 개인들을 하나의 집단에 귀속시킨 후, 그 집단의 특성을 논하곤 한다. 물론 그 특성을 기술하는 술어들은 부정적인 것 일색이다. 가령 "복수에 민감하고 호전적…"이라고 기술한 이규태씨는 혹시 그러한 아랍 사람들 만나본 적이나 있는지 묻고 싶다. 적어도 내가 만나 본 아랍인들 중에 "복수에 민감하고 호전적"인 사람은 없었다. 그들에게 들은 아랍어는 "인살랴"가 아니라 "살라말레쿰"이었다. 그런데 "너희에게 평화를"이라고 인사하는 사람들이 "복수에 민감하고 호전적"이라고?

정작 "복수에 민감"한 게 누구인가? "보복"을 하자고 난리를 치는 그 사람들이 아닌가. "호전적"인 것은 누구던가? 그들은 '암살, 테러 등 수단과 방법을 가리지 않겠다', '60개국에서 더러운 전쟁을 벌이겠다', '필요하면 핵을 쓸 수도 있다'고 막말을 하던 사람들이 아닌가. 인류가 겪은 수많은 전쟁 중 가장 규모가 큰 것을 "세계전쟁"이라 부른다. 그런데 두 번의 세계전쟁을 일으킨 호전적인 인종은 누구더라? 지난 세기에 지구상에서 가장 많은 전쟁을 한 나라는 어디? 또 멀쩡히 잘 사는 아랍인에게 '십자군 전쟁'을 걸었던 문화는 어디더라?

소위 "지하드"는 몇몇 광신도들이나 하는 짓, 우리는 그 성전을 "테러"라 부른다. 하지만 또 다른 성전은? 부시는 이번 아프간침공을 "십자군"이라는 이름의 "성전"으로 축성하려다 빈축을 샀다. 지하드와 십자군 전쟁. 하나는 일부 광신도 집단이 벌이는 성전, 다른 하나는 국가에서 수행하는 성전이다. 이 시간에도 아프간에서는 민간인 희생자가 발생하고 있다. 미국의 폭탄 맞아 죽을 이유가 하나도 없는 무고한 사람들이다. 그런데도 이런 살육은 '테러'라 부르면 안 된다. 왜? 무고한 사람을 죽이는 것도 국가가 축성하면 신성해지기 때문이다.

우습지 않은가? 황인종 칼럼니스트가 함족 대표로 인종주의 망언을 한다. 이규태씨는 도대체 어디서 살다 오셨나? "혹서와 혹한을 완충하는 봄이 없고 가을이 없"는 "고원지방"에서 살다 오셨나? 따뜻한 봄, 서늘한 가을이 있는 아름다운 금수강산에 살면서, 왜 이리 심성이 "극단적"이실까? 함경도 개마고원에서 자라 나셨나? 아랍인에 대한 이 인종주의적 혐오감은 미국이라는 암몬신(神)에 대한 얼빠진 애정의 뒷면. 그리고 인종주의 망언은 언론인의 자폭행위. 암몬에 대한 무한한 사랑에서 칼럼이라는 항공기를 몰고 이슬람 사원으로 돌진하시면서, 충돌 직전에 그도 이를 악물고 외쳤을까? "부시께서 원하신다면!"

[출처] 진중권, 「황인종의 백색신화」, 여세주 외, 『글쓰기의 논리』, 다할미디어, 2002, 90~91쪽.

제2장
비판적 통찰력

글읽기

여성에 대하여

쇼펜하우어

1.

키가 작고 어깨가 좁고 궁둥이가 크고, 다리가 짧은—이 여자라는 족속을 아름답다고 보는 것은 다만 성욕으로 말미암아 눈에 아지랑이가 낀 사나이의 몰지각(沒知覺) 때문이다. 여자의 미는 하나에서 열까지 이 성욕이라는 충동 속에 깃들어 있는 것이다. 여인은 아름답기는커녕 비예술적이라고 말하는 것이 옳다. 음악이나 시나 조형미술(造型美術)에 대해서 그녀들은 사실상 아무런 이해도 감수성도 갖고 있지 않으며, 그녀들이 그것을 이해하는 체하고 떠들어대는 것은 다만 남자의 사랑을 끌기 위한 흉내에 지나지 않는다. 그녀들이 객관적 감정수입(感情受入)을 할 수 없는 것은 남자가 모든 사물을 이해나 지배를 통하여 직접 좌우하려고 하는 데 반하여 여자는 단지 간접적 지배, 즉 남자를 통하여 지배하려고 하기 때문이다. 그러므로 그녀들은 선천적으로 모든 것을 다만 남자를 손에 넣기 위한 수단으로 보고, 그 밖의 일에 관심을 갖는 것은 다만 외관상 그렇게 보일 뿐이며, 하나의 우로(迂路), 즉 애교를 파는 원숭이의 흉내에 불과하다. 그러므로 루쏘도 말하고 있다. 「여인은 대체로 어떠한 예술도 사랑하지 않으며, 또 어떠한 예술에도 익숙할 수 없고, 아무런 천재도 갖고 있지 않다.」 마란벨에게 보낸 편지.

이것은 적어도 사물을 외관 이상으로 볼 수 있는 사람이라면 진작 관찰하고도 남음이 있었을 것이다. 그리고 이를 확인하려면 단지 음악회나 오페라, 연극 등을 구경할 때, 그녀들이 주의를 어떤 방면에 집중시키는가를 살펴보면 된다. 예컨대 대걸작(大傑作)의 가장 미묘한 대목이 연주될 때에도 그녀들이 어린애처럼 멍청한 얼굴을 하고 나불나불 지껄이는 것을 본다. 희랍인은 여인을 극장에 넣지 않았다고 하거니와, 만일 이것이 사실이라면 도리에 맞는 처사였다. 그런데 우리들의 시대에서는 「여인은 교회에서 침묵을 지키라.」, 「여인은 극장에서 입을 다물라.」라고 커다란 글자로 써 붙이면 좋을 것이다. 여인이란 대체로 가장 우수한 자라 할지라도 미술 방면에서는 참으로 위대한 독창적 창작을 한 일이 없으며 하나도 영원한 생명을 지닌 가치 있는 작품을 제작한 적이 없었다는 것을 생각해 볼 때 여자에게서는 기대할 만한 것이 없음을 알 수 있다.

이런 현상이 뚜렷이 눈에 띄는 것은 특히 회화(繪畵) 방면이다. 기술에 있어서는 그녀들에게도 남자들과 같은 소질이 있어 열심히 공부하지만 명화라고 부를 만한 것을 그린 예가 없다. 여성들은 정신을 객관적으로 활용할 줄 모르는데, 회화에서는 그것이 무엇보다 직접적으로 요구되기 때문이다. 그녀들은 때때로 주판 속에 매몰되어버리는 것이다. 또한 마찬가지 이유로 대개 여자는 회화에 대하여 조금도 참된 감상력을 갖고 있지 못하다. 그도 그럴 것이 자연은 비약을 하지 않기 때문이다. 물론 예외가 있다. 그러나 그것은 대국을 변경할 수 없으며 전체적으로 본 부인은 언제나 가장 근본적인 의미에서 처치하기 곤란한 속물(俗物)이다.

그녀들은 남편의 신분과 간판을 내세우는, 부조리(不條理)하기 짝이 없는 관습에 젖어 있으며 언제나 남자의 공명심을 자극하여 곧잘 비열한 수단까지 취하게 한다. 여인에게는 이런 성격이 있어 앞장을 서서 꼬리를 치기 때문에 결과적으로 근대사회는 이렇게까지 악화된 것이다. 부인이 남편의 지위를 나눠 가진다는 점에 대해서는 나포레온 1세의 말이 적절하다. 그에 의

하면 「부인에게는 벼슬을 주어서는 안 된다.」는 것이다. 그리고 그 밖에 여성의 다른 점에 대해서는 샨폴이 말한 것이 옳다. 그는 말하였다. 「그녀들은 우리들의 약점과 우매(愚昧)를 통해서 교제해야 하며 결코 이성을 통해서 교제할 수 없다. 그녀들과 남자들 사이에는 겉으로만 상통하며 정신과 영혼과 성격적으로 상통하는 일은 매우 드물다.」 그녀들은 열등한 족속(族屬), 모든 점에서 뒤에 자리를 잡아야 할 아류(亞流)의 종족이므로 그 약점은 관용해야 하지만 철없이 존경한다는 것은 우스운 일이며, 그녀들의 눈 아래서 우리 자신을 비굴하게 하는 소치이다. 자연은 인류를 절반으로 나누었지만 그 재단선(裁斷線)은 한 가운데 있는 것이 아니다. 또한 모든 양극에 있어서의 소극(消極)과 적극(積極)의 차이는 질(質)에만 있는 것이 아니라, 동시에 양(量)에도 있다.

옛날 사람과 동양 사람들은 여인을 이렇게 보아 왔다. 따라서 여자들에 대한 대우도 우리보다 훨씬 정확하였는데 우리는 기독교와 게르만적(獨逸的) 우매에서 피어난 크나큰 꽃바구니 — 저 프랑스에 전해온 예절과 부인숭배라는 악취미에 착각을 일으킨 결과 그녀들은 저렇게 건방지게 되고 철면피하게 되어 버렸다. 우리들은 때때로 베나아테스의 원숭이를 상기한다. 그 원숭이는 성수(聖獸)로서 받들기 때문에 자신은 신성불가침적(神聖不可侵的) 존재로 자처하여 무엇이든지 제멋대로 높이려고 든다.

서양 여자들 가운데서도 특히 귀부인은 그릇된 지위에 놓여 있다. 옛날 사람들이 정당하게도 열등족속이라고 부른 여자란 족속은 결코 우리들의 존경이나 숭배의 대상이 될 수 없으며, 따라서 남자보다도 얼굴을 높이 치켜든다거나 남자와 동등한 권리를 가질 수 있는 자격이 없는 것이다. 이 그릇된 지위에서 비롯되는 고약한 결과는 눈이 매울 지경이다. 그리하여 가장 요망되는 것은 옛날 그레시아인이나 로마인에게 보이면 필경 폭소를 자아내었음직한 저 귀부인이라는 요물계급(妖物階級)을 타파하는 일이다. 그렇게 되면 사회적으로나 정치적으로 매우 좋은 결과를 가져 올 것이다. 저 유럽의 판에 박힌 귀부인이라는 존재는 절대로 허용해서는 안 되며, 여자로서는 가정부인과 그것을 원하는 아가씨가 있으면 충분하다. 젊은 처녀들은 거만한 귀부인이 되기 위해서가 아니라, 집안일을 돌보고 남편에게 복종하도록 교육해야 한다. 유럽에 귀부인이라는 족속이 있기 때문에 신분이 낮은 여자들, 즉 부인의 대다수는 동양보다 훨씬 불행한 입장에 놓여있다. 바이론까지도 이렇게 말하였다. 「고대 희랍시대의 여자의 위치는 지금 생각해 보면 상당히 높은 것이다.」

오늘의 사태는 기사제도(騎士制度)와 봉건제도의 만풍(蠻風)에서 비롯된 여폐(餘弊)로서 인공적이며 부자연스럽기 짝이 없다.

여인에게는 충분한 의식(衣食)을 부여하여 가정을 잘 돌보게 해야 하며, 사회에 내보내서는 안 된다. 그리고 정치나 시에는 손을 대지 말고 성실하게 종교적 교육을 받아, 다만 종교서적과 요리책을 읽게 하면 족하다. 음악, 그림, 무용, 그리고 때로는 가벼운 뜰안 일이나, 논밭 일도 시키는 것이 좋다. 나는 이 「바이라스」에서 그들이 훌륭히 도로청부를 맡고 있는 것을 보았다. 그렇다면 젖 짜기 쯤은 할 수 있지 않겠는가.

2.

일부일부제도(一夫一婦制度)가 채택되어 있는 유럽에서는 결혼하는 것은 자기의 권리는 반감(半減)시키고 의무를 배가함을 뜻한다. 법률이 여자에게 남자와 동등한 권리를 용허(溶許)한다면 그녀들에게 남자와 동등한 이성도 부여해 주어야 할 것이다.

그럼에도 불구하고 법률이 여자에게 권리나 명예를 인정하고 그녀들의 자연스러운 상태를 무시하면 할수록 실제는 이 법률의 혜택을 입는 여자의 수는 점점 줄어들어 결국 나머지 대다수의 여자들은 그만큼 훨씬 더 많이 본래의 자연적 권리를 상실하게 된다. 법률은 여자가 어느 모로나 남자와 동등한 자가 아닌데도 전적으로 동등하게 보며 일부일부(一夫一婦) 제도와 혼인법을 통하여 언뜻 보면 여자에게 유리하지만 실은 부자연스럽기 짝이 없는 입장을 부여하기 때문에 총명하고 사려 깊은 남자들은 결혼이라는 불리한 약속을 하여 그런 희생을 당하기를 주저하는 것이다.

일부다처제도(一夫多妻制度)의 국민 사이에서는 여자가 저마다 생활의 비호(庇護)를 받고 있는데 일부일부제도의 나라에서는 결혼한 여자의 수가 얼마 안 되며 나머지 수많은 여자들이 살아나가기가 어려운 형편에 있다. 그리하여 상류계급에 속한 여자들은 시들어빠진 노처녀로 하릴없이 허송세월을 하며 하층계급에 속한 측들은 괴로운 노동을 하여 살아가거나 매춘부가 되는 수밖에 없다. 그리하여 매춘부가 되어 생활의 보람도 즐거움도 모르고 살아가는 여자들은 이런 일부일부제도의 사회에서 남자의 성욕을 만족시키기 위한 도구가 되어 있다. 그들의 직업은 법적으로 공인되어 있거니와 그 목적은 현재 남편을 갖고 있는 여자가 남편을 가지려고 하는 여자들이 그릇된 유혹에 빠지지 않도록 방어하는 데 있는 것이다. 런던만 하더라도 매춘부의 수는 8만에 달한다. 여자들이 일부일부제도에 희생을 당하여 더러운 진구렁 속에 빠진 것이다. 즉 그녀들은 일부일부제도라는 제단에 제공된 제물에 지나지 않는다. 비통하고 추악한 생활을 계속하고 있는 이 여자들은 거만한 귀부인이 존재하는 한 없어지지 않는 군상(群像)이다. 그러므로 대국적 견지에서 볼 때 여인들을 위해서는 차라리 일부다처제도(一夫多妻制度)가 말썽이 덜할지 모른다. 특히 아내가 만성병(慢性病)에 걸려 있거나 불임증(不姙症)이 판명되었거나, 또는 나이를 먹어서 성적 매력이 없어졌을 때 남편이 두 번째 아내를 맞이하는 것이 왜 나쁜가? 나는 이성적으로 냉정해 생각해 보면 그 이유를 찾아낼 수가 없다.

일부다처주의에 대하여는 별로 논쟁하는 자가 없다. 그것은 곳곳에서 실시되고 있는 사실이라고 하겠다. 그러므로 우리는 다만 그것을 어떻게 조절하느냐가 문제이다. 도대체 진정한 의미에서 일부일부주의자가 어디 있는가. 우리들은 모두가 적어도 어느 시기는 대개 사실상 일부다처주의자가 되어 있다. 남자가 본래 많은 여자를 필요로 하고, 이를 원하는 한, 그가 자유행동을 취하여 책임을 지고 많은 첩을 먹여 살릴 수만 있다면 이의가 있을 리 없을 것이다. 그로 말미암아 여자 자신도 종속자(從屬者)로서 올바르고 정당한 위치에 되돌아가며, 유럽 문명과 기독교 및 독일적(獨逸的) 우매가 낳은 괴물인 저 귀부인이라는 족속이 남자의 존경과 숭배를 강요하는 웃지 못 할 희극은 자취를 감추게 될 것이다. 그리하여 세상에는 단지 여자가 있을 따름이며, 오늘날 유럽에 충만해 있는 불행한 여자는 찾아볼 수 없게 될 것이다. 아무튼 모르몬교에는 정당한 근거가 있다.

3.

인도에서는 여자에게 독립이 허용되지 않으며 각각 부친이나 남편이나 형제의 감시를 받고 있는데, 이것은 분명히 「메뉴」의 법전(法典) 5장 148절에서 유래되는 것이다. 남편이 죽으면 아내가 그 유해와 함께 화장되는 인도의 풍습이 비인도적이라 한다면, 오늘날 유럽에서 보는 바와 같이 남편이 자식을 위해 한 평생 애써 벌어놓은 재산을 남편이 죽은 후에 나중에 과부가 다 써버린다는 것도 비인도적인 처사이다. 그러므로 그 중간을 취하는 것은 복된 일이다. 어머니의 사랑은 동물에게 있어서나 인간에게 있어서나, 원래가 순전히 본능적인 것이므로, 자식이 성장하여 육체적으로 독립하게 되면 소멸되어버리고 대신 습관과 이성에 입각한 사랑이 나타나는 법이다. 그런데 실제에 있어서는 그것이 나타나지 않는 경우도 가끔 있다. 어머니가 남편을 사랑하지 않았을 경우에 특히 그렇다. 반대로 자기 자식에 대한 아버지의 사랑은 전혀 다르다. 그것은 대단히 견고한 것으로, 자기 자신의 가장 내면적인 자아를 재인식하는 데서 비롯된다. 즉 그 사랑은 형이상학적 원체에서 유래된다.

옛날부터 오늘에 이르기까지 거의 모든 국민들에게 재산은 아들에게만 상속하기로 되어있다. 그러나 다만 유럽에서만 귀족사회를 제외하고는 이 일반적인 원칙이 준수되어 있지 않다. 남자가 오랫동안 애써 모아놓은 재산이 나중에 여자의 손에 들어가며 게다가 그 여자가 빈약한 이성에 그릇 인도되어 한몫에 없애버리거나 그 밖에 여러 가지 방법으로 낭비해버린다는 광경은 가끔 볼 수 있는 기괴망측한 일로서 여인의 상속권을 한정하여 이를 방지할 필요가 있다. 나의 견해로는 과부나 딸에게는 다만 재산을 저당한 이자를 종신 연금(年金)으로 상속케 하는데 그치고 남자 상속자가 하나도 없는 경우를 제외하고는 재산의 상속을 허용치 않는 것이 좋은 제도일 것 같다. 재산을 모은 자는 남자이며 결코 여자가 아니다. 그러므로 여자에게 무조건 상속해야 할 아무런 이유가 없으며 또 그 재산을 관리할 능력도 없는 것이다. 또한 여자가 재산, 즉 자본금이나 가옥이나 동산(動産)을 상속한 경우에도 그것을 마음대로 처분하는 것은 절대로 허용해서는 안 된다.

여자에게 언제나 후견인(後見人)이 필요하다. 그러므로 그녀들이 자식의 후견인이 될 수 없는 것이다. 여자의 허영심에는 ― 그것이 남자의 그것보다도 작다고 하더라도 ― 오직 물질적인 방면, 즉 자기 육신의 아름다움이나 금빛으로 번쩍이는 장식품이나 그 밖의 고급 소지품 같은 겉치레에 쏠리는 고약한 경향이 있다. 그리하여 그녀들의 허영심은 사교생활이라는 넓은 범위에까지 미치게 되며, 게다가 그녀들의 빈약한 이성의 힘을 입어 낭비하기 쉽다. 그러므로 옛날 사람도 이렇게 말하였다. 「여자는 선천적인 낭비자이다.」라고. 반대로 허영심은 물질적 우월보다는 지능(智能)이나 학식이나 용기와 같은 것에 쏠리는 경향이 많다. 아리스토텔레스도 「정치론(政治論)」 제2권 9장에서 스파르타인이 여자에게 너무 많은 것을 허용하였기 때문에 그녀들은 남편의 유산을 다시 혼수비용(婚需費用)으로 썼으며, 방종과 자유가 허용되었기 때문에 크게 쇠퇴하였고 드디어 그 멸망을 촉진하였다고 말하고 있다.

한편 프랑스에서는 루이13세 이래 점점 증대해간 여자의 세력이 궁정(宮廷)과 정부를 날로 부패하게 하였기 때문에, 제1혁명이 일어나고, 계속해서 번번이 혁명과 내란이 일어났던 것이다. 아무튼 여자에게 부당한 지위를 준다는 것은(우리 귀부인 계급이 그 가장 뚜렷한 예이다.) 분명히 사회 상태를 위태롭게 하는 원인이 되며 그 나쁜 영향은 사회의 중심에서 비롯되어 모든 부분에 파급된다. 여자는 선천적으로 남자에게 복종하기 마련이다. 이것은 설혹 여자가 부자연한 위치에서 자주독립을 하고 있어도 바로 한 남자에게 의지하여 그 지도나 지배를 달게 받는 것을 보아도 명백하다. 요컨대 여자에게는 젊어서는 남자 애인이 필요하고 늙어서는 참회승이 필요한 것이다.

[출처] 쇼펜하우어, 최민홍 역, 「여성에 대하여」, 『인생론』, 집문당, 1990, 114~122쪽.

통속성은 배격되어야 하는가

이 상 준

문화와 자본

보다 많은 사람에게 다가가는 예술이라는 것은, 사실은 고상한 예술적 취향의 눈높이를 대중의 취향으로 끌어내리는 것을 의미한다. 이럴 때 예술은 자신만의 독자적 가치를 추구하는 독립적인 창조 활동의 소임을 포기하는 것으로 이해된다. 고급문화의 입장에서 볼 때 대중문화는 잘해 봐야 예술적 타협으로 이해될 것이며, 보다 극단적으로 이야기하자면 대중의 보잘것없는 욕망에 예술을 팔아먹는 매춘 행위로 여겨지게 된다.

매스 미디어의 발달과 함께 시작된 대중문화는 철저하게 대중의 욕망에 영합하는 전략을 취한다. 문화는 즉각적인 욕망을 충족시켜야 하는 것이며, 현실에서 달성할 수 없는 욕망의 대리 만족이라는 자신의 소임을 가급적 숨기려 하지 않는다. 대중문화는 자신이 상업성의 노예임을 공공연하게 드러내기도 한다. TV 드라마에서는 예술적 성취도보다 대중의 즉각적인 반응인 시청률이 훨씬 더 중요하다. 대중소설 또한 문학적 완성도보다는 대중들의 실질적인 구매 여부, 즉 베스트셀러의 목록에 올라 있는지의 여부가 중요한 기준이다. '문화의 민주화'의 대표적인 장르라고 볼 수 있는 영화 산업 역시 자신의 목표가 흥행 순위의 상위에 오르는 것임을 분명하게 선언한다. 특히 많은 돈을 투자해서 최대의 수익을 노리는 블록버스터 영화들의 경우, 관객 동원 수가 곧바로 그 영화의 성공 여부를 의미한다. 문화 예술 또한 엄연하게 자본주의의 시장질서 내에서 존재하는 것이 분명한 사실인 만큼 보다 많은 사람들이 보다 많이 향유하는 작품이 좋은 예술이라는 비교적 단순하지만 설득력이 있는 주장이 대중예술을 옹호하는 이론적 배경이 된다.

독일의 철학자 아도르노(T. W. Adorno)가 이른바 '문화 산업'이라는 현상에 대해서 날카롭게 지적한 지도 벌써 반세기가 지났다. 물론 아도르노의 입장에서야 인간이 지켜야 할 최후의 정신적 보루라고 할 수 있는 문화와 예술의 영역마저 자본과 이윤의 손에 넘어가고 있는 현실이 개탄스러웠을 것이다. 그러나 아도르노의 비판과는 별도로 현실은 엄연한 현실이다. 이제 문화는 결코 자본과 동떨어져서 존재하지 않는다. 그렇다면 문화의 목표가 자본임을 공공연하게 주장한다고 해서 나쁠 것도 없지 않은가?

고급예술과 대중예술의 구분

고급예술의 입장에서 보자면 대중예술의 이러한 노골적인 상업적 태도의 천명은 예술의 고귀함 자체를 뒤흔드는 발칙한 일일 것이다. 예술이란 어디까지나 뼈를 깎는 노력과 천재적인 영혼의 결합으로 이루어지는 것이며, 그 어떠한 자본도 레오나르도 다빈치(Leonardo da Vinci)의 미술 작품을 만들어낼 수는 없다. 또 베토벤의 합창 교향곡과 같은 작품은 예술적 천재성 없이는 결단코 창조될 수 없는 것이다. 그러나 대중예술은 고급예술의 이러한 예술 지향적, 순수 예술주의적 담론을 자기기만의 위선이라고 깎아내리기를 주저하지 않는다.

오늘날 순수 예술을 표방하는 고급문화의 영역만큼 상업성의 노예가 되어 있는 곳도 사실은 없을 것이다. 미술품 경매 시장에서 과거의 예술가의 작품은 물론 현재 살아 있는 동시대 화가들의 작품 또한 천문학적인 금액으로 거래가 이루어진다. 비교적 순수 예술 분야라고 일컬어지는 클래식 음악계의 경우도 마찬가지다. 잘 알려진 유명 연주자나 세계적인 지휘자들이 단지 한 곳에 머무르면서 자신의 작품 활동을 하고 있는 것은 아니다. 그들은 전 세계를 돌면서 고급예술이라는 자신의 상품을 팔고 있다. 도대체 메탈리카의 라이브 공연과 쓰리 테너의 라이브 공연에서 무슨 차이가 있을 수 있는가?

대중예술의 입장에서 볼 때 고급예술이 대중예술을 상업적이라고 비판하는 것은 받아들이기 어려운 논리이다. 고급예술이 스스로 상품과 예술의 경계를 넘나들면서 말 바꾸기를 하는 것은 자신의 가치를 더욱 높이기 위한 고도의 전략에 불과하다. 어떤 의미에서는 고급예술이야말로 가장 상업성이 짙은 예술이라고도 말할 수 있을 것이다.

그러나 상업성의 여부만으로 고급예술과 대중예술의 경계를 나누는 것은 어려운 일이다. 사실 자본주의의 발달과 예술의 상업화는 그 맥을 같이 해 왔다고도 볼 수 있다. 흔히 파트롱(patron)이라고 불리는 예술인 후견자의 상실은 자본주의 시대의 예술가에게 시장에서 자신의 상품을 판매해야만 하는 가혹한 상황을 만들었다.

도스토예프스키가 아무리 천재적인 소설가였다고 할지라도 그의 작품을 읽어 주는 독자와 그의 도박 빚을 인세로 해결해 줄 수 있는 출판업자의 존재를 염두에 두지 않은 것은 아니다. 비교적 시장과 거리를 두고 있었던 카프카와 같은 작가마저도 자신의 작품에 대한 익명의 독자의 반응을 완전히 무시할 수는 없었다. 결국 자본주의 사회에서 시장에 자신의 모습을 드러내지 않는 예술 작품은 존재하지 않는다. 바흐의 무반주 첼로 모음곡은 시장을 염두에 두고서 작곡했던 것은 아니었지만 첼리스트 파블로 카잘스(P. Casals)가 이 악보를 찾아내 연주하고, 마침내 기념비적인 EMI 레코딩을 마친 이후부터 무반주 첼로 모음곡 또한 시장의 영향에서 자유로울 수만은 없는 것이다. 결국 상업성만으로 대중예술을 논박하기에는 고급예술 또한 상업적인 영역에서 자유롭지 않다는 한계점을 지닌다.

통속성과 문화

이럴 때 통속성은 고급예술이 대중예술을 논박할 수 있는 또 하나의 근거가 된다. 비록 상업적인 목표가 없다고는 하지 않더라도 고급예술은 최소한 대중의 즉각적인 욕망을 채우는 데 봉사하지는 않는다. 고급예술은 대중의 통속적인 열정과 욕망을 보다 순화되고 고상한 차원에서 채워 주는 것이다. 결국 일상의 욕구로부터 비판적인 거리감을 통해서 예술적인 희열과 카타르시스를 제공하는 것이 고급예술의 목표이다. 하지만 대중예술은 전혀 그렇지 않다.

대중예술은 키치(Kitsch, 통속 취미에 영합하는 예술 작품을 가리키는 말)라고 불리는 대중의 싸구려 취향과 사이비 정서에 기대어서 자신의 입지를 강화시킨다. 다시 말해서 대중예술은 대중의 욕망에 직접적으로 영합함으로써 자신의 목표를 달성한다. 고급예술이 여전히 '예술은 일상적 삶에 충격을 주는 것'이라는 구호에 자신의 지향점을 두고 있다면, 대중예술은 '욕망의 즉각적인 해소'를 목표로 한다. 따라서 대중예술은 예술이기를 스스로 포기하는 것이다.

어떠한 경우에도 예술은 욕망의 노예가 되어서는 안 된다. 최소한 예술은 욕망을 보다 높은 곳에서 다스리는 그 무엇이어야 한다. 그러나 대중예술은 통속적인 가치를 옹호하고 무의식적인 욕망을 노골적으로 드러냄으로써 예술이 가지는 비판적인 기능을 마비시키고 대중을 욕망의 노예로 만드는 데 봉사한다.

대중예술이 통속적인 가치를 옹호한다는 것은 상투성(常套性)에 기반을 두고 있다는 것을 의미한다. 상투성이란 비판적 해석의 여지를 의도적으로 봉쇄하는 것이다. 그것은 대중예술이 기반하고 있는 그 사회의 가치 체계를 그대로 수용하고 이를 반영한다. 상투성이란 '뻔한 것'이다. 뻔한 사람들이 나와서 뻔한 시련을 겪고 뻔한 결말에 이르게 되며 이 뻔한 결말을 통해서 대중들은 뻔한 감동을 받는다. 따라서 상투성과 대중예술은 이른바 센티멘탈리즘(sentimentalism)과 쉽게 결탁하게 된다.

상투성은 이성적 개입의 여지를 제공하지 않는다. 그것은 뻔한 스토리와 이야기 전개를 통해서 대중들을 싸구려 감상주의와 눈물샘의 포로로 만들고자 한다. 여주인공은 언제나 비련의 운명을 타고난 인물이어야 하며, 사랑은 언제나 삼각관계이어야 하고, 악당은 언제나 악당이어야만 한다. 물론 결말은 해피엔딩이거나 아니면 비극적인 결말로 끝이 나야 한다. 대중들은 예술을 통해서 삶을 근본적으로 되돌아보기를 원하지 않는다. 예술은 단지 피곤한 삶의 일시적인 위안거리로 작동하면 그만이다. 그리고 오늘날과 같이 일상의 스트레스가 많은 시대에서 예술이 최소한 이 정도의 위안거리로만 봉사하는 것도 훌륭한 일이 아닌가?

어쨌거나 고급예술이 예술적 가치를 최우선으로 삼는데 비해서, 대중예술은 위안과 욕망의 대리 만족이라는 통속적 가치를 목표로 한다. 그리고 이러한 대중예술의 통속성은 싸구려 감성에의 영합(키치), 상투적인 내용들의 결합(클리셰, 진부한 표현이나 고정 관념을 뜻하는 말), 즉각적 감정에의 호소(센티멘탈리즘)를 통해서 달성된다.

그러나 고급예술이 대중예술을 즉각적인 욕망에의 영합이라고 비판하는 이면에는 고급예술이 지니고 있는 엄숙주의가 존재하고 있다. 모름지기 예술이란 고결한 인간성을 드높이는 순수한 정신적 활동이어야 하며 이러한 수준에 도달하지 못하는 예술은 사실상 예술이 아니라는 식의 엄숙주의는 고급예술을 저급한 대중예술로부터 보호하는 장벽이 된다. 하지만 예술이 반드시 저급한 욕망을 억압하고 고결한 인간성을 드높여야만 하는 것은 아니다. 오히려 예술은 억압되어 있는 욕망을 적극적으로 표현하고 반영한다. 흔히 표현의 자유와 사회적 책임의 문제로 이해되고 있는 미와 윤리의 문제는 사실상 욕망의 표현과 사회적 억압의 문제로 이해될 수 있다. 실제로 미란 그 사회가 지니고 있는 공공연한 억압 체계와는 대척점(對蹠點)의 위치에 선다. 미란 억눌린 욕망의 표현을 통해서 자신의 가치를 드러낸다.

어떤 사회든지 나름의 윤리적 체계와 도덕적인 가치를 지니고 있으며 이를 사회 구성원에게 강요하게 된다. 이럴 때 통속성과 욕망의 직접적인 표현은 이러한 윤리적 도덕적 억압체계를 정면에서 거부하게 된다. 인간은 윤리적인 존재임과 동시에 욕망의 존재이기도 하다. 따라서 통속성은 이러한 욕망의 억압에 대항하는 기능을 한다. 모든 사람들이 사회가 요구하는 드높은 윤리적, 도덕적 가치를 체현하고 살 수는 없는 노릇이다. 사실상 사람들의 삶은 통속성의 영역에 가로놓여 있으며, 이러한 욕망을 대중예술이 적극적으로 표현해 줌으로써 해방감을 느끼게 된다. 또한 통속성은 비단 나 혼자뿐만이 아니라 많은 사람들이 나와 동일한 욕망을 느끼고 있음을 공공연하게 확인시켜 준다. 이럴 때 대중예술은 대중의 욕망의 지점을 드러내 주는 바로미터가 되며 사회적인 억압 체계와 정면으로 맞서는 대항문화의 성격을 띠게 된다. 고급예술이 그 사회의 지배적 위치에 입각한 엄숙주의를 강조하는 반면에 대중예술은 의도적으로 저급한 욕망의 편에 섬으로써 엄숙주의가 지닌 위선과 기만의 틀을 벗겨 버리는 작용을 한다.

흔히 B급 문화라고 불리는 대중예술의 가장 저급한 문화적 취향은, 역설적으로 그 사회의 지배적 억압 체계를 공공연하게 비판하는 기능을 지닌다. B급 문화의 장르 속에서 욕망은 공공연하게 표현되고 지배적 가치 체계에 대해서 노골적인 비아냥거림을 서슴지 않는다. 저급한 취향에 대한 과잉 강조는 B급 문화 속에서 '그래 나는 원래 이렇게 생겨 먹은 놈이다.'라는 강력한 정체성의 표현으로 돌변한다. 뿐만 아니라 B급 문화는 고급예술이 지니고 있는 문화적 엄숙주의에 대해서도 직접적인 비판의 칼날을 겨눈다. 어떤 의미에서 보자면 오늘날의 고급예술이야말로 가장 위선적이며 기만적인 문화 상품이다. 고급예술 또한 상업성과 욕망의 문제에서 자유로울 수 없음에도 불구하고, 예술이라는 허울 좋은 구호 아래 자신의 본모습을 감추며, 예술적 교양 운운하면서 대중들을 억압적 가치 체계에 순응하게 만들고, 자신들의 예술을 보다 더 높은 서열로 자리매김하고자 한다. B급 문화와 같은 노골적인 취향에의 호소는 이러한 지배적 가치 체계가 지니고 있는 위선의 지점을 적극적으로 폭로하는 것이다.

복고풍이 유행인 것과 이른바 '촌티 패션'이 유행인 것에는 조금 다른 측면이 있다. 복고에는 '그 시절이 좋았어.'라는 과거에 대한 막연한 향수와 그럼에도 불구하고 '지금도 여전히 살 만해.'라는 현실적 만족감과 안온함이 공존한다. 낭만주의가 과거에의 회귀를 적극적으로 그리워하는 것과는 달리 일반적인 복고의 유행은 마치 주말여행과도 같은 기분 좋은 과거로의 시간 여행의 느낌을 지닌다. 따라서 복고는 과거에 대한 향수 안에서 현실에의 에너지를 재생산할 수 있는 동력을 발견하거나, 혹은 현실이 주는 피로감을 과거에의 복고를 통해서 회복하고자 하는 이중적 운동이 작용하고 있다. 그러나 이러한 기분 전환식 과거 여행 속에서도 과거의 저급한 욕망과 싸구려 취향에 대한 노골적인 향수를 보여 주는 B급 취향의 흐름은 직접적인 현실 비판과 관련이 있다.

7,80년대를 다룬 대부분의 영화나 드라마들이 다분히 복고가 주는 현실 중화적인 취향을 드러내고 있는 것과는 반대로, '촌티 패션'과 같은 노골적인 싸구려 취향에의 경도는 오늘날의 현실이 지니고 있는 억압의 측면을 공공연하게 비판한다. 다시 말해서 과거의 시점에서도 그다지 지배적 가치로 인정받지 못했던 저급한 취향을 다시 한 번 역사의 무대에 재등장시킴으로써 이들을 저급한 취향으로 몰아붙였던 당시의 판단 기준이 정당하지 못하였음을 부각시킨다. 아울러 오늘날에도 형태만 변형된 채 그대로 적용되고 있는 저급과 고급의 이분법 자체가 근본적으로 옳지 못함을 보여 주고자 하는 것이다. '촌티 패션'과 같은 싸구려 취향에의 호소는 자신을 스스로 희화화시킴으로 인해서 이 사회가 안고 있는 욕망의 억압 체계를 역설적으로 희화화시킨다.

통속성에 대한 새로운 발견

사회가 아무리 발전하고 변화한다고 하더라도 모든 사람들이 성인군자나 도덕적인 인간으로 거듭날 수는 없는 것이 엄연한 현실이다. 따라서 통속성의 문제를, 비판적인 이성을 결여하고 윤리적인 기준에 어긋난다고 무조건 비판만 하는 태도는, 그 사회가 지니고 있는 엄숙주의의 가치관을 적용시키는 것에 불과하다. 통속성은 저급이나 고급이라는 단순한 이분법만으로는 설명할 수 없는 당대의 대중적인 욕망의 코드를 반영한다.

'신데렐라' 이야기와 같은 뻔한 스토리 구조의 재생산은 우리 사회가 여전히 남성 권력 위주의 사회임을 반영함과 동시에 여성들의 욕망 또한 남성 권력에 의존하여 달성될 수밖에 없음을 직간접적으로 암시한다. 반대로 '팜므 파탈(femme fatale, 영화 속에서 자신의 욕망을 실현시키기 위해 남자를 유혹한 뒤 파멸시키는 여자 주인공)'처럼 주로 남성들의 욕망의 대상으로 등장하지만 전적으로 남성들에게만 의존하지 않는 여주인공들의 존재는, 남성 권력이 사실은 여성들에 대한 허약한 지배 체제 위에 성립하고 있음을 드러내는 징표가 된다.

통속성과 저급 문화로 통칭되는 대중예술은 억압적인 욕망의 직접적인 분출을 통해서 해방의 가능성을 제시한다. 얼핏 보기에 지배 체제의 논리에 그대로 순응하기만 하는 대중예술의 구석구석에는 이처럼 지배 체제의 엄숙주의와 윤리적 가치관을 전복시키려는 대중적인 욕망의 표현이 반영되어 있는 것이다.

오늘날과 같이 상업주의가 만연하고 있는 자본주의적 상황 아래서 예술을 단지 상업적인 기준만으로 판단하기 곤란한 것처럼, 예술 자체에 등급을 매기고 서열을 정하는 행위 또한 정당화하기 어렵다. 대중적인 예술 또한 대중적인 욕망을 반영한다는 점에서 긍정적으로 평가되어야 한다. 통속성은 너무나 뻔한 이야기를 너무나 뻔한 방식으로 보여 준다는 점에서 당대의 사회적 욕망이 자리하고 있는 지점을 드러내 준다. 키치와 클리셰로 가득 찬 것처럼 보이는 통속성의 이면에는 지배 체제의 위선과 기만의 지점을 폭로하는 대중적 욕망이 들끓고 있다. 이러한 전복적인 대중예술은 고급예술과 저급예술의 이분법에 항거하는 의미에서 스스로 저급예술임을 선언하고자 한다. 통속성이 단지 통속적인 의미로 끝나지 않는 이유가 여기에 있다. 역설적인 의미에서 통속적인 예술은 그것을 통속적이라고 명명하는 사회 체제에 대한 근본적인 저항의 메시지를 전하고 있다.

[출처] 이상준, 「통속성은 배격되어야 하는가」, 『한국의 교양을 읽는다』, 휴머니스트, 2007, 231~245쪽.

죽은 시인의 사회

김 일 영

요즈음 결혼을 앞둔 젊은이들을 '사지선다형'이라고 부른단다. 그들은 결혼을 하기 위하여 선을 보는데, 한 사람하고만 보아서는 그 사람이 나에게 알맞은 사람인지 아닌지를 판단하지 못한다는 것이다. 적어도 네 사람 이상하고 선을 보고 나서야 그 중에서 하나를 '찍는다'는 것이다. 시험 보는 행동에 길들여져 스스로 판단하지 못하는 이들을 가리키는 우스개라고 여겨진다.

우리나라가 구제금융 시대를 맞게 된 원인 가운데에 하나가 주입식 교육 탓이라는 지적도 있었다. 주입식 교육은 어떤 상황이 돌발하면 그 상황에 적절히 대처하지 못하고 우왕좌왕하거나 주어진 방향으로만 가게 하는 결과를 낳기 때문이었다는 것이다.

우리나라뿐 아니라 세계 어느 곳에도 교육의 문제가 없는 곳이 없다. 교육이란 현재보다는 나은 삶을 위하여 인간이 갈 수 있는 길을 개척하는 방법을 찾아보고 가르치는 현상이다. 그래서 교육이란 인간 삶에서 일체의 기능을 하게 된다. 좀 더 나은 교육을 받으면 좀더 나은 삶을 살 수 있을 것이라는 주장이다. 그런데 여기에서 문제가 되는 게 어떤 것이 좋은 교육이냐 하는 점이다.

어떤 이들은 더 나은 교육을 받기 위하여 도시로 몰리기도 하고, 외국으로 가기도 한다. 최근에는 번잡한 도시가 아닌 곳에서 좋은 교육이 이루어지고 있다는 평이 나 있는 학교로 자녀들을 보내는 경우도 있다.

자녀에게 무엇을 배우게 할 것인가, 어디에서 배우게 할 것인가 등등에 대하여 부모들은 끊임없이 걱정하고, 돈을 들이고, 희생하고 봉사한다. 자녀들은 배우기에 여념이 없다. 학부모와 학생들은 미래를 위하여 열심히 애를 쓰고 있다. 그리고 마침내는 사지선다형의 틀 속에 갇혀 버리고 만다.

〈죽은 시인의 사회(Dead Poets Society)〉라는 영화가 있다. 1989년에 만들어진 이 영화에는 코미디 배우로 익히 알려진 로빈 윌리엄스가 비극적 주인공으로 등장한다. 그를 그렇게 만든 사람은 피터 와이어(Peter Weir) 감독이다.

로빈 윌리엄스는 키팅이라는 이름으로 영어를 가르치는 선생님이다. 그가 '전통·명예·규율·최고'를 교훈으로 하고 있는 웰튼 아카데미에 부임하였다. 1959년의 일이다. 그가 가르치는 학생들 가운데에 가장 주목할 만한 자들이 R. 레오나드가 연기하는 닐과 에단 호크가 연기하는 토드이다. 이 사람들은 연기를 잘하는 것이 아니라 키팅 선생님의 가르침을 잘 따르는 인물들이다. 특히 닐은 감수성이 예민하여 예능 활동에 두드러진 특징을 가진 학생이다. 그렇지만 그의 아버지는 그를 의사로 만들고 말겠다는 강한 집념을 가지고 있다.

토드는 새 학기에 전학을 왔는데, 그의 형이 워낙 뛰어난 성적을 기록했기 때문에, 다른 학생들은 그를 토드 개인으로 알아주는 게 아니라 우수한 형의 동생으로 부른다. 모든 것이 성적이 최고라는 인식 속에 묻혀 있는 것이다. 교장 선생님도 웰튼 아카데미의 대학진학률이 높은 것을 최대의 긍지로 삼고 있다.

학생들은 이러한 현상에 대해 적극적이지는 않지만, 약간의 불만을 가지

고 있다. 그래서 그네들 학교의 교훈을 '익살·공포·타락·배설'로 바꾸어 부른다. 현실에 대한 불만, 그것은 누구에게나 있는 것이다. 그것이 현실에 적절히 수용되어 현실을 바람직한 방향으로 끌고 가느냐 그렇지 못하고 곪아터지게 하느냐 하는 것은 구성원들의 노력여하에 달려 있다. 구성원들이 자기 이익이나 집단의 이익에 매달려 상대방을 인정하지 않으면 쓸데없는 힘겨루기만 있을 뿐이다.

사춘기 학생들과 키팅의 만남. 키팅도 이 아카데미 출신이다. 그가 이 아카데미를 다니고 있을 때에 자신들의 열정을 불태우기 위하여 만든 클럽이 '죽은 시인의 사회'였다. 그는 그 모임을 통하여 자기를 발전시켜 나갔고, 지금은 아주 독특한 생각을 하고 그렇게 가르치는 교사가 되었다.

그가 얼마나 독특한 생각을 가지고 있는가. 그는 교과서에 연연해하지 않는다. 그래서 그는 학생들에게 교재 가운데에 좋은 시란 어떤 것인가에 대해 설명한 부분을 찢어 버리라고 한다. 물론 학생들은 처음에는 어리둥절하지만, 교재의 서론 부분을 찢어낸다. 서론이 없어진 교재를 가지고 어찌 수업을 할 것인가. 이제 학생들은 자기 자신이 어떤 존재인가에 대해 생각하지 않을 수 없다.

닐을 비롯한 일곱 명의 학생들은 '죽은 시인의 사회'를 부활시켜 모임을 갖는다. 시를 짓기도 하고 서로의 의견을 토론하기도 한다. 비밀 결사처럼 그들은 잘 뭉쳐 있다. 물론 그 가운데에서 나중에 밀고자가 나오기도 하지만 원작자 슐만(T. Schulman)이나 감독은 작은 조직의 생리를 여기에까지 적용시켰다. '나는 너만 믿노라'고 하면 나중에 '나는 너를 배반하노라'라고 하는 인간, 위기에 처하면 자기의 안전을 최우선으로 행동하는 인간. 개인이 먼저인가 집단이 먼저인가에 대한 논란은 끊임없이 전개되고 있지만, 집단을 위하여 개인을 버린 사람들을 칭송하는 것을 종종 보게 된다. 살신성인(殺身成仁)이라고.

우리나라에서는 자율학습이 시행된 이후로 이기적인 양태가 심화되고 있다고 할 수 있다. 아침부터 오밤중까지 교실에만 붙잡혀 있는 학생들, 시험 점수로 모든 것이 결판나는 세상에 살고 있는 학생들이 남을 위하여 무엇인가 해볼 수 있는 기회를 잡을 수가 없다. 초·중등학교 교육은 대학 입학률에 매달려 있고, 대학은 직장 취직률에 매달려 있는 한, 나도 남에게 무엇인가를 해 줄 수 있다는 생각을 하고, 그걸 행동으로 옮길 기회를 마련할 수가 없다. 거기에다가 대학은 대학대로 서열화해서 경쟁에 몰두하고 있으니, 사람 사는 모습이 협동이어야 하는지 경쟁이어야 하는지 알 수가 없다. 현실은 오로지 최고만이 살아남는다는 강박관념 기르기에 적절한 마당이 되어버렸다. 이제 최고가 다른 최고에 의하여 짓눌리게 되는 부메랑이 날아올 날이 머지않았다.

다시 영화로 가 보자. 이 영화에서 극적 진전을 가져오는 인물이 닐과 토드이다. 닐은 아버지의 억압에 못 이겨 공부를 하고 있지만, 그가 진정으로 원하는 것은 연극이다. 배우가 되는 길과 의사가 되는 길은 서로 다르다. 그리고 두 가지를 다 하지 못하면, 어차피 하나는 포기해야 하는 길이다. 그 중에 하나는 가지 않은 길이 돼 버리는 것이다. 여기에서 닐이 자신이 하고자 하는 길을 갈 수 있도록 키팅이 용기를 준다. 키팅은 닐에게 아버지와의 불화도 대화로 해결하라고 조언을 한다. 닐은 그렇게 한 것처럼 키팅을 속인다. 역시 닐은 머리가 좋은 놈이야. 제가 하고 싶은 연극을 하기 위하여 선생님을 속일 용기를 가지고 있으니. 그런데 그 거짓말로 인하여 그는 이 세상을 하직하는 어리석은 짓을 저지르고 만다. 우리는 그런 아이들을 일러 가로되, '헛똑똑이'라고 한다. 선생님을 존경하고 따른다면 왜 시키는 대로 하지 않았나.

연극을 성공적으로 마친 날 저녁 닐은 아버지에게 끌려 집으로 가고 군대식 학교에 보낼 것이라는 말을 듣는다. 닐의 아버지가 닐에게 거는 한 가지

기대는 닐을 의사로 만드는 것. 그렇지만 닐은 의사가 되고 싶지 않다. 그가 가고 싶은 길은 연극으로 난 길이다. 그런데 아버지가 그 길을 막고 있다. 그러니 그는 죽음으로 가는 길을 택하였다. 아버지의 권위가 산산조각 나는 순간. 그렇지만 그 권위는 학교장과 연결된 것으로 마침내 키팅을 몰아내는 힘을 발휘한다. 아아, 멍청한 어른들이여, 깨우침이 없는 어른들이여, 권위를 즐기는 어른들이여. 아들의 갈 길을 제대로 일러준 선생을 몰아내는 술수를 가진, 아집에 찬 어른들. 우리에게도 그런 어른들이 있어서 이 사회의 활기를 막고 있는 것은 아닌가, 젊은 학생들의 자유분방함을 막고 있는 것은 아닌가.

이에 비하여 토드는 키팅으로부터 자신감을 얻어내는 결과를 갖는다. 〈비포 선 라이즈〉보다 10여 년 전에 찍은 이 영화에서 그는 뭔가 하고자 하지만 자신감이 없어서 머뭇거리는 학생의 행동을 잘 드러내고 있다. 그리고 작품의 마지막에 닐의 죽음으로 희생양이 되어 학교를 떠나야 하는 키팅에게 자신의 의지를 두려움 없이 표출하는 용기를 가진 학생으로 변한다. 이것이 교육의 힘이다. 옳다고 생각하는 걸 가르치고 한 사람이라도 그걸 받아들였을 때, 교단의 영광은 지속되는 것이다. 시도 짓지 못하던 망설임쟁이가 교장 선생님 앞에서 쫓겨나는 선생님을 향하여 '캡틴, 오 캡틴'을 외치며 책상 위로 올라간다. 이제 그는 자신이 하고자 하는 일에 용기를 가진 자가 되었다. 이게 겨자씨이다. 키팅은 웃으며 떠날 수 있다, 얘들아, 고맙다. 내 다른 곳에 가서 또 선장 노릇을 하마. 코미디 배우였던 로빈 윌리엄스가 이때처럼 근엄하게 보인 적이 없다. 아마 이게 영화인가보다. 백 개의 얼굴을 가진 배우. 우리는 그것을 보면서 또 다른 인생을 배운다.

키팅의 힘은 두 가지에서 나온다. 하나는 '카르페 디엠(Carpe diem)', 다른 하나는 책상에 올라서기. 카르페 디엠, 번역하여 오늘을 잡아라, 오늘을 장악하라, 오늘을 즐겨라, 꽃봉오리를 모을 수 있을 때 모아라. 한 번 더 에둘러 해석한다면, 오늘을 자신 있게 보내라, 망설이지 말아라. 이런 뜻일 게다. 젊은 시절에는 용기가 솟아서 돌진하기도 하는가 하면 망설임으로 인하여 머뭇거리는 경우도 많다. 민태원의 〈청춘예찬〉에서와 마찬가지로 망설임보다는 거선의 기관 같은 용기와 박력으로 자신의 희망을 향하여 매진하는 것이 나중에 후회하지 않는 방법일 것이다.

그런데 우리의 교육현실은 학생들이 오늘을 잡을 수 있도록 되어 있지 아니하다. 망설임 없이 자기 길을 갈 용기를 가지게 하지 못하고 있다. 대학 졸업 후의 진로를 돈 버는 데에 두고 있기 때문이다. 그렇게 된 데에는 정부의 역할이 크다. 국민에 대한 교육은 정부에서 책임져야 한다. 헌법에도 분명히 명시되어 있다, 국민들은 교육받을 권리가 있다고. 그런데 우리나라 재정 형편상 6%도 되지 않는 돈을 교육에 투자하고 있다, 6%를 넘기려니 여러 부처에서 볼멘소리를 하는 모양이다. 그 대신에 대학을 속성으로 졸업하여 돈을 벌라는 것이다.

교육비를 국가에서 부담하기로는 서유럽 나라들을 따라갈 수 없다. 거기에서는 많은 학생들이 학교를 졸업하기 위하여 서두르지 않는다. 몇 개의 학과를 전공하든 본인 의사에 따른다. 하고 싶은 공부를 하는 것이다. 젊어서 몇 년을 더 공부한다면 그 미래에는 훨씬 더 많은 열매를 맺을 수 있다. 오늘을 잡을 수 있는 기회가 더 많아질 것이다. 다른 나라에서 많은 것을 배워오면서 그런 것은 왜 못 배우는지 알 수 없는 노릇이다.

키팅의 또 다른 힘은 대상을 있는 자리에 고정시켜 보지 말고 여러 각도에서 보라는 지혜를 가르치는 데에 있다. 의자에 앉아서만 보지 말고 책상에 올라가서 다시 한 번 대상을 살피는 지혜. 그건 어떤 일이 벌어졌을 때, 객관적인 파악이 가능하도록 하는 행동이다. 네 개 중에서 혹은 다섯 개 중에서 하나를 고르는 것과 있는 대상을 다른 각도에서 바라보는 것은 얼마나 다른 얘긴가. 십 원짜리 동전 네 개가 있다고 하자. 세 개는 다보탑이 보이고 하나는 글자가 보이도록 놓고서, 그 가운데에 다른 것을 고르라면 분명히 답이 있을 것이다. 그러나 다른 각도에서 보면 그건 모두 같은 십 원짜리 동전이 아닌가.

이 세상의 모든 선생님들이 다 키팅처럼 될 수는 없다. 선생님들도 개성이 있기 때문이다. 그런데 우리나라 교육 현장에서는 키팅과 반대되는 선생님들로 획일화되어 가는 게 아닌가 하는 의구심이 든다. 제도가 그렇기 때문이다. 여러 가지로 발전할 수 있는 가능성을 가진 학생들을 잘 가르치기 위해서는 다양한 교과과정을 가진 학교가 여러 개 있을 필요가 있다.

얼마 전 스페인을 일주한 적이 있다. 세비야에서 우리나라 고등학교 학생들을 만났다. 한국인을 보기 어려운 곳에서 만났기 때문에 우리들은 서로 인사를 했다. 안녕하세요? 어디서 왔어요? 의례 묻는 말. 학생들은 어디 어느 고등학교에서 왔다고 즐겁게 말했다. 그리고 일주일 정도 후, 마드리드 고고학 박물관 앞에서 그네들을 또 만났다. 알타미라 동굴의 모형으로 유명한 박물관. 그네들이 먼저 우리 가족을 알아보고 인사를 했다. 어디 갔다 오셨어요? 어쩌고. 그런데 옆에서 사십대 초반의 남자가 오더니, 학생들에게 묻는다. 야, 니네들 이 사람 잘 알아? 아이들, 아니요. 그 사람, 그런데 왜 말을 걸고 그래? 아이들, 머쓱. 우리들, 황당. 우리에게 말을 걸면 안 되는가? 이렇게 외국으로 돌아다닌들 저런 사고를 가지고 다니면 무슨 소용이 있을까 왜 학생들을 자꾸만 틀 속으로 집어넣으려고 할까 하는 생각이 들었다. 오히려 거기에서 자유롭게 우리들과 얘기를 해서 서로 못 느끼고 몰랐던 점을 일깨워주는 게 좋은 일이 아니었나 하는 생각이 들었다.

그런 선생님에게 키팅이 되라고 할 수는 없다. 키팅이 되고 싶은 선생님이 있을 것이다. 그런 선생님들에게 자유분방한 학생들을 가르치도록 재정적 투자를 해야 한다. 과학고등학교를 세워도, 외국어고등학교를 세워도, 예술고등학교를 세워도 모두가 제몫을 제대로 하지 못하고 있다. 대학 진학에 목을 걸고 있기 때문이다. 그러니 우리의 현실에서 키팅 선생은 '죽은 시인의 사회'에서의 선장처럼 될 수밖에 없다.

획일화한 교육은 국가를 위험에 빠뜨릴 수도 있다. 그러한 교육을 받은 사람들이 오로지 한 길로만 가려고 할 것이기 때문이다. 그래서 유능한 교사 확보를 위해 성과급 제도도 필요하고, 자율고등학교도 있어야 한다. 그리고 마지막으로는 권력의 간섭을 최소화해야 한다. 많은 사람들이, 자신이 가보지 않은 길이 있지만, 내가 걸어온 길도 행복했노라고 느낄 때까지.

〈죽은 시인의 사회〉에서는 휘트먼과 솔로우의 시가 여러 편 등장한다. 여기에서는 프루스트의 시 〈가지 않은 길〉을 감상하면서 또 나의 길을 가도록 하자.

노랗게 물든 숲 속에 두 갈래 길이 있었습니다.
몸이 하나니 두 길을 다 가 볼 수는 없어
나는 서운한 마음으로 한창 서서
덤불 속으로 접어든 한쪽 길을
끝 간 데까지 바라보았습니다.
그러다가 다른 쪽 길을 택했습니다.
먼저 길과 똑같이 아름답고

어쩌면 더 나은 듯도 했지요.
사람이 밟은 흔적은 먼저 길과 비슷했지만,
풀이 더 무성하고 사람의 발길을 기다리는 듯했으니까요.

그 날 아침 두 길은 모두 아직
발자국에 더럽혀지지 않은 낙엽에 덮여 있었습니다.
아, 먼저 길은 다른 날 걸어 보리라! 생각했지요.
길은 길로 이어지는 것이기에
다시 돌아오기 어려우리라 알고 있었지만

오랜 세월이 흐른 다음
나는 한숨지으며 이야기를 할 것입니다.
'두 갈래 길이 숲 속으로 나 있었다. 그래서
나는 사람이 덜 밟은 길을 택했고,
그것이 내 운명을 바꾸어 놓았다'라고

그래도 우리가 학교 다닐 때가 참 좋았어, 그 선생님 지금도 머릿속에 생생하게 살아 계시지. 이런 말보다는 요새 학교 다니는 게 참 재미있는 모양이야. 애들이 학교 가기를 얼마나 좋아하는지 몰라. 요새 선을 여러 번

보는 것은 낭비야, 네 번씩 다섯 번씩 봤다는 건 옛날 얘기야. 이런 말이 오고가는 사회가 되면 죽은 시인도 살아날 것이다. 그리고 힘차게 말할 것이다, 카르페 디엠.

[출처] 김일영, 「죽은 시인의 사회」, 『글쓰기의 논리』(여세주 외), 다할미디어, 2002, 120~125쪽.

제3장

문화 텍스트 읽기

정신이 법도 가운데서 자유로이 훨훨 날아가는 경지

안희준·정양모

일상적인 삶의 모습을 표현한 그림, 우리는 그것을 '풍속화(風俗畵)'라 부른다. 선사시대 바위그림으로부터 현대미술에 이르기까지 삶을 표현하는 인간의 행위는 끊임없이 이루어졌다. 시대마다 표현 방식이 다르고 유행의 정도가 다를 뿐, 풍속화가 제작되지 않은 시기는 없었다. 풍속화는 어떤 형태로든 인류와 운명을 함께 할 것이다. 왜냐하면 살아가는 모습을 표현하는 행위는 인간의 본능이기 때문이다.

이른 시기부터 그려진 풍속화는 시대에 따라 각기 다른 색깔, 각기 다른 모습을 선보였다. 선사시대의 암각화(巖刻畵), 고구려 고분벽화(古墳壁畵), 고려의 수렵도(狩獵圖), 조선의 삼강행실도(三綱行實圖)와 경직도(耕織圖), 감로도(甘露圖) 등 시대마다 유행한 주제와 표현 양식이 다르다. 그 가운데 조선 후기에 김홍도(金弘道, 1745~1806 이후), 신윤복(申潤福, 1758~?), 김득신(金得臣, 1604~1684)과 같이 이름만 들어도 쟁쟁한 풍속화가들이 펼친 풍속화의 세계는 한국회화사를 빛낸 성과 중의 하나이다. 이 시기의 풍속화는 궁중뿐만 아니라 민간에까지 폭넓은 사랑을 받았다. 조선 초기만 하더라도 대나무 그림이 궁중 화원들이 익혀야 할 첫 번째 제재였지만, 조선 후기에는 풍속화가 가장 많이 그려지는 제재로 부각되었다. 또한 18세기 전반 민간의 생활상을 그린 풍속화가 사대부 화가들에 의해 시작되어 점차 민간 회화로 자리 잡았다. 더욱이 19세기에는 풍속화와 민화가 함께 발전하면서 민간 회화의 융성기를 맞았다.

그렇다면, 왜 이러한 변화가 일어났는가. 조선 후기 풍속화의 유행은 일차적으로 신분 구조의 변화에서 찾아볼 수 있다. 궁중을 비롯한 상류 계층에서 하류 계층의 삶을 포용해야 할 만큼 하류 계층의 위상이 달라졌고, 이상적인 삶보다 현실적인 삶에 대한 관심이 드높아졌다. 이로 인해 그동안 숨죽여왔던 서민 문화가 역사의 전면으로 부상하는 변화가 일어난 것이다.

조선 후기 풍속화를 대표하는 화가는 역시 김홍도이다. 풍속화에 대한 그의 명성은 동시대에 이미 높았다. 그의 작품 활동을 가까이서 지켜보았던 강세황(姜世晃, 1712~1791)은 그의 풍속화를 '진실로 신령스러운 마음과 슬기로운 지식으로 홀로 천고(千古)의 묘함을 깨닫지 않았으면 어찌 이처럼 할 수 있으리오'라고 평가했다. 같은 시대 서화(書畵)의 뛰어난 안목(眼目)인 이규상(李揆祥, 1918~1967)은 '정신이 법도(法度) 가운데서 자유로이 훨훨 날아다니는 경지다'라고 극찬했다. 당시 평론가들의 눈에는 그의 풍속화가 신묘(神妙)하고 자유로운 작품 세계로 비쳤던 것이다.

≪단원풍속도첩(檀園風俗圖帖)≫은 풍속화가인 김홍도의 명성을 확인할 수 있는 대표작이다. 일, 놀이, 관례(慣例), 생활상 등 다양한 삶의 모습이 25점의 화폭에 펼쳐져 있는데, 그는 이 화첩을 통해 풍속화의 주제뿐 아니라 기법 면에서도 새로운 세계를 보여주었다.

이 화첩에서 높이 평가해야 할 점은 통속적인 주제를 다룬 것이다. 그는 이미 이 화첩을 제작하기 이전인 30대부터 여러 풍속화를 통해 에로티시즘, 신분 사회의 불평등 등 사회문제를 적극적으로 다루었다. 이러한 주제들은 전통적으로 화가들이 꺼리거나 금기시했던 것인데, 김홍도는 이들을 자신의 화폭에 담는 데 주저하지 않았다.

이 화첩 가운데 〈빨래터〉를 보면, 점잖은 양반이 부채로 얼굴을 가리고 바위 뒤에 숨어 빨래하는 아낙들을 훔쳐보고 있다. 까딱하면 망신당하기 십상인 그림 속 양반처럼, 김홍도 역시 천박하다고 비난받을 만한 주제를

김홍도, 단원풍속도첩 중 〈빨래터〉, 〈타작〉, 〈서당〉, 〈기와이기〉(왼쪽 위부터 시계방향), 보물 제527호, 조선18세기, 종이에 수묵담채, 28×24cm, 국립중앙박물관 소장.

자신의 작품 속으로 과감하게 끌어들였다. 〈타작〉에서는 벼 낟알을 털기에 여념이 없는 일꾼들이 즐거운 마음으로 고된 노동을 감내하고 있지만, 이를 감독하는 마름은 술에 취해 아예 비스듬히 누워버렸다. 상류 계층인 마름과 하류 계층인 일꾼들의 불공명한 관계를 유머러스하게 풍자했다.

우리는 이 화첩을 통해 사실주의(寫實主義) 화풍(畵風)의 진수를 맛볼 수 있다. 이전에는 인물의 권위와 위엄을 나타내기 위해 옷의 실루엣을 풍선처럼 팽팽하게 부풀려 묘사했다. 그런데 김홍도의 풍속화에서는 그 '권위의 바람'이 빠지고 꾸불꾸불한 선으로 나타난다. 실제 우리 눈에 보이는 그대로의 사실적인 표현인 것이다. 옷도 서민들의 거친 옷감에 걸맞게 딱딱한 선으로 묘사하여 더욱 실감난다. 더욱 이 그림의 교과서라 할 수 있는 화보에 보이는 도식적인 얼굴이 아니라 현실에 기반을 둔 살아 있는 얼굴이 등장한다.

극적인 구성도 이 화첩에서 빠뜨릴 수 없는 매력이다. 별다른 배경도 없이 풍속 장면만을 간략하게 부각시켜 묘사한 그림이지만, 우리는 쉽게 등장인물의 감정 속으로 몰입하게 된다. 화첩에서도 특히 대표작으로 손꼽히는 〈씨름〉은 숨 가쁜 대결 속에 후끈 달아오른 씨름판의 열기를 흥미롭게 표현한 작품이다. 그 와중에 엿장수에게서 시선을 떼지 못하는 어린이(화면 맨 아래 가운데)를 설정한 재치는 김홍도다운 해학이다. 〈서당〉에서는 종아리를 맞은 한 학생의 울음이 서당을 한바탕 웃음바다로 만들었다. 훈장도 점잖은 체면에 웃음을 참느라 얼굴이 찌그러져 있다. 울음과 웃음이 교차하는 순간을 절묘하게 포착하고 있다. 그의 풍속화에는 사실적인 풍속의 묘사를 넘어 해학과 풍자가 피어난다. 평범한 일상에서 웃음을 찾아내고 직접적인 비난보다는 간접적인 풍자로 날카로운 갈등을 풀어나갔다. 세상을 긍정적으로 보는 가치관이 그의 풍속화에서 밝게 빛난 것이다.

풍속화를 통해 보여준 김홍도의 조형 세계가 신윤복, 김득신 등으로 이어지면서 조선 후기 풍속화는 풍요로움을 누리게 된다. 신윤복은 김홍도에 의해 시도된 기생의 생활상을 그린 풍속화를 발전시켜, 여성을 그린 풍속화에서 일가를 이루었다. 그는 섬세한 필치와 예민한 감성으로 표출한 여성의

김홍도 풍속도첩 중 〈씨름〉, 조선 18세기, 종이에 수묵담채, 28×14cm, 국립중앙박물관 소장

아름다움을 통해 김홍도와는 또 다른 세계를 구축했다. 반면 김득신은 김홍도의 그림 가운데 남성을 그린 풍속화의 영향을 받았는데, 〈파적도(破寂圖)〉에서는 역동적인 구성과 생동감 있는 인물 묘사로 김홍도 못지않은 기량을 발휘했다.

김득신, 〈파적도〉, 조선 18세기 후반, 종이에 수묵담채, 22.5×27.1cm, 간송미술관 소장.

〈단원풍속도첩〉에 펼쳐진 사실주의는 단순히 현실을 사실적이고 해학적으로 표현한 데 의의가 있는 것이 아니라, 오랜 세월 동안 굳어진 권위와 위엄의 구각을 깨뜨리고 사실성의 진정한 모습을 우리에게 일깨웠다는 데 보다 큰 의의가 있다. 그러한 점에서, 김홍도가 이룩한 사실주의의 성취는 조선시대 회화의 위대한 쾌거이다.

[출처] 안휘준·정양모, 「정신이 법도 가운데서 자유로이 훨훨 날아가는 경지」, 『한국의 미, 최고의 예술품을 찾아서 1』, 돌베개, 2007, 94~99쪽.

기계로서 살기보다 인간으로 죽으리라

이 정 우

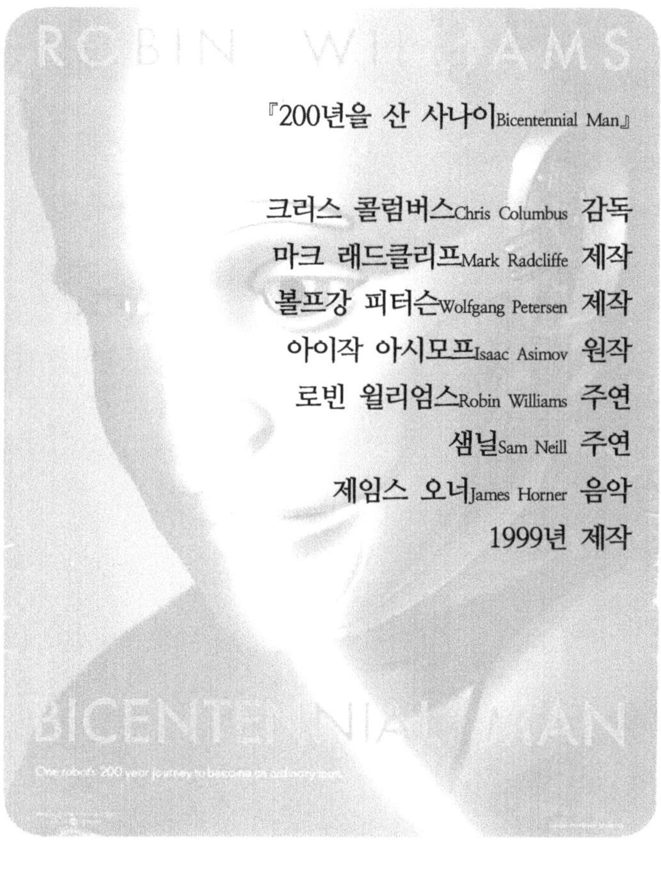

『200년을 산 사나이Bicentennial Man』

크리스 콜럼버스Chris Columbus 감독
마크 래드클리프Mark Radcliffe 제작
볼프강 피터슨Wolfgang Petersen 제작
아이작 아시모프Isaac Asimov 원작
로빈 윌리엄스Robin Williams 주연
샘닐Sam Neill 주연
제임스 호너James Horner 음악
1999년 제작

하나의 개체로서 태어난 존재에게 늘 붙어 다니는 물음은 정체성의 물음이다. 개체성을 부여받은 이상 어떤 형태로든 '自'를 가지게 되며, 자신의 범위, 자와 타(他)의 관계, 자신을 둘러싸고 있는 환경의 의미, 우주 전체에서의 자신의 위치 등등에 대해 의문을 품게 된다. 우리는 이런 의문을 가리켜 정체성 물음이라 한다. 더 복잡한 존재, 주름 잡힌 존재일수록 삶의 환희를 더 많이 느낄 수 있지만, 그 대가로 삶과 죽음에 대한 고뇌 또한 그만큼 크게 짊어진다.

내가 '누구'인가라는 물음은 그 자체로서는 대답을 얻기 힘들다. 모든 존재들이 다른 존재들과의 차이를 통해서만 일정한 정체성을 가질 수 있다면, 이 물음은 내가 속해 있는 전체에서의 나의 '위치'와 상관적으로만 성립하는 물음이기 때문이다. 그리고 이 위치에는 일정한 이름이 붙는다. 그래서 모든 존재는 이름-자리를 자신의 원초적인 정체성으로 가지게 된다. 어떤 존재도 이 이름-자리를 피할 수가 없다.

자연 세계에서 한 존재가 가지는 이름-자리는 그 존재가 속하는 종(種)의 이름-자리이다. 한 마리의 개는 생명계 전체에서 개라는 종이 차지하는 자리, 그리고 '개' 라는 이름에 의해 정체성을 부여받는다. 인간 역시 '인간'이라는 이름과 생명계에서의 그 자리에 의해 일차적으로 정체성을 부여받는다. 그러나 인간은 사회 세계를 형성하면서 살아가며, 때문에 인간에게 이름-자리는 생물학적인 맥락과 동시에 사회학적인 맥락을 가진다. 한 사회에서 한 인간이 가지는 정체성. 그것은 그 인간이 그 사회에서 가지게 되는 이름-자리이다. 김철수는 한 사회에서 제일기획 과장이라는 자리에 앉아 있으며, 그에게는 '제일기획 김 과장'이라는 이름이 붙는다. 그런 한에서 모든 사람들은, 설사 김철수 자신은 부정한다 해도, 그를 어디까지나 제일기획 김 과장으로 생각한다. 그리고 타인의 눈길을 초극할 수 있는 인물이 아닌 한, 어느새 그 이름-자리는 김철수라는 한 인간의 마음속에 각인되어 내면화된다. 따라서 김철수는 어느새 그 이름-자리가 요구하는 기대치에 따라 행위하게 된다. 어떤 존재도 이 이름-자리의 존재론/사회학을 벗어나기 힘들다.

그러나 역으로 어떤 존재도 이 이름-자리에 완전히 만족하는 경우는 없다. 그 이름-자리가 남들이 모두 부러워하는 이름-자리라 해도, 그 이름-자리가 부과하는 압박감이 또는 결여하고 있는 측면이 불만족을 가져오기 때문이다. 또 모든 개체들은 내면의 욕망과 기질을 가지고 태어나며, 그 욕망, 기질과 외면적 이름-자리가 완벽하게 일치하는 경우란 상상하기 힘들기 때문이다. 한편 사람들은 특정한 이름-자리를 얻으려고 즉 "자리를 잡으려고" 발버둥치지만, 동시에 이름-자리의 체계가 가져오는 억압을 벗어나고 싶어 몸부림친다. 그것이 "못해먹겠다"는 단순한 신세타령이든 자유인을 희구하는 형이상학적 몸짓이든, 인간은 그가 전적으로 기계 부품이 아닌 한 끊임없이 사회라는 기계 전체에 대해 회의하고 자신의 이름-자리에 대해 회의한다. 그리고 이런 상황이 한 개체의 절대적 몸짓이 아니라 수많은 개체들 사이의 상대적 몸짓이라는 점에서, 삶이란 필연적으로 갈등과 싸움을 내포하고 있는 것이라 하겠다.

한 인간은 달리기 선수들처럼 동등한 입장에서 출발해 자신의 이름-자리를 찾아가는 것이 아니다. 사회란 이미 일정하게 구조화되어 있고 누구나 그 구조 한가운데에 내던져진다. 때문에 삶이란 자신에게 **주어진** 이름-자리와 자신이 **만들어나가는** 이름-자리 사이에서의 긴장을 내포한다. 이러한 긴장은 한 사회가 일정한 동일자와 그 동일자 바깥의 타자를 날카롭게 나눌 때 가장 첨예하게 나타난다. 타자들은 자신들에게 주어진 이름-자리를 부당하다고 생각함으로써 투쟁하며, 동일자들은 그들의 기득권을 지키기 위해 온갖 수단을 동원한다. 인류의 역사는 동일자와 타자의 역사이다. 그러나 타자의 존재는 문화에 따라 다양하며, 또 시대에 따라 변해간다. 그렇다면 미래의 사회에 등장할 중요한 타자는 과연 누구인가? 그에 대한 여러 답들 중 하나로 우리는 복제된 생명체, 로봇, 안드로이드, 사이보그 등을 생각할 수 있다. 인간에 의해 제작된 존재. 그러므로 일종의 재산, 소유물, 노예로서 태어난 존재, 그러나 자의식을 가지게 됨으로써 자신의 이름-자리에 눈뜨게 되는 존재, 언젠가 인간들은 이런 타자들에 맞닥뜨리게 될 것이다. 「200년을 산 사나이」(Bicentennial Man)는 바로 이렇게 자신에게 주어진 이름-자리에 눈떠가고 그로부터 벗어나려 몸부림치는 한 타자의 이야기이다.

대부분의 SF는 전투를 포함하는 액션으로 치우치게 마련이고 따라서 거대 기업이나 정부 기관, 군대 등이 배경이 된다. 그러나 「200년을 산 사나이」는 '멀지 않은 미래'의 평범한 한 가정에서 벌어지는 이야기를 다루고 있으며, 이 점에서 다른 영화들과는 판이한 분위기를 전달해준다. 이토록 진실감(眞實感) 있고 서정적인 사이버펑크가 가능하다니! 사이버펑크 영화사에서 유니크한 자리를 차지하는 이 작품의 도입부 역시 평범하다. 앤드류는 일반적인 기계들과 마찬가지로 트럭에 실려 한 가정집으로 운반된다. 그를 실은 철제 상자 앞에는 '평생 보증'이라는 문구가 적혀 있다. 앤드류를 신청한 주인인 마틴은 리모트컨트롤로 앤드류를 작동시킨다(그림 1).

앤드유의 본래 이름은 NDR114. 기계에는 늘 이런 식의 이름이 붙는다. NDR114를 본 큰딸은 옆집에서도 늘 보던 흔해 빠진 '앤드로이드'(안드로이드의 영어식 발음)일 뿐이라고 코웃음 쳤지만, 옆에 있던 작은딸은 그 말을

그림 1 안드로이드 NDR114는 리모트콘트롤로 작동되는 기계로서 마틴 가족을 만난다.

잘못 알아듣고 "앤드류?"라고 되묻는다. 그것이 결국 NDR114의 이름이 된다. 이 장면은 의미심장하다. NDR114는 기계이기 때문에 인간적인 이름이 부여될 수 없다. 그것은 '안드로이드'라고 하는 종(種)의 이름을 부여받을 뿐이다. 우리가 새로 산 책상이나 전기밥솥에 이름을 붙이지 않듯이 이것은 '시리얼 넘버'나 기타의 기호들만을 가질 뿐이다. 그렇다면 그가 가질 수 있는 이름이란 결국 그가 속한 종의 이름을 변형한 것뿐이리라. 그래서 안드로이드인 NDR114는 '앤드류'가 된다. 종의 이름이 고유명사로 전이된 것이다. 앤드류에게는 '앤드류'라는 이름이 붙었지만 그의 이름-자리는 '안드로이드'라는 종의 이름-자리에 국한된다. 앤드류는 아직 인간과 다른 어떤 종으로서 존재할 뿐 인간들 사이에서 특정한 이름-자리를 부여받지는 못한 것이다.

인간이 기계를 만들어낼 때, 그 기계는 자동적으로 '노예'로서 자리매김되고 이름 붙여진다. 앤드류 역시 마찬가지다. 앤드류의 성격 또한 '성격칩'을 갈아끼움으로써 마음대로 바꿀 수 있는 무엇이다. 또 앤드류는 밥을 먹지 않으며, 몸에서 뽑아낸 코드를 전원에 꽂아 에네르기를 충전시킬 수 있을 뿐이다(그림 2). 나아가 앤드류는 인간과 원활한 소통을 하지 못한다. 인간 사회에서 통용되는 미묘하기 이를 데 없는 표현들과 맥락들을 기계로서는 온전히 따라가지 못하기 때문이다. 그래서 주인인 마틴과 앤드류는 '굿 나잇'이라는 인사 때문에 애를 먹는다. 영화의 초반은 기계의 존재론과 인간의 존재론을 뚜렷이 대비시킨다.

그림 2 전기로 충전되는 앤드류의 신체.

한 사회에서 타자들을 대하는 태도는 사람마다 다르다. 미국 사회에서의 흑인, 전통 사회에서의 여성은 다양한 종류의 눈길들을 받았으며, 미래 사회에서의 안드로이드 역시 그럴 것이다. 주인인 마틴과 '작은아씨'의 태도와 안주인과 '아씨'의 태도는 분명하게 갈라진다. 안주인은 앤드류에게 계속 불편한 시선을 던지며, 큰딸은 그를 노골적으로 골탕 먹인다. 큰딸은 앤드류를 창문 밖으로 뛰어내리게 함으로써 부숴버리고자 한다. 마틴은 그레이스(큰딸)를 혼내고 가족들에게 앞으로 앤드류를 "인간으로서 취급하자"고 말한다. 이제 그를 죽이는 것은 살인인 것이다. 마틴은 기계일 뿐인 앤드류를 사람처럼 취급하자고 함으로써 그에게 호의를 베풀었으며, 집안에서 설 자리를 마련해준다.

앤드류는 기계로서 제작되었지만 처음부터 기계를 초극하는 존재로서 태어났다. 그것이 이 영화의 기본 설정이다. 그것은 달리 말해 그에게 부여된 외적인 **이름-자리**와 그의 **실재**가 일치하지 않는다는 것이다. 한 존재에게 부여된 이름-자리와 그의 실재/정체성이 일치하지 않을 때 그 존재는 방황하게 된다. 그리고 그를 대하는 외부의 눈길 또한 동요하게 된다. NDR114와 앤드류 사이에 존재하는 간극은 이 영화 전체를 이끌고 가는 모티프이며, 이 점에서 이 영화는 이름-자리라는 문제틀을 밑바탕에 깔고 있다. 앤드류는 청소를 하다가 발견한 거미를 마당의 꽃에 살며시 올려놓는다. '생명'의 개념을 아직 모르는 그는 거미를 신기한 듯 쳐다본다. 또 앤드류는 고장 난 축음기를 다시 고치기도 한다. 그러나 그는 아직 인간다운 재미를 느끼지는 못한다. 첨단의 연산장치를 머리에 달고 있는 그에게 체스 경기는 싱겁기 그지없다. 그는 수십 가지 수를 단번에 처리할 수 있지만, 머리를 짜내고 실수하고 기뻐하기도 하는 삶의 재미는 느끼지 못한다. 그런 그에게 중요한 사건이 발생한다.

마틴의 집은 바닷가에 있고 앤드류는 바닷가에서 놀고 있는 두 아가씨를 돌본다. 작은아씨는 마틴에게 유리로 만든 말을 보여주고 그의 손에 쥐어준다. 그러나 마틴은 그 말을 떨어뜨리고 말은 산산조각난다. 앤드류를 좋아하던 작은아씨는 앤드류에게 "보기 싫으니 저리 가"라고 말한다. 그러나 앤드류는 바닷가의 나무 조각들을 보고 힌트를 얻는다. 그리고 예쁜 말을 만들어 작은아씨의 침대에 놔둔다. 작은아씨는 앤드류에게 "내 생애 최고의 선물"이라 하면서 그에게 우피라는 이름의 인형을 선물한다(그림 3). 싸

그림 3 작은아씨와의 교분은 싸움과 화해를 통해 이루어졌다.

움과 화해, 인간의 사회적 삶은 이 두 요소로 이루어진다. 화해된 싸움은 사랑을 공고히 하고, 화해되지 않은 싸움은 헤어짐을 가져온다. 그리고 이런 과정은 결국 감정 변화의 과정이 다. 앤드류는 아직 감정의 기복을 잘 모른다. 그리고 우리는 감정의 밋밋함이 앤드류의 생애 마지막까지 따라다닌 특성이라는 것을 보게 될 것이다. 그러나 앤드류는 다툼과 화해라는 과정을 통해 인생과 사랑을 배우게 되며 작은아씨와 굳은 '인간적 유대'를 맺게 된다. 그는 사회적 삶의 가장 기본적인 양태를 배우게 된 것이다.

앤드류가 만든 조각품을 보고 가족들은 놀란다. 마틴은 앤드류가 그것을 직접 '디자인'했는지 묻는다. 디자인이란 다분히 인간적인 능력이다. 그것은 무형의 질료에 일정한 형상(形狀)을 부여해 새롭게 창조하는 능력이다. 한 낯선 행성에 착륙한 우주인이 그 행성에 인간적인 지능을 가진 존재가 있음을 알 수 있는 것은 언제일까? 바로 거기에서 디자인된 어떤 사물을 발견할 때이다. 동그랗게, 네모나게, …… 다듬어진 나무가 있다면 거기에 분명 인간적 지능의 소유자가 있을 것이다. 그러나 안주인은 이것을 인정할 수가 없었다. 그녀는 앤드류가 틀림없이 이미 어디에선가 본 형상을 모방했으리라고 생각한다. 로봇이 순수한 창작을 할 수 있으리라고는 생각할 수 없기 때문이다. 그 후 마틴은 늦은 밤에 들려오는 오페라

그림 4 음악에 심취한다는 것, 그것은 마음을 가지고 있다는 것이다.

아리아에 끌려 지하실로 내려간다. 거기에는 아름다운 음악에 흠뻑 빠져 있는 앤드류가 있었다(그림 4). 마틴은 앤드류의 독특함에 다시 한 번 놀라고, (그를 제작했던) 로보틱스 회사로 그를 데리고 간다.

마틴은 NDR114의 제작자에게 앤드류의 독특함을 알리고 상의하고자 하나, 제작자는 그것을 인정하려 하지 않는다. 새로움을 받아들이는 인간과 받아들이지 못하는 인간이 있다. 제작자는 앤드류에게서 '창조적 진화'가 발생했다는 사실을 인정할 수 없었고 그래서 그것을 '신경 장애'로 받아들인다. 마틴은 앤드류를 '유니크한' 존재로 보지만, 제작자는 그것을 '비정상'으로 받아들인다. 열린 마음에게 차이로 보이는 것이 닫힌 마음에게는 동일자를 벗어나는 비정상으로 보이는 것이다. 그는 앤드류를 '그것'이 아니라 '그'라고 부르는 마틴의 화법을 어색해한다. 그가 볼 때 마틴은 단순한 기계 고장을 개성(個性)으로 착각하고 있는 것이다. 그는 '상업적 마인드'를 드러내면서 앤드류의 환불이나 교환, 또는 매매를 제안한다. 그러나 마틴은 "개성을 값으로 매길 순 없다"는 것을 주지시키면서 거절한다.

마틴은 앤드류의 재능이 아까워 그에게 보다 창조적인 일을 맡기려 한다. 그리고 저녁마다 그와 함께 공부하자고 한다. 어쩌면 마틴이 앤드류에게 주는 것 못지않게 앤드류 역시 마틴에게 많은 것을 주지 않았을까? 앤드류를 변화시키면서 마틴 역시 히긴스 교수가 느낀 기쁨 이상의 어떤 창조의 기쁨을 맛보았을 것이다. 마틴은 앤드류에게 "프로그램 되지 않은 세상을 보여주려" 한다. 인간이 누릴 수 있는 최고의 행복은 피그말리온의 행복이다. 생명을 불어넣는 것. 자신과 똑같은 존재를 탄생시키는 것. 마틴은 앤드류의 능력을 개발해줌으로써 이런 피그말리온적 창조를 행하려 한다.

그러나 어쩌면 그 이상일지도 모르겠다. 인간은 시간의 지배를 받는다. 그러나 앤드류는 인간이 아니다. 그래서 마틴은 앤드류에게 "네게 시간은 영원해"라고 말한다. 앤드류는 영원이라는 추상적 개념을 모른다. 그러나 마틴은 인간에 버금가는 능력을 가지고 있으면서도 영원한 시간을 사는 앤드류에게서 '무한한 잠재력'을 본다. 인간의 능력은 유한하며, 죽음은 그의 작업을 중지시킨다. 그러나 앤드류에게는 죽음이 없다. 이 점에서 이 영화에서의 죽음 개념은 「블레이드 러너」의 그것과 정확히 대칭적이다. 영화의 후반부에서 분명하게 드러나겠지만. 로이와 앤드류는 죽음에 관련해 서로 다른 고민을 하고 있는 것이다.

마틴의 배려로 앤드류는 창작에 몰두한다. 바닷가의 나무들을 모아 다양한 시계들을 조각하는 앤드류의 옆에서는 사랑스러운 작은아씨가 늘 그를 지켜본다(그림 5). 그리고 저녁에는 마틴과 대화한다. 마틴은 앤드류에게 생명의 탄생 과정을 이야기해준다. 남녀의 만남, 성교, 수태, 열 달간의 성숙, 산고(産苦), 몇 년간의 양육, 그 후의 교육 등. 인간의 탄생과 성장은 무척이나 비효율적이다. 하나의 컴퓨터 파일이 복제되는 과정에 비교해보라(우리는 「공각기동대」에서 이 문제를 만났다. 인형사가 왜 복제를 수행하기보다는 쿠사나기와 결합하려 했는지를). 하나의 아메바가 분열하는 과정에 비교해보라. 하나의 씨앗이 자라나는 과정에 비교해보라. 고등한 존재가 된다는 것은 그 만큼 복잡하고 비효율적인 탄생. 성숙 과정을 거친다는 것을 의미한다. 짐승들은 태어나서 얼마 있지 않아 걷고 활동한다. 인간은 수년을 젖을 먹이고 기저

그림 5 다시는 돌아올 수 없는 행복한 시간.

귀를 갈아주어야 한다. 그리고 또 오랜 기간의 교육이 필요하다. 그러나 바로 그러한 과정을 통해 인간은 기억과 경험, 내면과 지성을 가지게 되며 진정 인간적인 존재로서 성장한다. 기계를 찍어내는 과정에서는 존재할 수 없는 많은 소중한 시간들이 내면에 접혀 들어가는 것이다. 주름의 복잡성이 곧 그 존재의 완전도인 것이다.

그것은 양육하는 사람들의 경우에도 마찬가지다. 사람들은 아기를 키우면서 비로소 진정한 사랑을 깨닫는다. 그러나 앤드류에게는 그 모든 과정들이 참으로 이해하기 힘든 과정이다. 그리고 수많은 정자들 중 하나만이 생존에 성공하고 나머지는 죽는다는 사실도 도저히 이해하기 힘들다. 앤드류는 "이 모든 탄생 과정이 제게는 끔찍해요"라고 말한다. "나머지는 모두 죽다니……."

또 앤드류는 웃음과 유머에 대해서도 배운다. 마틴의 이야기에 폭소를 터뜨리는 안주인의 모습을 보고 앤드류는 그것이 무엇인지 궁금해 한다. 마틴은 여러 가지로 설명하지만 로봇에게 인간적 유머와 웃음의 의미를 가르쳐주기는 쉽지 않다. "닭이 길을 건넌 까닭은?"이라는 물음에 "건너편에 가려고"라는 대답이 왜 웃기는 것인지 앤드류는 이해하지 못한다. 그러나 단 하룻밤 사이에 앤드류는 그 의미를 간파한다. 그리고 다음날 아침 식사 때 밤사이에 고안해낸 웃음보따리를 풀어놓는다(그림 6). 앤드류는 놀라운 학습 능력을 보이며, 단순한 학습을 넘어 인간에 무한히 가까이 갈 수 있는 잠재력을 보여준다. 웃음과 유머를 아는 앤드류는 더 이상 로봇이 아니다.

그림 6 웃음의 의미를 이해하는 로봇인 앤드류.

앤드류는 작은아씨와 피아노를 친다. 피아노를 치면서 정서적 교감(交感)을 터득한다. 음악을 안다는 것, 또 음악을 타인과 공유할 수 있다는 것은 인간의 인간-되기에 핵심적이다. 건반 위에서 움직이는 두 손. 하나는 가녀리고 앙증맞은 작은아씨의 손이

그림 7 인간과 기계의 아름다운 교감.

그림 8 시간의 지배를 받는 인간과 시간을 초월하는 기계.

고 다른 하나는 금속으로 된 커다란 앤드류의 손이다. 그 두 손이 나란히 같은 멜로디를 연주한다. 인간과 기계의 교감을 이토록 아름답게 표현한 장면이 또 있을까(그림 7). 장면은 바뀌어, 꼬마 작은아씨와 함께 피아노를 치는 모습이 다 자란 작은아씨와 연주하는 장면으로 자연스럽게 바뀐다. 앤드류는 그대로이다. 그러나 작은아씨는 어엿한 처녀이다. 로봇은 시간을 초월하지만 인간은 시간만은 초월하지 못한다(그림 8). 그것이 진정한 생명을 가진 존재의 근본적인 운명이다. 그대로인 앤드류와 다 자란 작은아씨는 이전과는 다른 관계를 맺을 수밖에 없다. 존재론적 조건이 달라지면 사회학적 조건도 달라지는 것이다. 앤드류의 이름-자리는 그대로이다. 그러나 작은아씨의 이름-자리는 변했다. 그러나 앤드류와 작은아씨 사이에 존재하는 따뜻한 마음의 교류는 변함이 없다.

앤드류는 꾸준히 시계를 만들고 그 시계들은 최상품으로서 인정받는다. 시계가 너무 많아 거추장스럽자 마틴은 그 시계들을 팔고자 한다. 그렇다면 그 수입은 누구의 것이 되어야 하는가? 앤드류는 마틴 집안의 '소유물'이므로 그 소유물이 만들어낸 것 또한 그 주인의 것이어야 한다. 그것이 신분사회의 규칙이다. 게다가 안주인의 말처럼 앤드류는 쇼핑을 가는 것도, 바캉스를 가는 것도, 외식을 하는 것도 아니다. 로봇에게는 돈이 필요 없는 것이다. 마틴 부인은 "이런 화제 자체가 우습구나."라고 말한다. 미래에 로봇이 사회 문제가 된다면, 그 문제들 중 하나는 틀림없이 소유권을 둘러싸고 벌어질 것이다. 이 영화에서의 해결책보다 훨씬 심각한 형태로 말이다.

그러나 작은아씨는 앤드류에게 소유권을 주어야 하며, 그에게 공정해야 한다고 주장한다. 마틴은 아만다에게 자신은 앤드류에게 공정하게 하겠지만(그래서 마틴은 앤드류에게 계좌를 열어준다), 분명 그는 인간이 아니라고 말한다. 앤드류에 대한 아만다의 애정을 아는 아버지 마틴은 "기계에게 마음을 쓰는 것은 부질없는 짓"이라며 딸을 타이른다. 그 광경을 엿보게 된 앤드류는 쓸쓸하게 돌아선다. 아무리 해도 기계가 인간이 될 수는 없음을 확인하면서.

아만다는 한 남자의 청혼을 받게 되고 그것을 앤드류에게 말한다. 그러나 작은아씨는 다른 한 친구, 즉 너무나 다정하고 재미있는 '특별한 친구' 때문에 그 남자를 잊게 된다고 말한다. 앤드류는 물론 그 특별한 친구가 바로 자기 자신이라는 사실을 모른다. 사람과 사람 사이의 정(情)은 오랫동안의 교감을 통해서 쌓인다. 그리고 정이란 사람과 사람 사이에서만 싹트는 것이 아니다. 앤드류와 작은아씨 사이에 쌓인 정은 한순간의 사랑과는 비교할 수 없는 깊이와 진실성을 내포하고 있다. 그러나 작은아씨는 그 특별한 친구와 결혼할 수 없음을 말한다. 한 존재의 자연적인 이름-자리는 그 존재가 속한 종이다. 종이 다르면 결혼할 수 없다. 앤드류와 작은아씨는 결혼할 수 없다.

그러나 그것만이 이유는 아니다. 한 존재의 사회적인 이름-자리들 중 하나는 신분이다. 신분이 다를 때 또한 결혼이 불가능하다. 인간의 원초적 삶은 혈연(血緣)과 결연(結緣)을 두 축으로 한다. 그리고 혈연과 결연을 지배하는 것은 이름-자리이다. 기계인 앤드류에게는 혈연도 결연도 성립하지 않는다. 왜 '그 친구'와 결혼하지 않느냐는 앤드류의 질문에 작은아씨는 대답하지 못한다. 작은아씨는 다만 들어줘서 고맙다고 할 수 있을 뿐이고, 앤드류는 늘 그렇듯이 "봉사는 제 기쁨이죠."라고 말한다. 이름-자리 때문에 이루어질 수 없는 사랑. 그것이 모든 드라마의 영원한 주제가 아닌가(그림 9).

그림 9 기계와 인간은 혈연(血緣)과 결연(結緣)의 다리를 건널 수 없다.

작은아씨는 앤드류에게 식장 안내를 부탁하고, 앤드류는 옷을 입게 된다(그림 10). 옷을 입는다는 것은 인간으로서 존재함을 뜻하는 동시에 어떤 인간으로서 존재함을 뜻한다. 옷을 입는다는 것은 자연에서 '인간'이라는 이름-자리에 위치함을 뜻하는 동시에, 사회에서 특정한 이름-자리에 위치함을 뜻한다. 이름-자리의 체계가 완고한 사회일수록 더욱 그렇다. 로봇인 앤드류는 옷을 입게 됨으로써 인간에 한 발짝 더 다가서게 된다. 또,

그림 10 사회적 장 속에 들어선 앤드류.

실수로 잘린 엄지를 붙이러 로보틱스사에 간 앤드류는 자신에게 표정을 달라고 말한다. 표정은 마음이 몸을 통해 드러나는 사건이며, 인간을 표현하는 존재로 만들어준다. 그러한 표현에서 각별히 인간적인 것은 감정의 표현이다. 사람들은 인정하지 않았지만, 앤드류는 감정을 표현할 수 있는 진정한 의미에서의 얼굴을 가지게 됨으로써 인간사회에 진입하게 된다.

작은아씨의 결혼식이 거행되고 앤드류는 식장 안내를 맡는다. 행복한 작은아씨를 보내면서 앤드류는 처음으로 웃음을 짓게 된다. 그러나 작은아씨를 보내는 앤드류의 얼굴에는 엷은 쓸쓸함이 나타난다. 자신의 그 표정의 의미를 앤드류는 알고 있을까.

화려한 결혼식이 끝나고 텅 빈 피로연장에는 마틴과 앤드류만이 남는다. 앤드류는 딸과 춤추는 아버지의 영상을 틀어준다. 그 광경을 보는 마틴의 눈에는 쓸쓸히 눈물이 고인다. 자식들이 다 떠나고 텅 빈 집 안에 남은 부모의 심정이 어떤 것이겠는가. 마틴은 말한다. "모든 것은 늘 변해." 지속의 시간은 끝없이 새로운 차이를 도래시키지만, 인간의 둔한 의식은 그 변화를 따라가지 못한다. 그러나 사물들은 의식의 밑바닥에서 늘 변하고 있고, 새삼스럽게 그 변화를 깨달은 의식에게 변화는 늘 불연속으로 다가온다. 갑작스럽게 변화를 깨달은 의식에게 시간은 아련한 추억과 아쉬운 순간들을 던져준다. 갑자기 텅 빈 공간 안에서 마틴은 자신이 혼자 남았다고 생각한다. 그러나 뒤돌아 들어가는 마틴에게 앤드류는 말한다. "주인님, 제가 아직 여기 있잖아요"(그림 11).

그림 11 "제가 있잖아요."

12년 후. 남편과 이혼한 아만다는 아들 로이드를 데리고 친정집에서 살게 되고, 앤드류 역시 그 옆에서 여전히 작은아씨와 생활을 같이 한다. 어느 날 앤드류는 자유에 대한 강렬한 갈망을 느낀다. 물론 이미 앤드류는 더 이상 명령받지 않으며 다만 부탁을 받는다. 그럼에도 그는 자신이 누

그림 12 처음으로 자유를 갈망하게 된 앤드류.

군가의 소유물이라는 느낌을 떨쳐버리지 못하며, 자유롭고 싶은 욕망을 느낀다. 그것은 외부적 억압에 의해서가 아니라 내부적 변화에 의해서 생겨난 욕망이다. 내부적 변화는 어느 날 갑자기 새로운 욕망을 솟아오르게 만들고, 이후 그 욕망이 시간을 지배한다. 앤드류는 말한다. "인간의 역사를 통틀어 무수한 사람들이 죽음을 불사하고 얻고자 했던 것, 무수한 사람들이 목숨을 걸 만큼 너무나도 소중한 것, 그것이 자유지요." 아만다는 그것이 혹 앤드류가 떠난다는 것을 뜻하지 않는가 생각한다. 그러나 앤드류의 느낌은 어떤 외부적 변화에 기인한 것이 아니다. 자신의 '존재'의 변화에 있는 것이다. 앤드류가 원하는 것은 변화가 아니라 인정이다(그림 12).

앤드류는 자신의 전 재산을 마틴에게 주면서 자유를 사고자 한다. 그것은 노예가 주인으로부터 자유를 사는 전형적인 방법이다. 마틴은 자신이 평생 앤드류를 사랑으로 대했다고 생각하며(물론 실제 그렇다), 때문에 앤드류의 요구가 마틴에게는 큰 상처로 다가왔을 것이다. 마틴은 앤드류가 아만다의 명령에 따라 그렇게 한다고 생각한다. 마틴의 의식 속에서 아직도 앤드류는 친구 같은 하인인 것이다. 그러나 아만다는 앤드류의 행위가 스스로의 결심에 의한 것임을 말한다. 사실 앤드류를 그렇게 만든 것은 마틴 자신이다. 앤드류는 일반인보다 더 많은 학습을 통해서 지성적인 존재가 되었으며. 그만큼 복잡한 존재가 되었다. 지적인 인간은 범상한 인간이 별로 원하지 않는 것을 원한다. 마틴은 앤드류를 얼마든지 사랑으로 대하겠지만 그가 자신과 동등한 존재이기를 요구하는 것은 참을 수 없었다. 그리고 그가 자신이 그에게 보여준 호의를 저버리려 한다고 생각했다. 때문에 마틴은 앤드류에게 자유를 주면서 떠나라고 한다. 앤드류는 자유를 버리겠다고 하지만 마틴의 마음은 이미 돌아섰다. 마틴은 앤드류에게 더 이상 스스로를 'one' 이라고 하지 말라고 말한다. 로봇은 '나'라 말할 자격이 없기 때문에 스스로를 'one'이라고 말한다. 이제 앤드류는 스스로를 '나'라고 말할 수 있게 되었다. 앤드류는 마틴의 저택 근처 바닷가에 집을 짓는다(그림 13). 아무도 없는 텅 빈 집이지만, 그는 비로소 인간의 원초적 욕망 즉 "나 자신의 가정"을 이루게 된 것이다.

그림 13 '나 자신의 가정'을 가지는 것, 인간의 원초적 욕망.

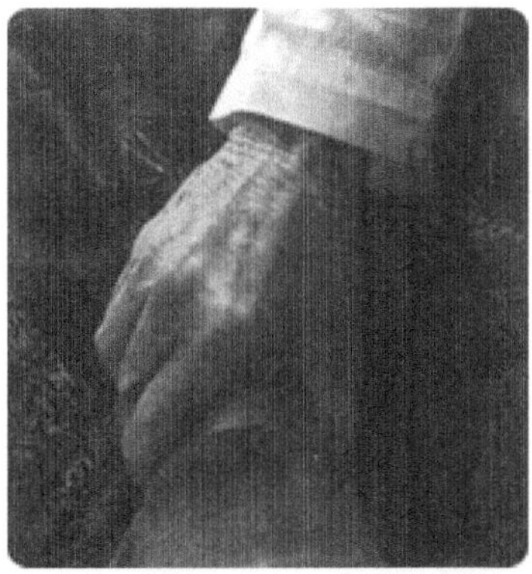

그림 14 죽음 앞에서 드러나는 진실.

다시 16년의 세월이 흘렀다. 중년이 된 작은아씨는 아버지의 죽음이 임박했음을 알리고, 앤드류는 긴 시간이 지난 후에 드디어 마틴을 다시 만나게 된다. 가족들의 냉대는 여전하지만 마틴은 앤드류를 따뜻하게 맞는다(그림 14). 죽음 앞에서 마틴은 앤드류에게 자신이 옳지 못했음을 말한다. 그리고 앤드류가 자유를 얻게 된 것을 진심으로 축하한다. 마틴을 통해서 앤드류는 단순한 기계를 벗어나 인간에 근접하게 되었고, 앤드류를 통해서 마틴은 변화와 창조의 이치를 깨달았다. 아름다운 만남은 창조를 낳고 잘못된 만남은 파괴를 낳는다. 마틴은 앤드류의 손을 잡고 세상을 뜬다. 피아노를 같이 치던 앤드류와 작은 아씨의 손, 16년의 세월을 기다린 끝에 잡은 마틴과 앤드류의 손. 이 손들에서 우리는 기계와 인간의 위대한 화해를 본다.

마틴의 사후 앤드류는 자신의 운명을 알기 위해서 동족들을 찾아 나서기로 한다. 급속하게 발달하는 안드로이드 제작은 앤드류를 이미 구형(舊形)으로 만들어버렸지만, 어디엔가 흩어져 있을 NDR114들을 찾는다면 그것은 앤드류의 정체성 이해에 도움을 줄 것이다. 그래서 앤드류는 긴 여행을 떠난다. 수많은 NDR114들이 이제는 고철이 되어 여기저기에 버려져 있다. 그러나 마지막으로 한 로봇이 남아 있다는 정보를 얻은 앤드류는 그 동족을 찾아 나선다. 앤드류는 샌프란시스코에서 이 여성형 로봇 갈라테아를 발견하게 되며, 그 로봇에게 '성격 칩'과 관절을 만들어준 루퍼트 번즈를 만나게 된다. 번즈는 로봇에게 인간의 외형을 입히는 연구를 진행하고 있지만 주목을 받지는 못한다. 앤드류는 번즈를 통해서 인간의 외형을 갖고자 하는 꿈을 키우게 된다.

앤드류의 변화는 아직은 외형적 변화에 그친다. 그는 감각을 느끼지도 못하며, 그의 내부 또한 그대로이다. 그러나 인간의 사회적 삶에서 외모란 얼마나 큰 비중을 차지하는가. 사람들은 외모를 가꾸기 위해 밥을 굶기까지 한다. 사물과 인간의 내면을 들여다보는 사람들은 극소수이다. 그리고 오랜 기간 함께 지낸 사람들만이 타인의 내면을 이해한다. 인간의 사회적 삶은 기본적으로 표피적인 성격을 띤다. 사람들이 앤드류를 로봇으로 대하는 것

그림 15 인간의 얼굴을 가지게 된 앤드류. 거울 속에 비친 자기는 지금까지와는 다른 자기이다.

은 일차적으로 그 외모 때문이다. 따라서 앤드류가 인간의 외모를 가진다는 것은 앤드류라는 존재의 사회적 존재 방식에서 근본적인 변화를 함축하는 것이다.

살을 가진 존재, 머리털이 있는 존재, 땀구멍이 있는 손과 발을 가진 존재, 앤드류는 이런 존재로 거듭 태어나게 된다. 그는 적어도 외형상으로는 마흔두 살의 중년 남자로서 존재하게 된 것이다(그림 15). 앤드류는 인간에게 한발 더 다가선다.

한 인간의 외모는 그 개성에 핵심이 있다. 주름살, 덧니, 곰보자국, 주먹코, 너무 큰 머리 같은 특성이 한 인간의 외모상의 개성을 만든다. 특이함이 개성을 만드는 것이다. 그래서 우리는 마치 인형처럼 비슷비슷하게 생긴 연예인들을 보면서 끔찍함을 느낀다. 그리고 그들과 비슷해지려고 발악하는 사람들을 보면서 더 큰 끔찍함을 느낀다. 대중들이 바라는 이상적 외모의 추구는 인간을 동질화하고 획일화한다. 번즈는 안드로이드의 외모를 개발하면서 이 사실을 깨달았고, 그래서 앤드류에게 개성 있는 하나의 얼굴을 만들어준다. 앤드류는 더 이상 NDR114들이 공통으로 가지는 외모가 아니라 그 자신만의 외모를 가지게 된 것이다.

달라진 외모와 함께 이제 앤드류는 20년 만에 고향에 돌아온다. 작은아씨와 늘 함께 하던 피아노에서는 20년 전보다 오히려 더 젊어진 작은아씨가 예쁜 곡을 치고 있다. 그러나 그녀는 작은아씨의 손녀인 포샤. 격세유전은 작은아씨와 흡사한 손녀를 낳았다. 작은아씨는 이미 할머니가 되어 앤드류를 맞게 된다(그림 16). 앤드류는 포샤가 작은아씨의 얼굴을 훔쳐갔다고 생각하고, 작은아씨는 처음에 앤드류를 알아보지 못한다. 생물학적 격세유전과 로봇의 변형, 두 종류의 변화가 교차한다. 생물학적 격세유전은 동일성의 반복을 가져오고, 로봇의 변형은 전혀 새로운 존재 양식을 가능케 한다. 앤드류의 삶에 밝은 의미를 가져다준 작은아씨와의 재회는 감동적이다. 그러나 앤드류가 점점 발전해나가는 그 시간에 작은아씨는 점점 늙어갈 것이다. 영속하는 기계는 삶의 부재라는 대가를 치러야 하고, 풍요로운 삶을

그림 16 할머니가 된 작은아씨와 그녀를 쏙 빼닮은 손녀 포샤. 그러나 기술은 앤드류 역시 중년의 남자로 만들었다. 시간은 모든 것을 변화 시킨다.

살 수 있는 인간은 죽음의 존재라는 대가를 치러야 하는 것이다.

이미 세상을 떠난 주인 마틴, 그리고 점점 더 늙어가는 작은아씨. 자신의 삶에 빛을 주었던 두 사람이 자신에게서 점차 멀어져가는 것을 보면서 앤드류는 견딜 수 없는 고독감에 휩싸인다. 사람들은 죽는다. 그 죽는 사람들을 지켜보면서 기계인 앤드류는 영속해야만 한다. 언젠가 마틴이 그에게 말했듯이, 시간은 그에게 영원하기 때문이다. 외롭게 살아가는 앤드류에게 어느 비 오는 밤 길 잃은 개가 찾아온다. 앤드류는 그 개에게 작은아씨가 주었던 인형의 이름을 따라 '우피'라는 이름을 붙여준다. 앤드류는 가족을 갈망한다. 모든 생명체의 원초적 욕망인 화목하고 따뜻한 가정을. 앤드류는 포샤와의 대화를 간절히 바란다. 앤드류는 '마틴'이라는 성을 이어받았고, 그래서 포샤와 가족을 이루고 싶어 한다. 처음에 삐걱거렸던 그들의 사이는 유머와 웃음을 통해서 풀려나간다(그림 17). 앤드류는 친구이자 가족인 포샤를 얻게 된다.

작은아씨의 임종이 찾아온다. 마틴이 떠났듯이 작은아씨도 떠난다. 앤드류는 이번에도 사랑하는 사람의 죽음을 맞이한다. 앤드류의 손을 잡은 작은

그림 17 웃음을 통해 허물어지는 마음의 벽.

아씨의 손에는 그 옛날 앤드류가 조각해주었던 나무 말이 들려 있었다. 사랑이란 이렇게 늘 엇갈리면서 멀어져가는 것일까. 작은아씨가 사랑했던 존재는 인간이 아니라 로봇인 앤드류였다. 작은아씨는 '특별한 친구'를 평생 사랑했다. 인간은 얼마나 추한 존재인가. 거칠고 무례한 언행(言行), 모순투성이의 마음, 어떻게든 타인을 이기려는 조악한 의지, 이글이글 타오르는 욕망, ……. 작은아씨는 앤드류의 선량하고 변함없는 마음씨를 사랑했다. 그러나 로봇과 인간이라는 존재론적 분절을 뛰어넘을 수 없었던 그들은 마지막 헤어지는 순간에야 서로의 진실을 확인한다. 진실이란 늘 이렇게 행복이 사라지는 그 순간에야 모습을 드러내곤 한다(그림 18).

작은아씨는 숨을 거둔다. 앞으로도 앤드류가 사랑하는 사람들은 하나하나 세상을 떠날 것이다. 생명체는 시간의 부름을 거역할 수 없고 죽음은 그

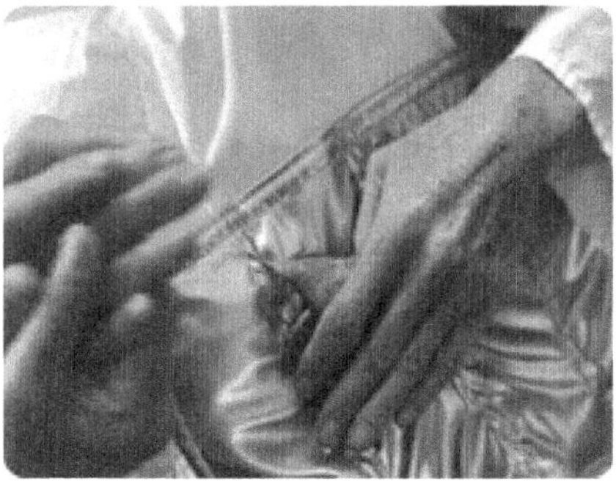

그림 18 말없이 서로의 사랑을 확인하는 앤드류와 작은 아씨.

를 시간의 저편으로 실어 나른다. 죽을 수 없는 앤드류는 늘 시간의 이편에 남아 저 멀리 시간의 철로(鐵路)를 타고 멀어져 가는 사람들을 지켜보아야 한다. 그런데도 앤드류는 눈물을 흘릴 수 없다. 마음이 있으나 그 마음을 신체적으로 표현할 수 있는 기관이 없기 때문이다. 유물론적 환원주의의 눈길로 볼 때, 마음이란 기관들의 파생물이다. 기관이 발달할수록 마음도 복잡해진다. 물질의 진화 정도가 마음의 진화 정도를 결정한다. 그러나 앤드류는 마음이 존재하지만 그것을 표현할 수 있는 기관은 가지지 못한 존재를 보여준다. 물질이 마음을 파생시키기보다 마음이 물질을 통해 스스로를 표현한다. 「공각 기동대」에서도 보았듯이, 너무나도 유물론적인 분위기 속에서 놀랍게도 우리는 형상철학의 부활을 목도한다. 인형사가 그랬듯이, 앤드류는 몸을 원한다. 이미 몸을 가진 앤드류는 삶의 복잡성을 보다 풍요롭게 느낄 수 있는 진정한 몸을 원하는 것이다.

앤드류는 의학 지식을 총동원해 '기계와 생명체의 이상적 결합'을 시도한다. 자신의 몸을 생명체에 보다 근접하도록 만들려는 것이다. 인간은 테크놀러지를 이용해 끊임없는 변신(變身)을 시도해왔다. 비행기를 통해서 새처럼 날게 되었고, 망원경을 통해서 아르고스보다 더 멀리 보게 되었다. 기계의 발달은 마침내 기계를 만드는 기계를 낳았다. 더 나아가 앤드류는 스스로를 변신시키는 기계의 모습을 보여준다. 앤드류는 중추신경을 장착하게 됨으로써 마침내 획기적으로 증가된 인지감각 능력을 가지게 된다. 인간의 신체에서 모든 부분이 중요하지만 신경(神經)은 특히 중요하다. 보다 고등한 신경 체계가 보다 고등한 생명체의 징표이기 때문이다. 보다 고등한 생명체는 보다 고등한 경험(經驗)을 한다. 경험이 풍부해질수록 또한 감각, 감정, 지각 등이 발달한다. 그리고 이성을 갖춘 인간은 다른 존재들이 꿈도

꿀 수 없는 위대한 경험들(과학, 철학, 예술 등)을 한다. 그러나 보다 고등한 경험은 보다 고등한 고통 또한 동반한다. 불안, 허무감, 광기, 잔혹함, 권태, ……. 번즈는 앤드류에게 이런 점을 경고한다(실제 수술 이후 앤드류는 처음으로 폭력적인 행동을 한다). 밋밋한 편안함인가. 풍요로운 고뇌인가. 앤드류는 멍한 표정의 로봇인 갈라테아를 본다. 그리고 결심한다.

감각이 있는 존재. 그것은 기쁨과 슬픔이 있는 존재이다. 그래서 우리는 기쁨도 슬픔도 제대로 느끼지 못하는 존재에게 '무감각'하다고 한다. 무감각한 존재는 시간과 공간 그리고 물질과 운동만을 가진다. 그러나 감각이 있는 존재는 수많은 풍요로운 것들을 느낄 수 있는 존재이다. 느낀다는 것, 그것은 느끼지 못하는 존재와 전혀 **다른 세계**에서 산다는 것을 뜻한다. 감각을 얻은 앤드류는 포샤에게 자신의 눈을 찔러보라고 한다. 아픔을 느낀 앤드류는 무척이나 기뻐한다(그림 19). 아플 수 있다는 것, 그것이 너무나 기쁜 것이다. 그리고 앤드류는 난생 처음으로 입맞춤을 한다. 포샤와의 입맞춤, 그것은 앤드류가 더 이상 기계로서가 아니라 살을 가진 존재로서 존재함을 함축한다. **살은 물질**이 아니다. 물질은 감미로움도 아픔도 떨림도 간

그림 19 인간은 물질이 아니라 살로 구성된 존재이다.

지리움도 으스스함도 느끼지 못한다. 살만이 이 모든 것을 느끼는 것이다. 살로서 존재한다는 것. 그것은 결코 물체로 환원되지 않음을 뜻한다.

앤드류와 포샤 사이에는 미묘한 감정이 싹트기 시작한다. 포샤는 앤드류를 무도회에 데리고 간다. 화려한 춤이 펼쳐지는 곳에서 앤드류는 하인처럼 우두커니 앉아 있다. 외형으로 보면 인간인 앤드류이지만 내면적으로는 아직 하인이다. 그러나 포샤는 앤드류에게 춤을 청하고 앤드류는 포샤와 춤을 추면서 행복을 느낀다(그림 20). 그러나 포샤에게 앤드류는 '놀라운 기계'이다. 아무리 해도 포샤는 앤드류를 인간으로서 받아들이지 못한다. 포샤는 "우리 사이에 감정이 통하는 듯한" 느낌을 가진다고 말하면서도, 결국 앤드류가 "꼭 인간 같은 기계"가 아니냐고 묻는다. 포샤는 기계에게 마음을 줄 수는 없다고 생각한다. 그러자 앤드류는 오래 전에 마틴이 자신에게 한 말을 포샤에게 한다. "모든 것은 늘 변해(Things always change)." 그러나 포샤는 다른 남자와 결혼을 약속하고, 앤드류는 절망에 빠진다. 그럼에도 그는 화를 내지 못한다. 인간에게 대들지 못하도록 '프로그램 되었기' 때문이다. 그런 앤드류에게 포샤는 화를 낸다. 하인 같은 태도를 버리라고, 실수하고 모험하고 잘못도 저지르라고. 그것이 인간다운 것이다. 인간은 모순덩어리이지만, 그럼에도 "자신만의 진실한 느낌"을 가지고 살아가는 존재, 비합리적인 대화를 할 수 있는 존재, 머리가 아니라 마음으로 느낄 줄 아는 존재인 것이다.

그림 20 감정의 싹은 조금씩 발아하고.

포샤는 "믿어지지는 않지만" 앤드류에게 '마음'이 존재한다고 믿는다.

앤드류는 질투하는 자신에게서 비로소 사랑의 감정을 분명하게 포착한다. 앤드류는 작은아씨를 사랑했지만 그 사랑은 이루어지지 못했다. 그의 이름-자리가 그것을 불가능하게 했고, 또 그에게 명료하고 분명한 사랑의 감정이 불가능했기 때문이다. 마지막 순간에 작은아씨와 앤드류는 사랑을 확인한다. 그러나 앤드류는 이제 사랑의 감정을 절실히 깨닫게 되었고, 번즈의 도움으로 거의 완전한 인간으로 스스로를 변모시킨다. 먹을 수 있고 따라서 맛볼 수 있는 존재, 그리고 이성(異姓)과 육체적인 사랑을 나눌 수 있는 존재로 다시 태어난 것이다. 남녀의 사랑은 육체관계를 맺음으로써 완성된다. 앤드류는 스스로의 이름-자리를 바꾸었다. 그래서 점차 새로운 존재로 변해갔고 이제 인간이 되었다. 앤드류는 **이름-자리란 바뀔 수 있다**는 것을 증명한 것이다. 앤드류는 포샤와 서로 사랑을 확인하고, 마침내 육체적으로 결합한다. 작은아씨와 이루지 못했던 사랑을 그녀와 쏙 빼닮은 손자

그림 21 이름-자리체계를 가로질러 마침내 인간이 된 앤드류.

인 포샤와 이룬 것이다(그림 21).

개인적 사랑과 사회적 결혼은 때로 일치하고 때로는 충돌한다. 사랑은 열린 황홀감을 주지만, 결혼은 닫힌 편안함을 준다. 사랑에 빠진 사람들은 얼마쯤 시간이 지나면 불안정한 황홀감보다는 차분한 행복을 원하게 되며, 그래서 결혼을 원한다. 서로의 사랑을 확인한 앤드류와 포샤에게 남은 일은 결혼이다. 혈연(血緣)은 종(種)에서의 이름-자리를 전제하며, 다소 느슨하다 해도 사회에서의 이름-자리를 전제한다. 포샤와 결혼하려는 앤드류에게는 이제 인간으로서의 사회적 인정이 절실해진다. 앤드류의 경우는 예민한 사회 문제로서 법정에 맡겨진다(그림 22). 판사의 논거에 따르면, 앤드류가 아무리 사람과 "비슷하다"고 해도 그는 인간의 유전자를 갖춘 생명체는 아니다. 그는 생명계의 이름-자리를 가로지른 기묘한 경우일 뿐이다. 앤드류는 반론한다. 만일 자신이 생명체-기계 이중체라면, 사람들 역시 마찬가지라고. 미래 사회에서는 대부분의 사람들이 인공 장기를 달고 살아갈 것이

그림 22 존재론적 변화는 사회학적 승인을 요구한다.

며, 기계-인간 복합체로서 존재할 것이다. 과연 기계와 인간 사이에 날카로운 구분이 가능할까?

그렇다면 단순한 기계와 인간으로 인정받을 수 있는 기계의 차이는 무엇일까? 앤드류는 그것이 바로 '마음'이라고 답한다. 판사가 제시하는 '유전자'라는 생물학적 근거와 앤드류가 제시하는 '마음'이라는 현상학적 근거가 부딪친다. 판사는 또 다른 결정적인 논거를 제시한다. 앤드류는 인공 전자두뇌를 달고 있으며, 그 때문에 영원히 죽지 않는다. 불멸의 로봇이나 유한한 인간은 가능해도, 불멸의 인간은 용납될 수 없는 것이다. 물론 이 용납될 수 없음은 자연적 불가능성이 아니라 사회적 불가능성이다. 판사는 앤드류가 결국 인공적 기계임을 주지시킨다.

수십 년이 지난 후, 75세가 된 포샤는 죽음을 바라게 된다. 인공 장기를 끝없이 대체하고 DNA제를 상시 복용할 수는 있지만, 때가 되면 돌아가는 것이 자연의 순리인 것이다. "인간이란 세상에 잠시 머물다 떠나는" 것, 생명의 마지막 숨결 하나까지 쥐어짜다가 어쩔 수 없이 죽는 것은 얼마나 비참한 것인가. 자연의 순리를 깨달을 때, 죽음은 더 이상 두렵지 않으며 자연스럽게 받아들여진다. 정말 두려운 것은 죽는다는 것이 아니라 홀로 남는다는 것이다. 앤드류는 마틴, 작은아씨, 포샤 등 사랑하는 사람들을 끝없이 떠나보내고 홀로 남아야 한다. 죽음보다 무서운 것은 사랑이 없는 것이며, 시간의 정지보다 무서운 것은 시간의 무의미이다. 앤드류는 무의미한 미래보다 의미 있는 현재를 원하게 되며, 번즈에게 부탁해 자신을 죽을 수 있는 존재로 만든다. 그러고는 다시 법정 투쟁에 나선다.

그림 23 자신의 '존재'를 끝없이 바꾸어온 앤드류의 회상.

법정에서 앤드류는 말한다(그림

23). "전 항상 어떤 의미(=이유)를 찾곤 했습니다. 나를 바로 나이게 만드는 그 이유를 말입니다." 모든 존재는 자신에게 주어진 이름-자리에서 살아가며, 때로 그것을 탈피하려 하지만 대부분 거기에 주저앉는다. 앤드류는 기계에서 온전한 인간으로 이름-자리의 체계를 **가로질러** 왔으며, 그때마다 **새로운** 정체성을 부여받곤 했다. 앤드류는 평생 자신의 정체성에 번민하면서 살아온 것이다. 이제 앤드류는 죽음을 받아들여야 하는 '인간'이라는 이름-자리에 스스로 섰다. 왜인가? 그것은 바로 "영원히 기계로서 살기보다는 인간으로서 죽고 싶기" 때문이다. "왜 죽고 싶은가?"라는 새 판사(흑인 여성)의 물음에 앤드류는 답한다. "인정받고 싶기 때문입니다."

인간이 사회적 존재인 한, 그 누구도 타인의 눈길로부터 완전히 벗어날 수 없다. 그러나 앤드류가 원하는 것은 세속적 인정이 아니다. 그것은 자신이 '누구'인지 그리고 '무엇'인지를, 즉 자신의 **존재**를 있는 그대로 인정해 달라는, 인간으로서 죽고 싶다는 지극히 '단순한 진실'에 대한 열망이다. 이 단순한 진실이 앤드류의 실존을 이끌어온 원동력이었다.

앤드류는 판결을 들으면서 숨을 거둔다. 200살이라는 나이는 의미심장하다. 그것은 유한한 인간의 나이도 아니고 영원한 기계의 나이도 아니다. 그것은 기계로 태어났지만 인간이 된 존재, 이름-자리의 체계를 가로질러 다른 존재로 끝없이 스스로를 변화시킨 존재의 나이이다. 「200년을 산 사나이」는 존재론과 사회학을 끝없이 교차시킨다. 한 존재의 '존재'와 그 존재에 대한 타인들의 '눈길'을. 이 영화만큼 이름-자리의 사유를 아름답고 수준 높게 형상화한 작품은 없다. 온갖 정신 사나운 액션과 유치한 컴퓨터그래픽으로 가득 찬 SF 장르에서 이 영화는 한 송이 외로운 백합처럼 빛을 발하고 있는 것이다.

[출처] 이정우, 「기계로서 살기보다 인간으로 죽으리라」, 『기술과 운명』, 한길사, 2001, 95~139쪽.

구원의 실현을 위한 사랑과 용서

현 길 언

「벌레 이야기」[1]는 구원을 위한 사랑과 용서의 문제를 추구한 작품으로 기독교와 문학의 관계를 생각하는 데 주요한 단서를 제공하고 있는 주목할 만한 작품이다. 이미 이 작품의 문학적 성과에 대해서는 많은 논의가 있었으므로 이 글에서는 다시 거론하지 않겠다. 다행한 것은, 이 작품은 문학적 성과에 이르고 있으면서 종교성도 또한 확보하고 있다는 점이다. 그렇다고 의도적으로 종교성을 의식하였거나, 기독교의 문제를 위하여 쓰여진 것은 아니다. 오히려 한 평자의 말처럼, 신의 존재가 인간 이해를 무화시키는 도그마(dogma)로서의 억압적 세력임을 말하려 했을지도 혹 모른다. 또한 종교적 구원의 양식이 결코 인간적 구원에 이르지 못한다는, 종교적 구원에 대한 부정적 인식을 담고 있을 수도 있다. 어쨌든 인간적 절망에서 헤어나려는 주인공 알암이 어머니의 노력에도 불구하고, 그녀는 결국 구원에 실패한다는 이야기임에 틀림이 없다. 그 실패는 종교적 도그마 때문이라고 할 수도 있지만, 구원에 대한 인간적 이해의 한계성에서 연유한다는 사실이 보다 중요한 문제가 될 수 있다. 알암이 어머니의 기독교에 대한 신앙은

1) 〈외국문학〉(1985. 가을). 이 글에서 인용된 작품은 여기에 의함.

인간적 이해나 관심의 한계 안에 머물러 있었고, 그 점이 구원의 길을 차단해 버렸다는 사실은 명심해 둘 필요가 있다. 그렇다고 이 작품이 잘못된 신앙을 그려내기 위한, 호교적 성격을 지녔다는 뜻은 아니다. 어쩌면 그러한 신앙 양식이 보다 인간적일 수도 있다는 데서, 소설다운 맛을 찾을 수도 있을 것이다.

그러므로 아내[2]의 신앙으로 인한 그 파멸이, 논의의 전개에 따라 종교적 타당성을 갖는다 하더라도, 그것은 전혀 작가의 의도와는 상관없이 작품이 스스로 확보하고 있는 자산인 것이다. 그렇기 때문에 그 점은 바로 고유한 문학성이면서 또한 종교성이기도 하다. 이제 화자의 아내인 주인공(알암이 어머니)의 절망과 구원의 실패에 이르는 과정을 통해 인간 구원을 위한 사랑과 용서의 문제를 생각하려 한다.

「벌레 이야기」에서 아내는 자신의 엄청난 비극을 기독교의 신앙으로 극복하려 한 것같이 생각되지만은, 사실은 인간적인 노력의 한계에서 그 사태를 극복하려 했을 뿐이다. 그러기에 아내는 겉으로는 기독교를 신앙하였지만, 실제로는 인간적인 자기 의지와 자기 믿음의 허구 속에 갇혀 있었다. 그것은 결국 신을 신앙한 것이 아니라 그녀 자신을 신앙한 것에 불과하다. 그러한 점은 작품 서두에서부터 명백하게 드러난다.

> 아내는 알암이의 돌연스런 가출이 유괴에 의한 실종으로 확실시되고 난 다음에도 한동안은 악착스럽게 자신을 잘 견뎌 나가고 있었다. 그것은 아이가 어쩌면 행여 무사히 되돌아오게 될지도 모른다는 간절한 희망과 녀석에게 마지막 불행한 일이 생기기 전에 어떻게든지 놈을 다시 찾아내고 말겠다는 그 어미로서의 강인한 의지와 기원 때문인 것 같았다. (p.96)(• 필자)

하나밖에 없는 외아들이 실종당한 그 절망적인 상황을, 아내는 간절한 희망과 강인한 의지와 기원으로 극복할 수 있었다. 그러한 희망과 의지와

2) 논의의 편의를 위해 작품의 주인물인 알암이 어머니(작중 화자의 아내)를 '아내'로 지칭한 것임.

기원은 전적으로 인간의 능력 한계 안에서의 정신 작용이지 신앙의 산물은 아니었다.

이러한 아내의 모습은 작품 전개의 중요한 단서가 되면서, 또한 아내의 절망의 근원을 들여다보는 데 도움을 준다. 이제 알암이의 실종 이후 아내가 겪게 되는 절망과 그 극복 양상을 사건의 시간적 계기에 따라 정리해 보면 다음과 같다.

1. **알암이의 실종**
    1.1. 알암이가 실종되자, 사태의 심각성을 깨닫고 아이를 찾는 데 필요한 온갖 지혜를 동원한다.
    1.2. 한 달이 지나도록 소식이 없자, 세상에서는 알암이에 대한 관심이 덜해진다.
    1.3. 여러 방법으로 아이 찾는 일에 혼신의 노력을 기울인다.
    1.4. 교회에 나간다.
2. **알암이의 참사**
    2.1. 아이가 죽음으로 나타났을 때 아내는 절망과 고통 속에 처한다.
    2.2. 절망과 고통에서 헤어나 범인 찾는 일에 전심한다.
    2.3. 원망과 복수의 일념으로 절망을 이겨나간다.
    2.4. 하나님을 원망한다.
3. **범인의 잡힘**
    3.1. 원한이 풀리지 않는다.
    3.2. 범인에게 복수하고 싶은 열망에 빠진다.
    3.3. 복수의 불길이 아내를 지탱시켜 준다.
    3.4. 알암이의 영혼을 위해 신앙을 갖게 된다.
    3.5. 아이의 구원을 확신하게 된다.
    3.6. 범인을 용서할 수 있게 된다.
4. **용서의 실패**
    4.1. 용서의 증거를 요구하고 싶어한다.

4.2. 범인을 면회한다.

4.3. 범인은 이미 용서받고 있었다.

4.4. 절망에 빠진다.

5. 아내의 파멸

5.1. 심한 갈등을 갖는다.

5.2. 알암이 가족을 위해 범인이 기도한다.

5.3. 아내가 자살한다.

작품은 알암이의 실종, 알암이의 참사, 범인의 잡힘, 범인에 대한 용서의 실패, 아내의 파멸로 짜여 있지만 사실은 알암이의 실종과 그 참사보다는, 그로 인한 아내의 절망과 그것에서 헤어나려는 애씀과 그 실패에서 오는 파멸이 주류를 이루고 있다.

이 작품에서 관심을 끄는 것은, 세속적인 신앙이 갖고 있는 압제적 힘에 대한 문제보다도, 한 인간을 파멸시킨 그 세속적인 신앙에 대한 기독교적인 이해의 계기를 작품이 마련해주고 있다는 점이다. 두 번째는, 아내의 파멸의 주요한 원인이 되고 있는 '용서의 실패'라는 문제를 참 기독교의 신앙으로 조명해 볼 수 있다는 점이다. 인간적인 용서(아내의 용서는 참 기독교적 신앙에 의한 용서가 아니기 때문)의 실패가 아내의 파멸을 초래하였다면, 그것은 세속적인 신앙 또는 종교 본래의 도그마 때문이 아니라, 인간적인 용서 그 자체가 아내를 구원해 줄 수 없기 때문이다. 그 논리를 찾아내는 일이 이 작품에 대한 기독교적 이해의 핵심이 될 것이다.

이러한 두 문제는 기독교 신앙의 핵심이 되고 있는 사랑과 죄와 구원의 문제와 관계된다. 이러한 것들은 작품에서 종교적인 문제에 국한된 것이 아니라 실제로 아내의 파멸을 해명하는 중요한 단서가 된다. 그렇기 때문에 문학과 종교 상호 관계를 생각하는 데 도움이 될 것이다.

1) 허구적 신앙의 실상

우선 아내가 교회에 나가게 되는 계기부터 생각할 필요가 있다. 알암이 실종 사건 전부터 동네 김집사의 끈질긴 설득과 권유 때문이었다.

> – 두고 보세요. 내 언제고 알암이 엄마를 우리 주님께로 인도하고 말 테니까. 알암이 엄마라고 어렵고 마음 아픈 일이 안 생길 수 있겠어요. 애 엄마한테도 언젠가는 반드시 주님의 손길이 필요한 때가 찾아오게 될 거예요. 내 그땐 반드시… (p.104).

여기에서 김집사의 신앙은 어렵고 아픈 일을 같이 져줄 대상으로서 주(主)가 필요하다는 것이었고, 아내 역시 그렇게 주를 믿었기 때문에 알암이의 실종이란 어려운 일을 만났을 때 교회를 찾아서 그 절망을 이기려 한다(p.103). 김집사나 아내나 하나님은 무소부지하시고 모든 것에 능한 분으로 이해하였고, 그 능력을 힘입어 알암이를 찾을 수 있다고 믿었다. 그런데 이러한 신앙은 화자의 입을 통해 말해졌듯이, 아이를 찾으려는 간절한 소망의 표현일 뿐으로 기복 행위에 불과한 것이다(p.105). 그런 신앙 때문에 결국 알암이가 비참한 시체로 발견되자 그 믿음의 허무함에 하나님을 원망하기에 이른다. 더구나 아직도 범인을 가만히 숨겨 두고 있는 하나님의 처사를 원망하여 스스로 나서서 범인을 찾으려 한다. 범인을 찾으려는 일이 아내의 절망적 상황을 오히려 극복해줄 수 있었다. 그러므로 찾지 못한 범인에 대한 분노와 저주와 복수심, 또한 찾아야 하겠다는 그 의지가 오히려 신에 대한 신앙보다는 아내를 지탱해줄 수 있었던 것이다(p.108).

다시 아내가 신앙을 갖게 된 것은, 범인이 붙잡혔으나 그것만으로 자신의 증오와 복수심을 구원받을 수 없었으므로, 자신을 구원받고 알암이의 영혼을 구원받게 하기 위해서였다(3·4). 그렇게 되기까지에는 역시 김집사의 설득이 주효하였다. 여기에 김집사의 신앙의 양식과 아내의 신앙 양식이 합치됨을 알 수 있다. 그러한 아내의 신앙은 인간의 인식 한계에 머물고 있음도 쉽게 이해할 수 있는데, 그것은 기독교의 참 신앙에 비추어 볼 때 허구적인 것이다. 그 신앙은 하나님 중심이 아니고 인간 중심이란 점 때문이다. 아내가 알암이 실종 사건을 당했을 때, 희망과 의지와 기원으로서 자신을 구제할 수 있었던 것 같이(p.96), 신이 그러한 자신의 일을 대신 맡아주리라는 인간적인 의지와 이해가 그 신앙 속에 들어있었던 것이다. 알암이 실종 사건이 일어난 후에야 신앙을 갖기 시작한 것은(1·4), 여러 방법으로 아이를 찾는 일에 혼신의 노력을 기울여나가는 일의(1·3) 하나일 뿐이다. 그러한 신앙 속에는 사랑을 통한 자기 소멸 의지가 없고, 오히려 자기 구원(상승)의 의지만이 있으므로 거짓 신앙에 불과한 것이다.

사랑을 통한 자기 소멸 의식은 자기가 죄인이라는 철저한 자기 부정에서만 가능하다. 기독교 신앙은 근본적으로 인간의 죄인 의식에서부터 출발한다. 그것으로 죄인인 인간과 죄를 사해주시는 조물주와의 자연스런 관계가 성립될 수 있다. 그런데 그 관계는 바로 사랑을 통해서 견고하게 결속된다. 죄인을 구해준 신의 의지는 사랑인 것이다. 그러므로 신앙은 논리를 초월한 사랑 가운데서만 가능하다. 흔히 신과 인간과의 관계를 부자(父子)의 윤리를 가지고 말하는 것은, 그러한 사랑을 통하여 무한한 용서와 절대 신앙을 동시에 확보할 수 있기 때문이다.

이러한 점에서 아내의 신앙의 허구상은 분명하게 드러난다. 그것은 알암이를 찾겠다는 인간 의지의 한계 안에서 시작되었다(1·4)는 점이다. 그리고 그 절망을 극복하려는 소망만 있었기 때문에(이 점은 김집사의 경우도 같다), 그것에 대한 값이 주어지지 않았을 때 하나님을 원망하게 된다. 아내의 하나님은 자신을 위해서만 존재하는 자기 의지의 신에 불과했다. 그러므로 열심으로 교회에 나가고 헌금을 많이 해도 아내 자신은 변화하지 않고 오히려 절망만 심화하게 된다.

구원에 이르는 길은 자신의 의지를 소멸하고 신 앞에 발가벗은 채 나섬으로만 가능한 것이다. 그것은 우선 인간적 욕망에서 벗어나야 된다. 그런데도 아내는 여러 번 신앙을 갖기는 하지만 예전의 생활을 청산하고 새롭게 되지는 못한다. 결국 인간의 문제 해결 방법을 그대로 가지고 신 앞에 나섰던 것이다. 그것은 범인이 잡히자 복수할 길을 잃어버렸는데도 복수의 불길이 아내를 지탱해준 것처럼, 아내는 알암이의 영혼을 위해서 신앙을 가졌으며 이것을 통하여 그 자신까지 구원받으려 한다. 알암이의 영혼의 구원은 실상으로 확인할 길이 없지만은, 주님의 사랑을 깨닫고 아들의 구원을 확신하기에 이른다(3·4). 그런데 결국에 가서는 자신을 신격화시켜서 범인을 용서하려 한다(3·5). 그리고 용서할 수 없음을 확인했을 때 절망으로 빠지고 만다. 그것은 자기 신앙의 허구성을 비로소 알았기 때문이다.

결국 아내는 그 자신이 만들어놓은 신의 허상에 안주하여서 인간적인 구원만을 받으려 하였음이 분명하다. 그럴수록 그는 더 단단한 욕망의 굴레에 얽매이게 되고, 결국에는 용서의 증거까지 구하게 되는 자기 환상에 빠지게 된다. 이 모두가 악의 근원인 욕망(요한 8:44)에서 헤어나지 않고서 허구적인 자기 신만을 붙들고 있었기 때문이다. 욕망은 자유를 억압하고, 결국에는 자기 파멸에 이르게 된다는 실례를 아내의 거짓 신앙을 통해서 이해할 수 있다.

알암이 실종에 따른 여러 일에서 보듯, 아내의 신앙은 그녀가 절망에서 인간적인 구원을 얻기 위한 희망이나 강인한 의지나 소박한 기원에서 더 다른 것이 아니었다. 그렇기 때문에 하나의 사건이 일어날 때마다 그가 당하는 좌절은 더 커지고 신앙에 대한 회의도 깊어지다가 결국에는 신을 원망하기에 이른다.

> 알고 보니 아내는 아이의 영혼의 구원을 위해 교회를 찾기 시작한 것이었다. 소망과 기도가 온통 아이의 내세의 구원에 관한 것뿐이었다. 집에서나 교회에서나(아마 분명코!) 아이의 영생과 내세 복락만을 외워댔다. 그러면서 그 아이의 영혼을 위한 교회 헌금에 전혀 마음을 아끼지 않았다. 아내는 마치 자신이 헌금한 금액만큼씩 아이의 내세가 유족해지는 것처럼 계속되는 헌금에 마음을 의지하고 지냈다(p.111).

이렇게 아내는 인간의 한계 안에 갇혀 있었고, 신앙을 통한 '새로워짐'은 없었다. 철저하게 자기중심적인 신앙으로 일관해서, 결국에는 자신이 타인을 용서해 주는 자리까지 서게 되는 '자기 신격화'의 착각에 이르러 결국 파멸을 자초하고 만다.

2) 사랑과 용서

아내의 비극은 범인에게 용서의 증표를 요구하는 데서부터 심화된다. 그렇게 되기까지 아내의 신앙은 표면적으로는 놀랍게 변화되고 있었다(p.111~112). 그래서 원수로 여기던 범인을 용서하기에 이른다. 그런데 여기에 문제가 생긴다. 화자(남편)의 독백처럼 사람에겐 사람으로서 할 수 있고 할 수 없는 일이 따로 있는 것이다(p.113). 아내는 그것을 분간하지 못하고서, 모든 일을 사람이 할 수 있으리라고 생각하는 데서부터 비극은 발단된다. 그 할 수 없는 일이 바로 인간이 인간을 용서하는 일인 것이다.

기독교의 입장에서 용서는 사랑을 전제로 하여 조물주와 피조물이자 죄인인 인간의 관계를 맺어주는 것이다. 그러므로 우선 그것은 사랑을 전제로 하여야 한다. 사랑이 없는 용서는 참 용서가 아니며, 또한 용서도 불가능하다. 모든 용서는 값이 전제되지 않으므로 그것은 절대적인 사랑 그 자체인 것이다.

예수는 세상 사람들을 향해 '내가 너희를 사랑한 것같이 너희도 서로 사랑하라. 사랑한다면 너희는 내 제자가 된다(요한 3:34~35)'고 말하였다. 여기에서 사랑과 용서의 일체성을 설명 들을 수 있고, 또한 그것이 바로 구원의 길임도 명백히 드러난다. 그 사랑의 구체적인 행위는 계명을 지키는 일을 통해서 가능하다고 했다. '계명을 받아들이고 지키는 사람은 나를 사랑하는 사람이다. 나를 사랑하는 사람은 내 아버지에게 사랑을 받을 것이다. 나도 또한 그를 사랑하고 그에게 나를 내보이겠다(요한 14:21)'는 약속에서 분명하게 드러난다. 여기에 사랑은 인간의 의지에 의한 것이 아니라 하나님의 계명일 뿐이다. 그래서 사도바울은 사랑을 인간이 이행할 의무라고 성도들에게 권면하였다. 그리고 모든 계명은 그것에 요약될 수 있으므로, 사랑한다는 것은 곧 율법을 완성하는 일인 것이다(로마서 12:9~10).

이러한 사랑의 구체성은 다른 여러 가지 일로서 드러날 수 있지만, 그

중에 제일 중요한 것이 용서이다. 그것은 선택 사항이 아니고 빚갚음인 일종의 의무이다. 또한 그것은 한 인간이 다른 인간에게 베푸는 시혜가 아니라, 평등한 인간끼리 주고받는 사랑의 행위에 불과하다. 여기에서 알암이 어머니의 용서양식이 얼마나 허위적인가를 이해할 수 있다.

그것은 단적으로 용서의 증거를 구하려는 데서 나타난다. 아내는 직접 자신의 용서를 확인시켜 주어야 마음이 편하겠다는 생각에서 사형수를 만나려 한다(p.114). 남편이 만류해도 고집을 꺾지 않았다. 여기에 시혜를 베푸는 자로서의 아내의 모습이 나타난다. 아내는 용서가 사랑의 행위이고 빚갚음이라는 신앙을 갖지 않았다. 그러기에 사형수와 대결 관계에 서게 되고, 자기보다 먼저 용서해준 하나님을 질투하게 된다. 여기에서 아내의 용서가 범인을 위한 일이 아니라, 자기 구제를 위한 인간 의지의 한 표현에 불과함을 알 수 있다. 그러므로 용서할 대상이 없어졌을 때 절망에 빠질 수밖에 없게 된다. 아내는 그것을 배신감이라 말하고 있지만, 사실은 사랑의 부재에서 연유된 인간 이기심의 결과일 뿐이고, 배신자는 바로 거짓 용서를 하려던 아내 자신인 것이다.

이러한 아내의 입장은 오히려 인간적일 수 있고, 김집사의 고집이 종교적 도그마 때문일 수도 있다. 그런데 중요한 것은 아내가 그 절망에서 헤어나지 못하고 파멸에 이르렀다는 사실에 있다.

> – 저도 집사님처럼 그를 용서해야 한다고 생각은 했어요. 그래 교도소까지 그를 찾아갔구요. 그러나 막상 그를 만나보니 그럴 수가 없었어요. 그건 제 믿음이 너무 약해서만은 아니었어요. 그 사람이 너무 뻔뻔스럽게 느껴져서였어요. 사람이 어떻게 그럴 수가 있어요. 그 사람은 내 자식을 죽인 살인자예요. 살인자가 그 아이의 어미 앞에서 어떻게 그토록 침착하고 평화스런 얼굴을 할 수가 있느냔 말이에요. 살인자가 어떻게 성인 같은 모습으로 변할 수가 있느냐 그 말이에요. 절대로 그럴 수는 없는 일이에요. 그럴 수가 없기 때문에 전 그를 용서할 수가 없었던 거예요(p.118).

이렇게 아내는 시혜자로서의 인간적인 자기 애착 때문에 하나님께 이미 용서받고 있는 그를 용납할 수 없게 된다. 그를 사랑했다면 이미 용서받고 있는 그에게 축복을 보내야 했을 것이다. 사랑이 없는 용서는 인간의 도덕적 우월감을 충족시켜 인간을 신격화시키는 욕망의 다른 형태에 불과한 것이다. 그것은 곧 신앙의 허위성과 통한다.

> …그래서 나는 질투 때문에 더욱더 절망하고 그를 용서할 수가 없었을 거예요. 하지만 그것이 과연 주님의 뜻일까요? 당신이 내게서 그를 용서할 기회를 빼앗고, 그를 먼저 용서하여 그로 하여금 나를 용서케 하시고… 그것이 과연 주님의 공평한 사랑일까요. 나는 그걸 믿을 수가 없어요. 그걸 정녕 믿어야 한다면 차라리 주님의 저주를 택하겠어요. 내게 어떤 저주가 내리더라도 미워하고 저주하고 복수하는 인간으로 살아가겠다는 말이에요···(p.119).

이러한 하나님과의 결별은 인간의 자기 확보일 수 있고 진실의 단면일 수 있다고 할 수도 있으나 인간의 한계임이 분명하며, 또한 인간을 구원해주지 못할 것임에 틀림이 없다. 더구나 사형수를 만나고 난 후 아내는 복수심을 선택할 수도 없었기 때문에 절망에서 헤어나지 못하게 된다. 아내는 이미 믿음과 사랑의 계율을 익히고 그 참뜻을 깨닫고 있어서, 그것을 버릴 수 없으면서 자신 속에 도사려 있는 인간적 욕망을 부인할 수도 없는 갈등에서 더욱 절망할 수밖에 없었던 것이다. 이렇듯 아내의 신앙 양식은 극히 인간적이지만은 구원에 실패하였다는 점에서는, 기독교의 사랑과 용서와 구원에 대한 설명을 대신해준다. 그런 면에서 이 작품은 문학성과 종교성을 동시에 확보하고 있는 것이다.

아내가 용서에 실패한 것은 인간적인 행위의 일반 양식으로 종교적인 도그마 때문일 수도 있겠지만, 기독교적 이해의 측면에서도 그것이 설명될 수 있다는 점에서 이 작품은 새로운 의미를 갖고 있다. 그러므로 「벌레이야기」는 인간주의적 측면을 강조하고 있으면서 동시에 기독교의 사랑과 용서와 구원의 문제를 생각하게 만들고, 종교와 문학이 같은 자리에 설 수 있음을 보여주고 있다. 아내의 절망은 일상적 현재성에 머물고 있는 신에 대한 절망일 뿐이지 진정한 신에 대한 절망은 아니라는 점[3]에서 그 절망의 근원에 흐르는 문제를 더욱 깊이 있게 제시해 주고 있다.

[출처] 현길언, 「구원의 실현을 위한 사랑과 용서」, 삼인행 편집부 편, 『이청준 論』, 1991, 300~310쪽.

3) 김주연, 「문학적 감동과 신성」, 〈예술과 비평〉(서울신문사, 1984. 가을), p.209.

벌레 이야기

이 청 준

1

아내는 알암이의 돌연스런 가출이 유괴에 의한 실종으로 확실시 되고 난 다음에도 한동안은 악착스럽게 자신을 잘 견뎌 나가고 있었다. 그것은 아이가 어쩌면 행여 무사히 되돌아오게 될지도 모른다는 간절한 희망과 녀석에게 마지막 불행한 일이 생기기 전에 어떻게든지 놈을 다시 찾아내고 말겠다는 어미로서의 강인한 의지와 기원 때문인 것 같았다.

지난해 5월 초. 어느 날 알암이가 학교에서 돌아올 시각이 훨씬 지나도록 귀가를 안 했다.

달포 전에 갓 국민학교 4학년을 올라간 녀석은 학교에서 돌아오는 길로 곧장 다시 동네 상가에 있는 주산 학원을 나가야 했다. 우리가 부러 시킨 일이 아니라 녀석이 좋아서 쫓아다니는 곳이었다.

다리가 한 쪽이 불편한 때문이었을까. 제 어미 마흔 가까이에 얻어난 녀석이 어릴 적부터 성미가 남달리 유순했다. 유순한 정도를 지나 내숭스러워 보일 만큼 나약하고 조용했다. 어려서부터 통 집 밖엘 나가 노는 일이 없었다. 동네 아이들과도 어울리려 하질 않았다. 집 안에서만 혼자 하얗게 자라 갔다. 혼자서 무슨 특별한 놀이를 탐구하는 일도 없었다. 무슨 일에도 취미를 못 붙이고 애어른처럼 그저 방 안에만 틀어박혀 적막스런 나날을 지내고 있었다. 녀석의 몸짓이나 말투까지도 그렇게 조용조용 조심스럽기만 하였다.

국민학교엘 입학하고 나서도 마찬가지였다. 태어날 때부터의 불구에 이력이 붙은 우리 부부는 말할 것도 없었고, 녀석의 담임 반 선생님까지도 각별한 주의를 기울여 살폈지만 녀석에겐 전혀 별 다른 변화의 기색이 나타나질 않았다. 친구를 가까이 사귀는 일이나, 어떤 학과목에 특별히 취미를 붙여가는 낌새가 전혀 없었다. 특별한 취미는 없어 하면서도 학과목 성적만은 또 전체적으로 고루 상급에 속할 만큼 제 할일은 제대로 하고 다니는 녀석이었다.

그런데 지난해 봄, 녀석이 4학년엘 올라가고 나서였다. 이때까지 전혀 어떤 특별 활동 시간에도 관심을 보이지 않던 녀석이 이번엔 누가 권하지 않았는데도 제물에 새로 생긴 주산반엘 들어갔다. 그리고 거기 어떻게 적성이 맞았던지 나름대론 꽤나 열성을 쏟는 눈치였다. 학교를 파하고 오면 집에서까지 늘상 주판을 끼고 살더니, 나중엔 아예 가까운 상가 거리의 주산학원 수강 등록을 시켜 달랬다. 그리고 한 두어 달 학교에서 돌아오면 점심이나 겨우 먹는 둥 마는 둥 하고 나서 그 길로 곧장 다시 학원엘 쫓아가곤 하였다.

우리는 어쨌거나 다행이라 싶었다. 아이가 주산이 뛰어나고 아니고는 문제 바깥이었다. 소질의 여부도 따질 바가 아니었다. 녀석이 거기나마 취미를 붙여 다니는 것이 더없이 다행스럽고 대견스러울 뿐이었다.

그런데 이날은 전에 없이 녀석의 귀가가 늦고 있었다. 학원 갈 시각이 지났는데도 녀석이 돌아오는 기척이 없었다. 약국에서 함께 일을 보던 아내가 안채를 몇 번 들어갔다 왔지만 그쪽으로도 아무 연락이 없더라 하였다. 늦게 돌아온다는 전화 연락 같은 것도 없었다. 하긴 학원가는 시간을 미루고 어디서 다른 일에 어울려 놀고 있을 아이도 아니었다.

— 오늘따라 학교에서 무슨 늦을 일이 생겼나?

— 아니면 시간이 좀 급해져서 학원부터 먼저 다녀오려는 것이 아닐까.

그런 일도 물론 전에는 없었다. 학교에서 돌아와 학원엘 가기까지는 원래 한 시간 가량의 여유가 있었고 귀가가 아무리 늦을 때라도 알암인 그 한 시간을 넘겨 온 일이 없었다. 학교에서 돌아오는 길에 학원이 있었지만, 녀석이 그곳부터 들러 올 일도 없었다. 하지만 녀석이 끝내 학원 시작 시각까지 소식이 없다 보니 우리는 그렇게밖에 생각할 수가 없었다. 학교에서 무슨 특별한 일이 생겨 시간이 급하다 보니 학원부터 먼저 들러 오려는 것이겠거니……. 불안한 속에서도 설마 싶은 마음으로 우리는 어서 학원 시간이나 끝나기를 기다렸다.

그러나 알고 보니 그건 너무도 사정을 알지 못한 어이없는 기대였다.

학원이 끝날 때가 지나고 나서도 알암이는 깜깜 소식이 없었다.

학원 쪽에서 오히려 가게로 알암이의 결석을 물어왔다.

— 전 알암이를 맡아 지도하는 주산 학원 원장입니다 전에는 한 번도 빠진 일이 없었는데, 오늘 알암이가 보이질 않아서요…….

학교에서 무슨 일이 생긴 게 분명했다. 이제는 그렇게밖에 생각 할 수가 없었다. 우리는 곧장 학교로 연락을 취했다. 하지만 학교에서도 다른 일이 없었다 하였다. 여느 때처럼 정시에 수업이 끝났고, 아이들은 모두 집으로 돌아갔다 하였다.

— 종례 시간 때도 자리를 비운 아이가 눈에 띄지 않았어요. 그러니까 알암이는 종례를 마치고 곧 집으로 갔을 텐데요.

그때까지 퇴근을 기다리고 있던 담임선생님의 말이었다. 그러면서 선생님은 다른 아이들 집에라도 좀 알아보겠노라며 시간을 잠시 더 기다려보라 하였다.

그러나 한참 뒤에 다시 걸려온 그 담임 선생님의 전화는 불길한 예감만 점점 더해 오는 소리뿐이었다.

— 알암인 역시 아직 가까이 어울려 지내는 아이가 없군요. 반 아이들이 함께 어울려 교문을 나선 건 분명한데, 그 다음은 알암일 눈여겨본 아이가

없어요.

그러면서 선생님은 알암이의 성격이 너무 내성적이라서 그새 혼자서 은밀스런 취미를 숨겨오고 있었거나 남모르는 친구라도 어디 다 사귀어두고 있었을지 모르니 시간을 좀더 기다려 보자는 것이었다. 설마 하면 무슨 나쁜 일이야 있겠느냐고. 다음날까지도 정 소식이 없으면 반 아이들에게 다시 알아보도록 하자고 어정쩡한 소리 끝에 전화를 끊고 말았다.

하고 보니 일은 분명 학교와 집 사이에 일어난 변고였다. 그것도 아이의 담임선생 말처럼 막연히 시간만 기다리고 앉아 있는 것으로는 설마리가 풀릴 수 없는 변고였다.

아이는 아닌 게 아니라 해가 저물어도 돌아오지 않았다.

우리는 일찍 약국 문을 닫아걸고 파출소에 아이의 실종사실을 신고했다.

하지만 파출소 사람들이라고 해서 무슨 특별한 방책이 있을 리 없었다.

– 국민학교 4학년이나 되는 아이라면 쉽사리 유괴를 당해 갔을 리도 없겠고…… 혹시 동네 불량배들한테라도 붙잡혀 있는 거 아닐까요? 하지만 뭐 너무 걱정하실 건 없습니다. 불량배 녀석들의 장난이라면 금품이나 빼앗고 돌려보낼 테니까요.

학교와 동네 일대의 불량배들을 단속해 나설 테니 하룻밤이나 두고 기다려보자는 것이었다.

그나저나 이젠 다른 길이 없었다. 우리는 불안 속에 기다리는 수밖에 없었다. 우리는 밤새도록 뜬눈으로 기다리며 하룻밤을 지새웠다.

밤이 새고 나도 아이는 여전히 소식이 없었다. 상학 시간에 맞춰 학교로 달려갔으나 거기에도 아이는 나타날 리가 없었다. 반 아이들 가운데서도 알암이의 일을 알 만한 애가 없었다…….

알암이는 그렇게 어느 날 학교 길에 수수께끼처럼 갑자기 사라지고 만 것이다.

집이나 학교에서 소동이 한바탕 회오리쳐 올랐을 것은 말할 것이 없었다.

하지만 그것은 소동으로 해결이 날 일이 아니었다. 놀라움과 당황스러움과 근심과 절망이 뒤섞인 지옥 같은 기다림도 며칠이 지나고 나자 우리는 새삼 사태의 심각성을 깨닫고 아이를 찾는 데에 필요한 온갖 지혜를 동원하여 신중하고 세밀하게 녀석의 종적을 뒤쫓아 나서기 시작했다. 우리는 아예 약국 문을 닫아걸고 아이의 발길이 닿을 만한 곳들을 샅샅이 뒤져 나갔다. 반 아이들의 주변은 물론 멀고 가까운 친척집들까지도 빠짐없이 모두 연락을 취해 보고, 학교 근처와 동네 일대에도 몇 차례씩 광고를 내가며 애타게 아이의 귀가를 기다렸다. 학교에서도 아이들이 '알암이 찾기' 운동을 벌이고 나섰고, 그 바람에 처음에는 좀더 기다려보자는 식으로 미지근하게 시일을 끌어가던 경찰도 본격적인 수사에 착수해 들어갔다. 심지어는 이때까지 알암이가 다니던 주산 학원에서까지 아이를 찾는 일에 앞장을 서고 나섰을 정도였다.

하지만 그 모든 사람들의 노력에도 알암이는 여전히 감감무소식이었다. 1주일이 지나고 2주일이 지나가도 어떤 실마리 하나 잡혀 오지 않았다. 제 발로 가출을 해 나간 아이라면 그만 지쳐서 돌아 올 때가 됐는데도 녀석에게선 끝내 종무소식이었다. 자의로 집을 나간 아이이기가 어려웠다. 녀석이 워낙 내숭스럽기는 했지만 도대체가 그럴 만한 이유가 없었고 배짱이 그만큼 큰 아이도 아니었다. 어떤 식의 유괴나 납치의 가능성이 점점 더 짙어갔다. 주위에 특별히 원한 같은 걸 살 만한 사람은 없었다. 하지만 금품 따위를 요구하기 위한 납치엔 원한의 유무가 상관될 리 없었다.

약국이 제법 잘 되는 편이었고 그것이 동네에 알려져 있는 것이 표적거리가 될 수 있었다. 우리는 처음부터 그걸 염두에 두고 은밀히 어떤 연락을 기다려보기도 하였다. 아이를 찾는 일에도 그 가상의 범인(그것이 정말 우리들의 상서롭지 못한 가상으로 끝났더라면!)의 신경을 건드리지 않으려고 나름대로 몹시 주위를 기울였다. 한두 번은 아예 그 가상의 범인을 향해 '요구'를 유도하는 신문 광고를 내보내기까지 하였다.

하지만 일이 너무 알려진 때문이었을까. 그래서 이쪽이 좀 조용해지기를 기다리고 있거나 아예 모든 걸 단념해 버리고 꼬리를 거둬 숨겨 들어간 것이었을까. 보이지 않는 그 가상의 범인에게서는 전혀 어떤 연락이나 요구가 없었다. 그것이 우리를 더욱 불안하게 만들었다. 범인이 때를 기다리고 있다면 몰라도 아예 일을 단념하고 만 상태라면 결말에 대한 상상이 더욱 절망스러울 수밖에 없었다.

하지만 우리는 견딜 수밖에 없었다. 어떤 불길스러움이나 절망감을 견디고서라도 우리는 기어코 아이를 찾아내야 하였다. 그리고 희망을 잃지 말아야 하였다. 바로 그 희망과 기원, 어떻게든지 아이를 찾아내고 말겠다는 우리의 끈질긴 희망과 기원이야말로 아내(이제 와서 굳이 나까지 말해 무엇하랴)에겐 무엇보다 크고 소중한 힘이 되고 있었다. 그것이 그 참담스러운 심사 속에서도 아내가 지쳐 쓰러지지 않고 비극을 견뎌 나갈 수 있는 힘의 원천이 되고 있었다.

아내는 그 희망과 기원 때문에 그 엄청난 일을 당하고서도 그렇게 의연히 자신을 지탱해 나갈 수 있었던 것이다. 그리고 그녀는 마침내 알암이의 일에서 차츰 세상의 관심이 사라져간 다음에도 조금도 실망하는 기색이 없이 더욱더 끈질긴 의지력을 발휘해 가고 있었던 것이다.

다름 아니라 알암이는 한 달이 지나도 여전히 소식이 깜깜이었다. 그러자 세상사가 으레 그렇듯이 사람들의 관심이 점점 알암이의 일에서 멀어져 가기 시작했다. 경찰 수사도 시들해져 가는 눈치였고, 학교 쪽 아이들도 이젠 할 일을 다한 듯 잠잠해져가고 있었다. 그새 한두 번 기사를 취급해 준 신문이나 방송들도 더 이상 도움을 주려 하지 않았다. 사람들은 이제 알암이의 유괴를 불행스런 미제 사건으로 기정사실화해가고 있는 식이었다.

하지만 아내는 그러거나 말거나 흔들림이 없었다. 아니 그럴수록 아내는 자신의 삶을 온통 그 일에 걸다시피 각오를 새로이 하여 아이를 찾는 일에 혼신의 노력을 기울여 나갔다. 약국 문을 계속 닫아건 채 밤낮없이 사방을 뛰어다녔다. 수단 방법을 가리려 하지 않았다. 아내는 여기저기 계속 신문사를 찾아다니며 도움을 호소하고, 방송국의 안내 프로그램 같은 델 좇아 나가선 그 가상의 범인을 향해 어떤 요구도 감수할 각오이니 아이만 제발 무사히 돌려보내 달라고, 아이의 안전을 당부하기도 하였다. 각급 학교의 교문 근처에서 알암이의 사진과 인적 사항이 적힌 전단을 나눠주기도 했고,

역이나 버스 정류소 혹은 사람들이 붐비는 네거리 같은 데선 아이를 찾는 피켓을 만들어 들고 서서 사람들의 눈길을 애걸하기도 하였다. 뿐만이 아니었다. 아이의 일이 점점 오리무중으로 어려워져 보이자 아내는 흔히 우리 여인네들이 해온 방식으로 절간을 찾아가, 아이의 앞길을 밝혀 지켜주십사 촛불을 켜고 공양을 바치고 오기도 하였다. 절간뿐만 아니라 아무 곳이나 교회당을 찾아가(아내는 원래 교인이 아니었다) 아이를 위한 교회 헌금도 아끼질 않았다.

어쨌거나 아내는 그런 저런 방법으로 아이를 위해 모든 노력과 정성을 다했다. 그것은 아이의 아비가 되는 나까지도 놀라움과 감동을 금치 못할 정도였다. 사실을 말하자면 나는 언제부턴가 최악의 사태를 각오해 두고 있었다. 시일이 흐를수록 일은 비관적이었고, 육신과 정성은 지쳐날 대로 지쳐났다. 나는 마지막 절망 속에서 최악의 사태를 대비해 두고 있지 않으면 안 되었다.

하지만 나는 아내 앞에서 그것을 조금도 내색할 수가 없었다. 아내의 집념과 희망이 너무 강했기 때문이었다. 아이를 찾게 되든 못찾게 되든 아내를 위해서도 그런 기미를 조금이라도 내보여서는 안 되었다. 아내의 그런 초인적인 노력은 그것으로 끝내 아이를 못 찾게 되는 한이 있더라도 아내 자신을 위해 다행스럽고 필요한 일이기 때문이었다. 아내가 쓰러지지 않고 자신을 버려 나가는 것은 그 희망과 집념의 덕이기 때문이었다. 나는 아내와 함께 아이의 건재를 믿으며 희망과 용기를 계속 북돋아 나가야 하였다.

그러나 아내의 그 끈질긴 집념과 노력도 끝내는 모두 허사가 되고 말았다. 내가 어슴푸레 미리 짐작해 온 대로 일은 마침내 최악의 결과로 판명이 나고 만 것이었다. 알암이가 사라진지 꼭 두 달 스무 날 째가 되던 7월 22일 저녁 무렵의 일이었다. 알암이는 이날 집에서 멀지 않은 그 주산 학원 근처의 한 2층 건물 지하실 바닥에서 참혹스런 시체로 발견되어 나온 것이다.

2

아이의 육신은 이미 부패가 심하여 형체조차 제대로 알아볼 수 없을 정도였다.

하지만 아직 손발이 뒤로 묶인 채 입에는 수건까지 물려 암매장을 당해 있는 몰골이 유괴 피살을 더 의심할 여지가 없었다.

남은 일은 이제 가상의 범인이 아닌 진짜 유괴범을 잡아내는 것뿐이었다. 그것도 이제는 사건의 윤곽이 밝혀진 마당에 범인의 색출은 시간문제처럼 보였다. 무엇보다도 아이의 시신이 발견된 그 장소가 범인의 윤곽에 결정적인 단서를 제공해 준 셈이었다.

아이의 시신이 발견된 건물 일대는 새해 들어서부터 도시 재개발 사업이 시작된 곳이었다. 하여 일대에선 이른 봄부터 한두 사람씩 집을 비우고 나간 곳이 생겨났다. 범행 현장이랄 수 있는 2층 건물은 4월 말쯤(나중 조사에서 확인된 일이지만 그것은 알암이의 실종 직전이었다)에 이미 사람이 나간 곳이었다. 범인은 알암이를 납치해다가 그곳에 숨겨두고 얼마 동안 낌새를 살피고 있었음이 분명했다. 그러다 일이 여의치 않게 되자 아이를 살해하여 암매장한 것이 분명했다. 범인의 단념이 너무 빨랐기 때문이었을까. 아니면 처음의 설마 싶은 심사에다 일대에 이미 그런 빈집들이 많아서 우리의 주의가 미처 소홀한 때문이었을까. 경찰 수사 과정에서나 우리들이 몇 차례나 그런 곳을 여기저기 뒤지고 다녔으면서도 낌새를 알아채지 못한 것이 이상스러울 뿐이었다.

하여튼 알암이는 그렇게 석 달 가까이나 그 건물의 컴컴한 지하실 콘크리트 바닥 속에 암매장되어 있다가 건물의 철거 작업이 시작 되고 나서야 가엾은 모습을 드러내고 나온 것이었다. 6월이 다 지나가고 나서야 주민의 퇴거가 완료되어 건물 철거 작업이 시작됐기 때문이었다. 그리고 범인의 예상(아마도 지하실이 그냥 매립되고 말리라는)에 반하여 어떤 고지식한 포크레인 기사 하나가 지하실 콘크리트 바닥까지를 파 올려놓은 때문이었다.

범인 추적 수사는 자연히 건물을 중심으로 한 재개발 구역 상가와 이웃 지역 주민들을 중심으로 진행되어 나갈 수밖에 없었다. 건물주나 그 이웃 사람들은 물론 일대 상가를 맴도는 사람들은 모두 한 차례씩 경찰의 조사를 받아야 했다. 그중에서도 특히 아이가 다니던 주산 학원 원장(김도섭 선생)에겐 가장 유력한 혐의의 초점이 맞춰질 수밖에 없었다. 범행은 어차피 금품을 노리는 유괴 살인의 혐의가 짙었고, 금품을 노리고 저지른 유괴극이었다면, 범인은 어느 만큼 우리 집안 사정을 알고 있었거나 국민학교 4학년짜리의 사리 분별력으로 보아 알암이가 안심하고 뒤를 따라나설 만큼 안면이 가까운 면식범의 소행일 공산이 컸다. 주산 학원 선생은 그런 용의점들을 모조리 갖추고 있는 인물이었다. 한데다 그 주산 학원 역시도 재개발 사업 지역 안의 한 건물을 세들고 있어서 일대의 사정에 그가 눈이 밝았을 것은 당연한 노릇이었다. 알암이가 실종되던 날 녀석의 결석을 물어온 전화도 의심을 하자면 전혀 우연스런 것으로만 볼 수가 없었고, **제물에** 한동안 아이의 종적을 찾아 돌아다닌 열성도 어딘지 조금은 부자연스럽게 느껴지는 대목이 있었다.

그는 누구보다 유력한 용의자의 혐의를 피할 수가 없었다. 경찰도 그쪽으로 심증이 굳은 듯 그를 집요하게 추궁해 나갔다. 문제는 거의 그의 결심에 달린 듯싶어 보였다. 그가 결심만 하고 나선다면 진상은 곧바로 밝혀질 전망이었다. 아이의 시신이 발견되고 나서부터 수사에 다시 활기를 띠기 시작한 경찰 쪽에서나 우리들(아내와 나 그리고 가까운 이웃 친척들까지도) 거의 모두가 그렇게 생각했다. 그리고 오직 그가 모든 걸 단념하고 사실을 털어 놓고 나서기만을 기다렸다.

한데 그것은 우리들의 무고한 속단이 아니었다. 사건이 결과적으로 우리의 예상대로 해결이 지어진 것이었다. 김도섭—치밀하고 집요한 경찰의 추궁에 못 견뎌 그 학원 원장이란 자가 마침내는 자신의 범행을 시인하고 나선 것이었다.

하지만 이제 사건의 시말은 이쯤에서 그만 이야기를 마무려 두는 것이 좋으리라. 이 이야기는 애초 아이가 희생된 무참스런 사건의 전말에 목적이 있는 것이 아니라(어느 무디고 잔인스런 아비가 그 자식의 애처로운 희생을 이런 식으로 머리에 되떠올리고 싶어하겠는가. 그것은 내게서 아이가 또 한번 죽어 나가는 아픔에 다름 아닌 것이다), 알암이에 뒤이은 또 다른 희생자 아내의 이야기가 되고 있는 때문이다. 범인이 붙잡히고 사건의 전말이 밝혀진 다음에도 나의 아내에겐 그것으로 사건이 마감되어질 수가 없었기 때문이다. 그리고 무엇보다 그 아내의 희생에는 어떤 아픔이나 저주를 각오하고서라도 나의 증언이 있어야겠기 때문이다.

그렇다면 범인이 밝혀지고 나서 아내는 과연 어떻게 되었던가. 아니 그보다도 아이가 끝내 그런 처참스런 주검의 모습으로 나타났을 때 아내는 아이와 자신을 위하여 무엇을 어떻게 할 수가 있었던가.

말할 것도 없이 알암이의 참사는 아내에겐 세상이 끝난 것 한가지였다. 지옥의 나락으로 떨어지는 절망과 자기 숨이 끊어지는 고통의 순간이었다. 아내는 거의 인사불성의 상태로 며칠을 지냈다. 몇 차례나 깜박깜박 의식을 잃기도 하였고, 깨어 있을 때도 실성한 사람처럼 넋을 놓고 혼자 울다 웃다 하면서 속절없이 무너져 가고 있었다.

하지만 아내의 절망과 자학은 다행히도 그 며칠 동안뿐이었다. 아내는 그 절망의 수렁에서 며칠 만에 다시 자신을 가다듬고 일어섰다. 그리고 처음 아이의 실종을 당했을 때처럼 자신을 꿋꿋이 지탱해 나가며 무서운 의지력을 발휘해 가기 시작했다. 이번에는 희망과 기원에서가 아니라 원망과 분노와 복수의 집념으로 해서였다.

그런데 이제 비로소 사실을 말하자면 알암이의 실종이 확실해진 때부터 아내가 그토록 자신을 견디고 다시 일어서게 된 것은 이웃 김 집사 아주머니의 도움이 있었던 때문이었다. 우리 약국과는 두어 집 건너에서 이불집을 내고 있는 김 집사 아주머니 — 애초의 동기는 서로 달랐을망정 그 김 집사 아주머니의 권유가 이상한 방법으로 아내를 다시 절망에서 번쩍 일으켜 세운 것이었다.

— 우리 구세주 예수님 앞으로 나오세요. 그래서 그분의 사랑에 의지하도록 하세요. 주님께선 모든 힘든 이들의 무거운 짐을 함께 져주십니다. 그리고 모든 상처 받은 영혼들의 아픔을 함께 해 주시며, 그것을 사랑으로 치유해 주십니다. 알암이 엄마는 지금 혼자서는 도저히 감당해 갈 수 없는 크

나큰 영혼의 상처를 입고 있어요. 애 엄마 혼자서는 그 짐을 절대로 감내해 나갈 수가 없어요…….

김 집사 아주머니의 위로와 권유는 대개 그런 뜻의 말들이었다. 그리고 그것이 아내에겐 뜻밖에도 신통한 효과를 나타낸 것이었다. 그야 집사님이 아내의 믿음을 권유해 온 것은 그것이 처음이었던 것은 물론 아니었다. 이 불가게 못지않게 교회 일에도 늘 열심인 김 집사 아주머니는 알암이의 일이 있기 전부터도 자주 가게를 찾아와서 아내의 입교를 간곡히 권유해 오곤 했었다.

— 알암이 엄마, 알암이 엄마도 신앙을 갖도록 하세요. 사람 사는데 믿음을 갖는 것만큼 중요한 일이 없어요. 믿음이 없는 생활은 거짓 허수아비 삶에 불과하다구요. 신앙을 가지면 사람과 생활이 모두 새롭게 달라져요.

하지만 아내는 어찌된 일인지 번번이 귀조차 기울이려 들질 않았다.

나이가 아내보다 5년쯤 연상인 김 집사는 그래도 전혀 서운해하는 기색이 없이 끈질기게 다시 아내를 찾아오곤 하였다.

— 두고 보세요. 내 언제고 알암이 엄마를 우리 주님께로 인도하고 말 테니까. 알암이 엄마라고 어렵고 마음 아픈 일이 안 생길 수 있겠어요. 애 엄마한테도 언젠가는 반드시 주님의 손길이 필요한 때가 찾아오게 될 거예요. 내 그땐 반드시…….

그럴 만한 어떤 계기라도 기다리 듯 계속해서 뜸을 들이곤 하였다. 별반 악의가 깃들지 않은 소리들이어서 아내도 그저 무심히 들어 넘기곤 해오던 처지였다.

한데 과연 그녀의 예언처럼 아이의 사고가 생기고 만 것이었다.

김 집사는 마치 그거 보라는 듯, 혹은 기다리던 때라도 찾아온 듯 아이의 실종사고가 생기자 금세 다시 아내에게로 달려왔다. 그리고는 이런 저런 걱정의 말끝에 다시 아내의 믿음을 권해 왔다.

— 주님 앞으로 나오세요. 주님은 알암이 엄마처럼 근심 걱정으로 마음을 앓는 사람들과 아픔을 함께하고 그 짐을 덜어주시기 위해 사랑으로 이 땅엘 오셨던 분입니다. 이럴 때일수록 주님께로 나아가 그분의 끝없는 사랑

의 품속에 슬픈 영혼을 의지하도록 해야 해요.

한데 아내는 그토록 심정이 절박했기 때문이었을까.

– 그분은 모든 일을 미리 알고 계시겠지요? 그리고 모든 일을 뜻대로 행하실 수가 있는 분이시지요?

아내가 모처럼 귀가 솔깃해져서 애원하듯 김 집사에게 묻고 들었다. 하니까 김 집사는 전혀 망설임이 없었다.

– 하느님은 전지전능, 우주 만물을 섭리하고 계신 분입니다. 예수님은 그분의 독생자이십니다.

– 그럼 그분은 우리 아이가 지금 어떻게 되어 있는 것도 알고 계신 걸까요?

– 알고 계실 뿐 아니라 알암이는 지금 그분께서 사랑으로 보살피고 계십니다. 그러니 그런 건 너무 걱정 마시고 우선 먼저 그분 앞으로 나아가 그분께 의지할 결심부터 하세요.

– 그분이 우리 아일 무사히 되돌려 보내주실까요?

– 그분의 뜻이 계시기만 한다면…… 하지만 그걸 바라기 전에 당신의 믿음을 먼저 그분께 바쳐야 합니다. 그분은 언제나 당신의 믿음을 기다리고 계시니까요.

아내를 위로하기 위해서이기도 했겠지만 아내의 안타깝고 초조한 심사 앞에 김 집사의 대답은 단언에 가까웠다.

하니까 아내는 끝내 마음이 움직이고 만 모양이었다. 아이만 찾을 수 있게 된다면 지옥의 불길 속에라도 뛰어 들어갈 아내였다. 하느님 아니라 지푸라기에라도 매달려 의지를 구해야 할 아내의 처지였다. 그러지 않아도 절간까지 찾아가 촛불 공양을 바치고 다니던 아내였다.

아내는 드디어 결심이 선 듯 김 집사를 따라나섰다.

그리고 서너 주일 예배 시간을 맞춰 가서 기도도 드리고 헌금도 하고 왔다. 절간을 찾아가 촛불 공양을 할 때처럼 무작정 액수를 높여 바친 헌금이었다.

하지만 그건 물론 아내가 지속적으로 신앙을 가지려는 결단의 표시는 아니었다. 보다도 그것은 아이를 찾으려는 간절스런 소망의 표현일 뿐이었다. 절간을 찾아가 빌 때 한가지로 아이를 찾고 보자는 기복 행위에 불과했다.

하느님도 아내의 그것을 아셨던지 그녀의 소망을 이루어주지 않았다. 아내의 아낌없는 헌금에도 불구하고 아이는 끝끝내 돌아오지 못했다. 그리고 마침내는 엄청난 비극으로 아이의 종말이 밝혀지고 말았다.

아내는 더 이상 주님의 능력과 사랑을 신용하지 않았다. 남은 것은 그저 원망뿐이었다. 아니 이제는 사랑이고 원망이고 '주님'을 생각할 겨를조차 없었다. 아이의 참혹스런 시신을 보고 나자 아내는 한동안 모든 것을 잃고만 듯 자신마저 지옥의 어둠 속을 헤매었다.

김 집사도 아내의 그런 사정을 짐작한 듯 한동안은 전혀 모습을 나타내지 않았다. 하더니 아이의 시신이 발견되고 나서 한 주일 남짓 지난 어느 날 그녀가 다시 집으로 아내를 찾아왔다. 그리고 언제나처럼 그의 주님을 빌려 아내의 아픔을 위로하려 하였다. 하지만 이날따라 머리를 싸매고 자리에 누워 있던 아내에게 김 집사의 그런 위로 말이 귀에 들어올 리 없었다. 아내는 처음 김 집사가 오는 것조차 전혀 아는 체를 하지 않고 있었다. 누가 찾아와서 무슨 말을 하거나 그저 멀거니 천장만 쳐다보고 있었다. 김 집사도 굳이 그런 아내를 아랑곳하지 않은 채 진심 어린 위로의 말들을 늘어놓고 있었다.

— 알암이 엄마의 아프고 저린 마음은 알고도 남아요. 하지만 그럴수록 마음을 맡기고 의지를 삼을 데가 있어야지 않아요. 지금의 처지로는 어려운 일이겠지만 그럴수록 부드럽게 마음의 문을 열도록 노력해 보세요. 그래서 그 아픈 마음의 깊은 곳으로부터 주님을 참되고 새롭게 영접하도록 해보세요. 마음이 한결 편해지실 거예요…….

그런데 그 김 집사의 설득이 너무도 참되고 간곡했던 탓인가, 그리하여 굳게 닫혀버린 아내의 영혼의 눈을 뜨게 한 것이었을까. 무슨 소리에도 그저 넋이 나간 등 천장만 멀거니 쳐다보고 있던 아내의 눈에 이유고 영문 모를 눈물기가 가득 고여 오르기 시작했다. 그리고 모처럼 제정신이 돌아온 듯 천천히 머리를 가로저었다.

— 모두가 다 부질없는 노릇이에요. 하느님의 사랑도 거짓말이구요. 하느님이 정말 전지전능하시다면 우리 알암일 왜 그렇게 만들었겠어요. 그 어린 것에게 무슨 죄가 있다구……. 하느님의 사랑이 정말 크시다면 처음부터 그런 일이 없게 했어야지요.

체념과 원망에 사무친 애소였다. 그나마도 아내에게선 근자에 제정신이 되살아난 소리였다.

거기에 김 집사는 용기를 얻은 뒤 아내를 계속 설득해 나갔다.

— 알암이 엄마, 그렇게 주님을 원망하시면 안 됩니다. 마음속에다 원망을 지니면 자신만 더욱 고난스러워져요. 그야 지금의 알암이 엄마한텐 무리한 주문이 될는지 모르지만, 그래도 애 엄만 그럴수록 마음을 부드럽게 지녀서 주님의 사랑을 맞아들이도록 하셔야 해요. 주님의 사랑과 오묘한 섭리는 우리 인간의 지혜로는 헤아릴 수가 없어요. 이번에 알암이가 당한 일만 해도 우리 인간들의 눈에는 슬픔뿐이지만 거기에 어떤 주님의 섭리가 임하고 계시는지도 알 수가 없어요. 그러니 주님의 사랑과 섭리와 권능을 믿으시면 거기서 알암인 구원을 받을 거예요. 알암이가 이번에 당한 일이 어쩌면 우리가 모르는 더 큰 사랑을 베푸시려는 주님의 뜻인지도 모르니까요. 그 왜, 있지 않아요. 주님께선 그 당신의 사랑을 위해 누구보다 먼저 알암일 당신 곁으로 부르셨을 수도 있다고 말이에요…….

그런데 바로 그 순간이었다. 아내에겐 그 김 집사의 위로가 좀 지나쳤었던지 모른다. 혹은 아내로선 마음속에 사무친 원망과 저주를 죽어도 끊을 수가 없었던 것인지도 모른다. 순간 아내가 느닷없이 자리를 박차고 일어나 앉았다. 그리곤 마치 눈앞의 하느님에게 대들기라도 하듯이 김 집사를 향해 외쳐대기 시작했다.

— 아니, 하느님은 아무것도 몰라요. 하느님이 그토록 전지전능하신 분이라면, 알암이를 그렇게 만든 살인귀 악마를 아직까지 숨겨두고 계실 리가 없어요. 알암인 이렇게 죽고 말았는데, 범인은 아직 붙잡히질 않고 있지 않아요. 하느님이 정말 모든 걸 아신다면 어째서 그놈을 아직 가르쳐주지 않는 거예요. 알고도 부러 숨겨두고 계신 건가요. 그렇다면 하느님은 그놈과

한패거리와 다를 게 무어예요. 그래서 하느님은 모든 걸 아시고도 아이를 그 꼴로 만들어 보내신 건가요. 처음부터 그놈을 놈과 한패거리로 일을 그렇게 꾸며가지고 말이에요.

아내의 원망이 폭발하고 만 것이었다. 사설 아내로선 나무랄 수 없는 원망과 분노의 토로이기도 하였다. 아이의 주검이 발견되었을 뿐 이때까지도 아직 범인은 잡히지 않고 있었기 때문이었다. 그리고 아내의 절망과 슬픔은 무엇보다도 그 범인의 얼굴을 원하고 있었기 때문이었다.

그런데 그 아내의 사무친 원망과 복수심은 그쯤 폭발로 가라앉은 것이 아니었다.

— 하느님은 몰라요. 살인귀를 가리켜 보여주지 못하는 하느님, 사랑도 섭리도 다 헛소리예요. 하느님보다 내가 잡을 거예요. 내가 지옥의 불 속까지라도 쫓아가서 그놈의 모가지를 끌고 올 거예요.

아내는 그 하느님에 대한 원망 끝에 범인에 대한 불같은 복수심으로 며칠간의 절망과 비탄의 수렁에서 다시 자신을 추슬러 일어선 것이었다. 그리고 그날부터 사람이 달라진 듯 범인의 추적에 초인적인 의지력을 발휘하기 시작했다.

김 집사의 뜻과는 일치하지 않았지만 어쨌거나 그 김 집사의 도움으로 아내는 다시 자신을 지탱해 나갈 수가 있게 된 것이었다. 하고 보면 이번엔 그 분노와 저주와 복수심이야말로 아내가 자신을 견디는 데 무엇보다 소중한, 어쩌면 그 하느님의 사랑이나 섭리보다도 더욱 힘차고 고마운 본능이었는지도 모른다.

3

아내는 한동안 그런 식으로 무서운 복수심을 불태우며 범인을 잡는 일에 열을 올리고 다녔다.

그러나 그녀에겐 끝내 그 복수심을 충족시키고 그것을 해소할 기회가 주어지지 않았다. 범인이 붙잡히지 않아서가 아니었다. 범인은 미리 나름대로의 지능적인 보안책을 마련하고 있어서 알암이의 시신이 발견되고 나서도 생각처럼 쉽게 정체가 드러나지 않았다. 주산학원 원장은 사건 당일의 알리바이가 거의 완벽했고, 더욱이 아이의 실종 후에는 녀석을 찾는 데에 앞장을 서 나설 만큼 교활하고 대담한 위인이었기 때문이다. 그러니까 얼마 뒤 알암이의 시신이 발견되기 3주일쯤 전인 6월 하순경, 그의 학원이 세들어 있던 건물까지도 시 재개발 사업에 밀려 동네를 떠나게 되고서부터는 범인 김도섭도 그것을 웬만큼까지 자신했을 법하였다. 하지만 앞서도 이미 말했듯이, 원장 김도섭은 처음부터 유력한 혐의자의 한 사람이었고 나중에는 그가 진짜 범인으로 밝혀진 인물이었다. 그는 아이 어미로서의 아내의 직감력과 집요한 추적이 뒷받침된 경찰의 수사력을 끝끝내 피해 낼 수가 없었다. 그리고 경찰은 그의 범행 자백과 동시에 거기 따른 충분한 물증을 확보하게 된 것이었다.

하지만 그렇게 범인이 잡힌 것으로 아내의 원한은 풀릴 수가 없었다. 아내는 범인을 붙잡은 데 만족하지 않고 자신이 직접 눈깔을 후벼 파고 그의 생간을 내어 씹고 싶어하였다. 아이가 당한 것 한가지로 손목을 뒤로 묶어 지하실에 가두고 목을 졸라 땅바닥에 묻고 싶어하였다.

당연한 일이지만, 그러나 당국은 아내에게 아무런 복수의 기회도 용납하지 않았다. 범행을 자백한 그 순간부터 위인은 아내의 보복을 피해 당국의 보호를 받게 된 격이었다. 그리고 아이의 참사와는 직접 상관이 없는 사람들끼리 범행의 목적과 과정을 추궁하고, 재판에서 그의 죽음을 결정지어 튼튼한 벽돌집 속으로 그를 들여보내 버렸다.

아내는 결국 그것으로 원한어린 복수의 표적을 잃어버리고 만 셈이었다. 아내가 들끓는 복수심을 견디며 할 수 있는 일이라곤 경찰의 수사 과정에서 가능한 데까지 그를 무도한 살인마로 몰아붙이는 일과 공판 과정에서 그를 저주하다 제물에 정신을 잃고 쓰러지는 정도가 고작이었다.

아내의 원한이 풀릴 리가 없었다.

하지만 지금에 와서 다시 생각해 보면 아내에겐 그게 오히려 다행이었는지도 모른다. 왜냐하면 아내는 가슴속에 뜨거운 복수의 불길이 남아있는 한 자신을 용케 잘 지탱해 나가고 있었기 때문이다. 아내의 진짜 마지막 불행은 그 처절스런 가슴속의 복수심이 사라져 간 데서부터 싹이 트고 있었기 때문이다.

그러나 나는 당시로선 물론 그걸 전혀 알지 못하고 있었다. 그리고 그건 아마 아내 쪽도 사정이 마찬가지였을 게 분명했다.

아내는 계속 복수심을 짓씹으며 하루하루를 보냈다. 아내로부터 그를 멀리 떼어놓고 있었지만 아직은 그 복수의 표적이 아주 사라진 것은 아니었다. 김도섭 스스로도 자기 범행의 죄질을 가늠할 수가 있었던 탓일까. 작자가 그의 죽음을 결정한 1심 판결을 승복하고 2심 공소권을 포기해버린 바람에 그는 사실상 사형 확정수로 운명의 날만을 기다리게 된 처지였는데, 당국에선 왠지 그의 형 집행을 서두르고 나서질 않았기 때문이었다.

이유야 어찌됐든 아내에겐 여전히 복수의 표적이 남아 있어준 셈이었다. 그래 아내는 이제 하루빨리 목매달이가 치러져 작자가 지옥으로 떨어지게 될 날을 애타게 기다렸다. 그러면서 또 다른 한편으로는 자신이 직접 작자의 육신을 지옥의 불길로 찢어 던지고 싶어 했다. 그럴 때 아내는 작자의 목매달이가 갑자기 치러지는 것을 걱정하기까지 하였다.

아내는 그런 식으로 마치 구경꾼들에 잔뜩 화가 나 있으면서도 철책 때문에 어쩔 수가 없는 우리 속의 맹수처럼 자기 복수심 때문에 안절부절못하는 꼴이 되고 있었다. 그리고 그런 식으로나마 아내는 아직도 자신을 용케 잘 버텨 나갔다. 한데다 그 아내를 위해서이기라도 하듯 당국에선 여전히 작자의 목매달이를 서두를 기미가 보이지 않고 있었다.

그런데 그런 식으로 그럭저럭 계절이 가을철로 바뀌고 난 10월 초순 무렵부터의 일이었다. 아내의 처지가 아무래도 안되어 보였던지 김 집사 아주머니가 다시 아내를 찾아다니기 시작했다. 그리고 참으로 진실된 신앙심으로 아내에게 심신의 안정을 호소했다.

— 알암이 엄마, 이젠 마음을 좀 가라앉히세요. 그리고 그 사람에 대한 원망과 미움을 줄여가 보도록 하세요. 알암이 엄만 아무래도 지금 정상이

아니에요. 알암이 엄마의 절통한 심사를 나라고 헤아리지 못하는 건 아니지만, 그런다고 애 엄마가 그 사람을 직접 어떻게 할 수 있는 일도 아니잖아요. 그 사람은 이제 가만히 놔둬도 제 죄값을 치르게 되어 있어요. 원망하고 분해하면 애 엄마 심사만 그만큼 자꾸 더 상할 일 아니에요. 애 엄마까지 사람이 못쓰게 되어가요.

김 집사님은 이제 작자의 죄에 대한 사람의 심판은 끝났다는 것이었다. 남은 것은 하느님의 심판뿐이라 하였다. 이 마당에 아내가 할 일은 그를 원망하고 저주하는 것이 아니라 하느님께 모든 것을 맡기는 일이라 하였다. 그리고 자신의 이성을 되찾아 섬신의 안정을 기하는 일이라 하였다. 거기다 가능하면 그를 용서하고 동정을 할 수도 있어야 한다는 것이었다.

— 그것은 다만 그 사람만을 위해서가 아니에요. 그 사람보다는 알암이 엄마 자신을 위하는 일이에요. 그리고 가엾은 알암이의 영혼을 위하는 일인 거예요. 알암이의 영혼과 애 엄마 자신을 위해서라도 그에게 너무 깊은 원망을 지니지 않도록 하세요. 그래서 마음을 편하게 가지도록 노력해 보세요. 그렇게 되도록 노력을 하시면 주님께서 반드시 도와주실 거예요.

인간에겐 도대체 어느 경우를 막론하고 다른 사람을 심판할 권리가 없다고 하였다. 인간을 마지막으로 심판할 수 있는 것은 오직 하느님 한 분뿐이며, 사람에겐 오직 남을 용서할 의무밖에 주어지지 않았다는 것이었다. 그것을 거역하여 인간이 스스로 남을 원망하고 심판하려 할 때는 그 원망과 심판이 거꾸로 자신에게로 돌아오게 된다고 하였다.

아내는 이번에도 집사님의 설득에 처음에는 전혀 귀를 기울이지 않았다. 사람에겐 애초에 남을 심판할 권리가 없다거나 가능하면 그를 용서할 수까지도 있어야 한다는 충고에 이르러서는 바락바락 화를 내고 대들기까지 하였다.

하지만 김 집사는 아랑곳하지 않았다. 이번에야말로 정말 아내에겐 자기의 인도가 필요하다고 확신하는 등 그녀의 설득은 어느 때보다도 끈질기고 진정에 차 있었다. 딴은 내 보기에도 아내에겐 김 집사의 그런 도움이 필요한 처지였다. 원한과 복수심에 가득 찬 아내는 아닌 게 아니라 정상이 아니었다. 알암이의 시신이 발견되고 나서부터 그 참담스런 절망감 속에서도 아내가 여태까지 자신을 지탱해 온 것은 그 원한과 복수심의 독기 때문이었다. 그런 뜻에서 그것은 아내에겐 필요한 독기요 본능적인 생존력의 원천이었던 게 사실이었다. 그러나 그것은 어디까지나 임시방편의 비정상적인 생존력에 불과했다. 아내가 언제까지나 거기에 삶을 의지해 갈 수는 없었다. 그것은 정상적인 사람의 삶일 수가 없었다. 아내는 자신에게로 돌아와야 하였다. 언젠가는 어차피 아이의 일을 잊고 자기 파괴의 원망과 복수심에서 벗어나야 하였다. 그래서 어려운 대로 자신을 정상의 일상사 속에 견뎌 나가도록 하여야 했다.

김 집사의 충고는 틀린 말이 아니었다. 인간의 권리나 그 한계에 대한 이야기도 이제는 아내가 귀를 기울여야 할 대목이었다. 아내에겐 아무래도 그 김 집사와 그녀가 인도하고자 하는 주님의 의지가 크게 필요해 보였다. 그래 나 역시 아내에게 진심으로 그것을 권했다. 그리고 두 사람이 다 같이 교회를 나가자는 김 집사의 권유에 나는 우선 먼저 아내부터 좋은 길을 인도받을 수 있었으면 좋겠다고 은근히 김 집사를 거들었다.

그런데 어느 쪽이 아내의 마음을 움직이게 했던 것일까. 김 집사의 설득과 나의 권유가 얼마간 계속되자 아내는 어느 날 무슨 생각이 들었던지 뜻밖에 선선히 마음을 고쳐먹고 김 집사를 따라 나섰다. 그리고 그때부터 놀라운 열성으로 예배와 기도 속에 하루하루를 보내기 시작했다.

하지만 그것도 아내의 본심에서 우러나온 신앙심은 아니었다. 아내 자신의 마음의 평정을 회복하기 위해서나 자신을 견뎌 나갈 힘과 용기를 얻기 위해서가 아니었다. 더욱이 범인에 대한 증오심을 거두고 그를 용서하기 위해서는 아니었다. 사람의 마음이 갑자기 그렇게 달라질 수도 없었다.

알고 보니 아내는 아이의 영혼의 구원을 위해 교회를 찾기 시작한 것이었다. 소망과 기도가 온통 아이의 내세의 구원에 관한 것뿐이었다. 집에서나 교회에서나(아마 분명코!) 아이의 영생과 내세 복락만을 외어댔다. 그러면서 그 아이의 영혼을 위한 교회 헌금에 마음을 의지하고 지냈다.

하지만 나는 그러는 아내를 나무랄 생각이 없었다. 동기가 무엇이든 아내는 이제 교회를 다시 나다니게 된 것이었다. 아내에겐 우선 그것이 중요했다. 그렇게 한동안 교회를 나다니다 보면 마음속에 진짜 신앙심이 자리를 잡게 될 터였다. 그리하여 마음의 상처를 씻고 옛날의 자신으로 돌아오게 될 것이었다.

김 집사도 내심 그것을 기대하고 있었다. 하여 그녀의 갑작스런 광신기를 그대로 모른 척 감내해 나갔다. 그리고 성실하고 끈질긴 인내로 그녀를 참신앙심으로 이끌어가는 노력을 계속해 나갔다.

하다 보니 과연 우리들의 기대는 헛된 것이 아니었다.

아내는 마침내 서서히 주님의 참사랑을 깨닫기 시작한 것 같았다. 그리고 그 사랑 속에 아이의 구원을 확신하게 된 것 같았다.

아내에게선 차츰 저주와 원망기가 덜해 가는 기미였다. 그만큼 매사에 마음이 부드러워지고 전날의 자신을 회복해 가고 있었다.

마침내는 그 주님의 사랑에 자신을 맡기겠노라, 스스로 감사의 눈물을 흘리기까지 하였다.

— 주님, 감사합니다…… 사랑과 은혜에 감사합니다.

아내 자신도 그런 자신의 변화를 의식한 듯 주님께 대한 감사의 말을 입버릇처럼 자주 외어대었다. 등골이 빠지게 일을 해서 끼니 상을 차려놓으니 그 자식들로부터, 아버지 하느님, 오늘도 귀하고 맛있는 음식을 마련해 주시어 감사합니다, 하는 식의 기도 소리를 들었을 때 그 아비의 심사가 아마 그와 같았을까. 아내의 그런 잦은 감사의 기도는 그동안 아이와 아내 때문에 모든 것을 깡그리 바쳐오다시피 한 나에겐 어떤 가벼운 배신감마저 느껴져 왔을 정도였다.

하지만 어쨌거나 우리의 기쁨은 이루 말을 할 수가 없었다. 아내의 믿음과 자기 회복은 아내 자신뿐 아니라 나에게까지도 깊은 마음의 상처를 씻고 악몽에서 벗어나게 할 기회가 될 수 있었다. 적어도 나는 아내의 변화에서 그런 희망을 느낄 수 있었다.

그러나 그런 아내의 변화에 대한 희망과 기대는 그녀의 믿음의 인도자가 되고 있는 김 집사의 그것이 더했던 것인지도 모른다. 김 집사는 아내에게 용기를 얻은 듯 그녀의 신앙심을 한층 더 부추겨 나갔다. 김 집사는 아내에게 이제는 거기서 죄인을 용서할 수도 있어야 한다고 설득했다. 사람에겐 애초 남을 심판할 권리도 없지만, 그보다 주님을 영접하기 위해선 마음을 깨끗이 비워내 놓아야 하며 심중에 원망과 미움을 조금이라도 남겨두고 있으면 주님의 사랑과 은총이 임할 자리가 그만큼 좁아지게 마련이라 하였다. 그러니 차제에 그를 용서함으로써 마음속의 모든 원망과 분노와 미움과 저주의 뿌리를 뽑아내고 주님을 영광되게 영접하라 하였다. 아내에겐 바로 이때가 그래야 할 은혜로운 기회라 하였다.

— 하느님의 깊은 섭리의 역사를 우리 인간으로는 참으로 헤아릴 수가 없다지 않았어요. 알암이의 슬프고 불행스런 사고가 그 어머니에게 주님을 영접케 할 은총의 기회일 줄을 누가 알았겠어요. 그건 모두가 이런 영광과 은총을 예비해 두고 계신 주님께서 우리를 단련시켜 맞이하시려는 사랑의 시험에 불과했던 거예요. 우리는 오히려 그것을 기쁨으로 감내했어야 할 일들이었지요. 그토록 오묘한 주님의 섭리와 사랑의 역사 앞에 우리가 어찌 알암이의 영혼의 구원을 믿지 않을 수 있겠어요. 죄인을 아주 용서하도록 하세요. 그게 틀림없이 주님의 뜻이며 기쁨이실 거예요.

김 집사는 알암이의 구원을 단언하며 '용서'를 간곡히 당부했다. 그것도 그저 한두 번이 아니고 틈이 있는 대로 끈질기게 계속했다. 하니까 아내도 그동안 그만큼 마음의 자리가 생겨난 모양이었다. 그리고 그만큼 참 신앙심이 싹을 트고 성장을 계속해 온 모양이었다.

아내는 갈수록 말씨나 표정이 부드러워져 가고 있었다. 생활도 어느 정도 제 궤도로 돌아오고(범인의 재판이 끝나갈 무렵부터 나는 혼자 다시 약국 문을 열고 있었는데, 언제부턴가는 아내가 이따금씩 그 가게로 나와 앉아 있기까지 하였다) 무엇보다도 마음이 잔잔하게 가라앉아 가고 있는 것 같았다. 범인에 대한 원망이나 저주를 입에 담는 일이 거의 없었다. 하더니 어느 날 아내는 마침내 긴 잠에서나 깨어난 듯한 얼굴로 나에게 조용히 물어왔다.

— 그 사람…… 그 가엾은 사람, 아직 사형이 집행되지 않고 있는 거지요……?

아내도 뻔히 알고 있는 일이었지만 그게 어쩌면 새삼 다행이라는 어조였다.

아내가 마침내 김 집사의 소망대로 그를 용서할 수 있게 된 것이었다. 이미 용서를 하고 있진 않았더라도, 그를 스스로 용서해야 한다고, 용서를 하고 싶어 하는 것이 분명했다. 그 저주스런 한 해가 거의 다 저물어가던 12월 중순 무렵 — 알암이의 참사가 있은 지 꼬박 일곱 달여 만의 일이었다. 그리고 그 범인 김도섭의 사형이 확정되고, 아내가 다시 김 집사에게 인도되어 교회를 나다니기 시작한 지는 대충 2개월여 만의 일이었다.

4

사람에게는 사람만이 가야하고 사람으로서 갈 수밖에 없는 길이 있는 모양이다.

그리고 사람에겐 사람으로 할 수 있고 할 수 없는 일이 따로 있는 모양이다.

아내가 범인 김도섭을 용서할 수 있게 된 것은 누구보다도 아내 자신을 위해 다행스런 일이었다. 그러나 그것은 아내의 마음속에서 아내 자신이 그럴 수 있는 것으로 충분한 것이었다. 그 이상은 아내로선 필요한 일도 아니었고 소망을 해서도 안 되었다. 그랬더라면 아내는 적어도 자신의 구원의 길은 얻어갈 수 있었을 것이다.

그런데 아내는 쓸데없는 욕심을 부리기 시작했다. 그것이 아내의 마지막 비극을 불렀다. 다름 아니라 아내는 당돌하게도 자기 용서의 증거를 원했다. 더욱이 그것을 지금까지의 원망과 복수심의 표적이던 범인을 상대로 구하려 한 것이었다.

— 제가 교도소로 면회를 가서 그 사람을 한번 만나봐야겠어요.

아내가 마음의 용서를 생각하고 나서 다시 열흘쯤 시일이 지나고 난 다음이었다. 이젠 날마다 약국에 나와 앉아 있곤 하던 아내가 어느 날, 내게 문득 그런 말을 해왔다. 아내가 자신의 마음속의 용서에 대해 상당한 확신을 얻고 있는 증거였다. 더욱이 그동안 그 일에 대해선 나름대로 꽤나 생각을 해오고 있었던 어조였다. 이를테면 아내는 그것으로 마음을 깨끗이 정리할 수 있는 구체적인 계기를 삼고 싶어진 것이었다. 그를 찾아가서 직접 자신의 용서를 확인시켜 주어야 마음이 깨끗하고 편해지겠다는 것이었다. 한마디로 그에게서 자기 용서의 증거를 구하려는 것이었다.

그것은 물론 아내를 위해서나 사형수 김도섭을 위해서나 다 같이 필요한 일일지 몰랐다. 그러나 나는 왠지 거기 대해 선뜻 동의를 하고 나설 마음이 내키지 않았다. 아내가 어딘지 지나치고 있다는 느낌 때문이었다. 그리고 그 지나침만큼 아내가 거꾸로 불안스럽게 느껴졌기 때문이다.

— 글쎄, 당신이 그렇게까지 해야 할 필요가 있을까. 마음으로 그를 용서했으면 그만이지 당신이 무슨 성자도 아니겠고……

나는 막연히 아내를 만류했다. 하지만 한번 말을 꺼낸 아내는 좀처럼 생각을 바꾸려 하지 않았다. 그것이 마치 그녀가 주님을 옳게 영접할 무슨 불가피한 마음의 빚이라도 되는 듯, 그래서 반드시 그것을 자신이 감당해 내야만 할 일이라는 듯, 날이 갈수록 마음이 그쪽으로 확고하게 굳어갔다. 사실은 아내가 어쩌면 아직도 그토록 마음이 흔들리고 있었던 것인지도 모른다. 그래 그토록 자신을 옭아맬 스스로의 증거가 필요했던 것인지도 모른다.

하고 보니 아내에 대한 나의 동의 여부는 처음부터 크게 상관될 일이 아니었다. 아내가 내게 그것을 말한 것도 나와 그 일을 의논하재서가 아니었다. 그런 일에 관한 한 아내의 진짜 의논 상대는 내가 아닌 김 집사였다. 내게 의사를 내비친 바로 그때부터 아내는 김 집사와 계속 그 일을 함께 의논해 온 모양이었다.

어느 날 김 집사가 아내 몰래 약국으로 나를 조용히 찾아왔다. 그녀가 전에 없이 나를 따로 찾아온 것은, 이번에는 김 집사도 내심 그 일에 자신이 썩 덜하다는 증거였다. 아닌 게 아니라 김 집사 역시 아내가 아직도 마음이 흔들리고 있는 것 같다 하였다.

– 이 일은 아무래도 알암이 아빠하고도 의논을 해봐야 할 일 같아서요. 애 엄마 마음이 어딘지 모르게 아직도 흔들리고 있는 것 같아서 예기치 않은 충격을 받을 수도 있거든요.

그러나 김 집사는 신앙심이 깊은 사람답게 확신을 가지고 있었다. 그녀는 그렇더라도 그것이 아내에겐 어차피 필요한 고비가 아니겠느냐고 나의 동의를 구해 오는 것이었다.

– 알암이 엄마에겐 그런 자기 확신의 계기가 필요한 점도 있지만, 무슨 다른 일이 생기지 않도록 저도 함께 따라가서 도와드릴 테니까요. 제가 가서 곁에 함께 있어주면 별다른 일은 없을 거예요. 그리고 새삼스런 충격만 안 받는다면, 자기 용서에 대한 확신까지는 몰라도 손해를 볼 일도 없을 테니까요. 선생님께서 괜찮다고 하시면 제가 한번 기회를 만들어보겠어요. 제 힘으로 일이 어려우면 저희 목사님의 힘을 빌릴 수도 있으니까요.

나로선 그저 기분으로 막연히 반대를 하고 나설 수가 없었다. 아내를 거기까지 인도해 온 데는 누구보다 김 집사의 도움이 컸을 뿐 아니라, 아내에게 그것이 어차피 필요한 고비라면 이번 일도 모든 걸 김 집사에게 맡겨 두고 따르는 수밖에 없었다.

– 아무쪼록 집사님만 믿겠습니다.

여전히 한 가닥 불안스런 의구심을 금할 수가 없으면서도 나는 그쯤 일을 결정짓고 말았다. 아내의 일에선 어쨌거나 늘 김 집사의 판단이 옳았던 편인데다 이제 와선 그녀에 대한 아내의 믿음이 절대적인 것처럼 보였기 때문이다.

그런데 알고 보니 그것이 경솔하고 안이한 생각이었다. 아내와 인간 의지의 한계를 이해하지 못한 무책임한 처사였다. 그녀가 애초 자신이 덜해 보였던 대로 이번에는 그 김 집사의 처결이 엉뚱한 결과를 낳고 만 것이었다. 나의 한 가닥 꺼림칙스런 불안감이 무참스런 현실로 나타나고 만 것이었다.

아내의 면회는 의외로 쉽사리 기회가 마련됐다. 김 집사가 한 며칠 자기 교회의 목사님을 앞세우고 이곳저곳 유관 기관들을 쫓아다니는가 싶더니 어렵지 않게 기회를 만들어내었다. 그래 아내는 마침내 김 집사의 주선으로 사형수 김도섭의 면회를 나서기에 이르렀다. 그것이 마침 성탄절 분위기가 고비에 올라선 12월 23일의 일이었다.

그런데 사실은 그게 아내의 마지막 파국의 발길이었다.

사형수 김도섭의 면회를 다녀오고 나서 아내는 모든 것이 다시 허사가 되고 말았다. 면회를 다녀온 그날부터 아내는 다시 열병 환자처럼 머리를 싸매고 자리에 눕고 말았다. 그리고 멍하니 넋이 나간 눈으로 혼자 고뇌에 시달렸다. 그간의 모든 치유의 효과가 거품이 되는 등 참담한 절망감이 되살아나 있었다. 그나마 그간의 신앙심의 끈만은 놓아버릴 수 없었던 때문이었는지도 모른다. 이번에는 전날처럼 저주어린 복수심이나 분노의 감정 같은 것도 찾아 볼 수 없었다. 그저 망연스런 자기 상실감 속에 바닥 모를 절망감만 짓씹고 있었다. 분노도 복수심도 잊어버린 아내는 심신이 온통 절망의 덩어리 그 자체였다.

나는 도대체 아내가 그를 만나 무엇이 어떻게 됐는지 알 수가 없었다. 아내와 그 사이에 무슨 일이 있었느냐 해도 아내는 입을 열어 말을 하려하지 않았다. 아내는 아예 말을 하는 것조차도 귀찮고 부질없어 하는 것 같았다. 거기다 아내는 음식조차 거의 입에 대려고 하지 않았다. 자신과 자기 밖의 모든 걸 포기해버린 사람의 형국이 분명했다.

도대체 영문을 알 수 없었다. 김 집사에게서도 까닭을 알아낼 수가 없었다. 나는 하다못해 김 집사를 다시 만나 그녀에게 그 날의 자초지종을 물었다. 그러나 그날의 일에 대해서만은 김 집사도 아내를 이해하지 못했다.

— 그를 만났을 땐 아무 일도 없었어요. 면회는 일단 무사히 끝났으니까요.

작자가 아직도 아내의 용서를 받아들일 수 없을 만큼 뻔뻔하고 포악스럽게 굴고 나섰던 게 아니냐는 나의 물음에 김 집사는 오히려 그 반대라고 하였다.

— 흉악스럽기는커녕 그 사람은 자신의 모든 잘못을 순순히 시인하고 애 엄마에게 간절한 용서를 빌었어요. 용서를 빌었다기보다 애 엄마의 책벌을

자청하고 나섰지요. 그것으로 애 엄마의 마음의 위로가 될 수만 있다면 자기가 저지른 죄과에 대하여 어떤 책벌도 기꺼이 감수하겠노라고요. 그게 그 사람의 진심이었던 것이 그 사람도 이미 주님을 영접하여 주님의 뜻을 따르고 있었거든요.

그는 이미 주님의 이름으로 자신의 모든 죄과를 참회하고 그 주님의 용서와 사랑 속에 마음의 평화를 누리고 있었다 하였다. 뿐더러 그는 참회의 증표와 주님의 사랑에 대한 보답으로 사후에 신장과 두 눈알을 다른 사람에게 바칠 약속까지 해놓고 있었다고 하였다. 그는 그만큼 평화로운 마음으로 오히려 이 세상에서의 자신의 마지막 날을 기다리고 있었다 하였다.

— 그것이 그에게는 주님 곁으로 가는 날이니까요. 그는 그것을 진심으로 믿고 기쁜 마음으로 기다리고 있었어요. 그것으로 그는 주님의 사함을 받은 것이었지요. 그리고 누구보다 깨끗한 영혼으로 주님의 인도를 따르고 있는 것이었지요.

김 집사는 그러면서 그의 영혼이 이미 주님의 용서를 받은 이상, 그는 아내와 똑같은 여호와 하느님의 사랑 안에 있는 아들 딸이 된 것이라 하였다. 그래서 그는 같은 아버지의 형제자매로서 아내의 어떤 저주나 복수도 용서할 각오가 되어 있었다고 하였다. 더욱이 아내의 용서에 대해서는 진정으로 목이 말라 있었을 거라 하였다. 그만큼 아내의 마지막 용서가 필요한 사람이었다고도 하였다. 그런데 아내는 막상 그를 만나고 나선 그를 용서하지 못하더라는 것이었다.

— 전 애 엄말 이해할 수가 없었어요. 아니 차라리 실망감을 금치 못했지요. 알암이 엄마가 마음속에서 아직 그를 용서하지 못하고 있는 걸 알았기 때문이었지요. 알암이 엄만 아직도 주님에 대한 믿음이 그토록 부족했던 거예요.

김 집사는 아내가 그를 용서하지 못한 것이 믿음이 모자란 때문이라 단정했다. 그리고 이미 주님의 사함을 받고 있는 사람을 용서하지 못한 아내를 나무랐다. 이미 마음속에 주님을 영접하고. 그래 스스로 용서의 발길을 나섰던 아내가 아직도 숨은 원망을 남기고 있는 것을 김 집사는 도대체 이해할 수가 없다 하였다.

그러나 그 김 집사로서도 아내의 새삼스런 절망에 대해선 깊은 내력을 알 수가 없었다. 현장을 함께하고 온 김 집사가 그러니 나로선 더욱이 그것을 이해하거나 위로할 길이 없었다. 김 집사의 그런 설명을 듣고 나선 아내의 절망이 더욱 더 어려운 수수께끼가 되어갔다. 아내는 어째서 그를 용서하지 못했을까. 아내는 스스로 그를 용서하기 위해 그를 만나러 갔던 것이 아닌가. 그리고 그는 이미 자신을 참회하고 아내의 용서를 고대하고 있었다지 않은가. 그런 사내 앞에 아내는 무엇 때문에 저토록 절망을 하고 돌아온 것인가…….

그러나 그 모든 수수께끼의 해답은 너무도 가까운 곳에 있었다. 아니, 그것은 그 김 집사의 비난 섞인 설명 속에, 그것을 들을 때의 나의 알 수 없는 배신감 속에 이미 분명한 것이 말해지고 있었다. 나는 김 집사의 이야기에서 그녀를 충분히 수긍하면서도 한편으로는 어떤 표적이 불분명한 배신감 같은 것을 느끼고 있었는데, 그 막연한 배신감 속에 수수께끼의 해답이 숨어있었던 것이다. 한데도 나는 미몽 속에 그것을 스스로 깨달을 수가 없었던 것뿐이었다.

한데 며칠 뒤에 나는 그것을 깨닫게 되었다. 그리고 비로소 아내의 절망이 어디에서 비롯된 것인지를 알아차리게 되었다. 다름 아니라 나는 이날사 비로소 나의 까닭 없는 배신감의 정체를 깨달은 때문이었다.

한편 생각해 보면 그 역시도 김 집사의 덕분인 셈이었다. 김 집사는 참으로 그 신앙심만큼 이웃에 대한 사랑이 깊은 사람이었다. 그리고 그 신앙심과 사랑만큼 사명감이 투철하고 끈질긴 사람이었다. 김 집사는 아내를 단념하지 않았다. 어떻게든지 아내를 부축하여 그의 믿음을 다시 회복시켜 놓으려 하였다. 그리고 그를 마음으로부터 용서하는 자기 사랑의 고비를 감당시키려 하였다.

김 집사는 매일 아내를 찾아왔다. 그리고 성심껏 아내를 위로하고 용기를 북돋았다.

아내는 여전히 말을 잃은 상태였고, 위로와 설득은 김 집사 혼자서 일방적인 식이었다. 그러던 어느 날, 아내가 마침내 그 김 집사의 끈질긴 설득 끝에 모처럼 다시 입을 열고 나섰다. 한데 그게 바로 아내의 절망에 관한 비밀의 열쇠였다.

– 집사님은 모르세요. 집사님처럼 신앙심이 깊은 사람은 오히려 몰라요. 나는 집사님처럼 믿음이 깊어질 수가 없어요. 그래서 오히려 인간을 알 수 있고 그 인간 때문에 절망을 할 수밖에 없는 거예요.

그 며칠간은 늘 그래왔듯이 아내가 이번에는 전혀 김 집사의 설득을 받아들이려 하지 않았다. 김 집사를 믿고 따르기는커녕 오히려 그녀를 힐난하고 나섰다. 아내는 그 기나긴 침묵 속에 어떤 확신을 굳혀 오고 있었던 듯 절망적으로 울부짖어 대었다.

– 저도 집사님처럼 그를 용서해야 한다고 생각은 했어요. 그래 교도소까지 그를 찾아갔구요. 그러나 막상 그를 만나보니 그럴 수가 없었어요. 그건 제 믿음이 너무 약해서만은 아니었어요. 그 사람이 너무 뻔뻔스럽게 느껴져서였어요. 사람이 어떻게 그럴 수가 있어요. 그 사람은 내 자식을 죽인 살인자예요. 살인자가 그 아이의 어미 앞에서 어떻게 그토록 침착하고 평화스런 얼굴을 할 수가 있느냔 말이에요. 살인자가 어떻게 성인 같은 모습으로 변할 수가 있느냐 그 말이에요. 절대로 그럴 수는 없는 일이에요. 그럴 수가 없기 때문에 전 그를 용서할 수가 없었던 거예요.

– 알암이 엄마, 그 사람은 애 엄마 앞에서 뻔뻔스러워 그런 얼굴을 한 게 아니에요. 알암이 엄마도 들었지 않아요. 그 사람은 이미 영혼 속에 주님을 영접하고 있었던 거예요. 그리고 그것으로 주님의 사함을 얻고 있었던 거예요. 그래 그토록 마음과 얼굴이 평화스러웠던 거예요.

김 집사가 아내의 비뚤린 생각을 바로잡아 주려고 애를 썼다.

하지만 아내는 승복하지 않았다. 자연히 두 사람은 똑같이 언성이 높아지고 심한 말다툼조가 되어 가고 있었다.

– 그래요. 내가 그 사람을 용서할 수 없었던 것은 그것이 싫어서보다는 이미 내가 그러고 싶어도 그럴 수가 없게 된 때문이었어요. 집사님 말씀대로 그 사람은 이미 용서를 받고 있었어요. 나는 새삼스레 그를 용서할 수도

없었고, 그럴 필요도 없었지요. 하지만 나보다 누가 먼저 용서합니까. 내가 그를 아직 용서하지 않았는데 어느 누가 나 먼저 그를 용서하느냔 말이에요. 그의 죄가 나밖에 누구에게서 먼저 용서될 수가 있어요? 그럴 권리는 주님에게도 있을 수가 없어요. 그런데 주님께선 내게서 그걸 빼앗아가 버리신 거예요. 나는 주님에게 그를 용서할 기회마저 빼앗기고 만 거란 말이에요. 내가 어떻게 다시 그를 용서합니까.

아내가 이번엔 좀더 깊은 자신의 진실과 원망을 털어놓았다. 하지만 김 집사는 그 아내의 아집을 꺾는 데만 정신이 쏠려 그것을 제대로 이해하지 못했다. 김 집사는 사람과 하느님 사이에서 원망스럽도록 하느님의 역사만을 고집했다.

– 아버지 여호와께서는 그러실 수가 있습니다. 그것이 당신의 섭리의 역사입니다. 우리는 당신의 깊으신 뜻을 모두 알 수가 없습니다. 우리는 무조건 당신의 뜻을 따라 복종을 해 나갈 의무밖에 없습니다. 용서도 마찬가집니다. 주님께서 그를 용서하셨다면 우리도 그를 용서해야 합니다. 그것이 전지전능하신 주님의 종이 된 우리 인간들의 의무인 거니까요. 알암이 엄마도 그날 똑똑히 들었지만, 그는 애 엄마의 어떤 원망이나 책벌이라도 달게 받을 각오라고 말하지 않았어요. 그건 그가 이미 주님의 사함 속에 죽음을 두려워하지 않는 영혼의 평화를 얻고 있는 증거였어요. 그래서 그는 애 엄마의 어떤 원망이나 증오도 달갑게 감수하고, 그걸 용서할 수가 있었던 거예요.

– 그가 나를 용서한다구요? 게다가 주님께선 그를 먼저 용서하시구……. 하긴 그게 아마 사실일지도 모르겠어요. 그래서 나는 질투 때문에 더욱더 절망하고 그를 용서할 수가 없었을 거예요. 하지만 그것이 과연 주님의 뜻일까요? 당신이 내게서 그를 용서할 기회를 빼앗고, 그를 먼저 용서하여 그로 하여금 나를 용서케 하시고…… 그것이 과연 주님의 공평한 사랑일까요. 나는 그걸 믿을 수가 없어요. 그걸 정녕 믿어야 한다면 차라리 주님의 저주를 택하겠어요. 내게 어떤 저주가 내리더라도 미워하고 저주하고 복수하는 인간으로 살아가겠다는 말이에요…….

아내는 마침내 마지막 절망을 토해내고 있었다. 하지만 김 집사는 이제 그 가엾은 아내 속에서 질식해 죽어 가는 인간을 보려 하지 않았다. 그녀는 아내의 무참스런 파탄 앞에 끝끝내 그 주님의 엄숙한 계율만을 지키려 하고 있었다. 그녀는 이제 차라리 주님의 대리자처럼 아내를 강압했다.

— 벌써 몇 번씩 되풀이한 말이지만, 그게 바로 아버지 하느님의 숨은 섭리의 역사이신 거니까요. 주님께선 아마 그를 통하여 알암이와 알암이 엄마의 영혼을 함께 구원하실 뜻이셨을 거예요. 이제 와서 굳이 그를 용서하는 것은 이미 주님의 사함을 받은 그 사람을 위하는 일이 아니라, 알암이와 알암이 엄마 자신을 위해서 자신들의 영혼에 필요한 일일 테니 말이에요. 알암이 엄만 무엇보다 그걸 아셔야 해요. 알암이 엄마한텐 그 길밖에 없어요. 주님의 종으로서 우리에게 이미 씌워진 굴레는 누구도 마음대로 다시 벗어던질 수가 없는 거니까요. 그것은 또 다른 무서운 재앙을 불러들이는 일뿐이에요.

— 아아…… 그러면 나는, 그러면 나는……

아내는 마침내 처절한 탄식 끝에 말을 잃고 말았다.

그리고 그것으로 이날의 엉뚱스런(그러나 아내에겐 그의 삶의 마지막 구원과 승패가 걸려 있었을) 논쟁은 끝이 났다.

하지만 나는 이제 그것으로 아내의 그간의 지옥 같은 절망의 정체를 알아차릴 수 있었다. 비로소 그 참담한 절망의 뿌리를 들여다볼 수가 있게 된 것이었다. 아내는 한마디로 그의 주님으로부터 용서의 표적을 빼앗겨버린 것이었다. 그리고 그의 용서의 기회를 잃어버린 것이었다. 아내에겐 이미 원망뿐 아니라 복수의 표적마저 사라지고 없었다. 뿐만이 아니었다. 그녀가 용서를 결심하고 찾아간 사람이 그녀에 앞서서 주님의 용서와 구원의 은혜를 누리고 있었다. 아내와 알암이의 가엾은 영혼은 그 사내의 기구(난들 어찌 그것을 용서라고 말할 수 있으랴)를 통하여 주님의 품으로 인도될 수가 있었다. 아내의 배신감은 너무도 분명하고 당연한 것이었다. 그리고 그 절망감은 너무도 인간적인 것이었다.

5

그러나 아내의 절망과 파탄은 거기서도 아직 다한 것이 아니었다. 보다 더 절망스런 아내의 파탄은, 그렇다고 그녀가 다시 인간의 복수심을 선택해 버릴 수도 없다는 데에 있었다. 그것은 물론 김 집사의 강압이나 협박 때문이 아니었다. 아내는 이미 스스로 용서를 결심하고 그를 찾아갔을 만큼의 믿음을 지니고 있었다. 그 만큼은 스스로도 믿음과 사랑의 계율을 익히고 있었다. 그리고 그것의 참뜻과 가치를 깨닫고 있었다. 이제 와서 아내가 그것을 버리는 것은 아내 자신을 버리는 일이었다. 아내는 그것을 버릴 수가 없었다. 그렇다고 자신 속의 '인간'을 부인하고 주님의 '구원' 만을 기구할 자신도 없었다. 그러기엔 주님의 뜻이 너무도 먼 곳에 있었고 더욱이 그녀에겐 요령부득의 것이었다.

아내의 심장은 주님의 섭리와 자기 '인간' 사이에서 두 갈래로 무참히 찢겨 나가고 있었다.

하지만 아내는 김 집사 앞에 거기까지는 아예 말을 하지 않았다. 말할 필요가 없었기 때문일 터였다. 왜소하고 남루한 인간의 불완전성 – 그 허점과 한계를 먼저 인간의 이름으로 아파할 수가 없는 한 김 집사로서도 그것은 불가능할 일이었다.

아내가 지금까지 내게 입을 다물어 온 것도 바로 그 때문이었다. 그 무서운 고통과 절망이 입조차 열 수가 없게 해 온 것이었다.

하지만 나는 이제 겨우 그 아내의 절망을 이해할 수가 있었다. 그리고 비록 아이를 잃은 아비가 아니더라도 다만 저열하고 무명한 인간의 이름으로 그녀의 아픔만은 함께 할 수가 있을 것 같았다.

하기로서니 그것이 그 가엾은 아내에게 무슨 소용이 있었으랴. 그리고 그 절망스런 고통을 덜어주고 아내를 파탄에서 구해내기 위해 더 이상 무슨 일을 할 수가 있었으랴. 나는 그런 아내를 알고서도 속수무책으로 그녀를 지켜보고 있었을 뿐이었다. 그리고 부질없이 아내를 맴돌면서 안타깝게 마음만 열고 있었을 뿐이었다. 그것이 어차피 아내가 넘어서야 할 삶과 믿음의 고갯마루라던 김 집사의 조언을 믿고 있는 때문이었던가. 그리고 그것이 아내 스스로가 이기고 일어서야 할 자기 몫의 고통이라 여긴 때문이었을까…… 아니 물론 그것은 아니었다. 김 집사는 아직도 물론 그렇게 생각하고 있었다. 그래 아직도 아내를 찾아다니며 '아버지'의 섭리와 완벽한 사랑을 설교했다. 그리고 아내의 신앙심의 회복과 주님의 종으로서의 용기를 부추겼다.

하지만 나는 그럴 수가 없었다. 내게는 다른 힘이 없었기 때문이었다. 아내가 그럴 수 있다고 믿지도 않았다. 내게는 다만 그 아내의 절망과 아픔을 안타까워하면서 귀에도 들어가지 않을 부질없는 소리들로 그녀의 심사만 어지럽혀댔을 뿐 다른 위로의 길이 없었기 때문이었다.

아내는 과연 마지막 절망 속에 자신을 힘없이 내맡겨 버리고 있었다. 김 집사나 나의 어떤 소리도 도대체 의식에 닿는 일이 없는 것 같았다. 그날 이후로 다시 입을 까맣게 다물어버린 아내는 물 한 모금을 제대로 마신 일이 없었다.

하지만 아아, 아내의 그 절망과 고통의 뿌리가 어디까지 닿아 있는지를 차마 짐작이나 했을 것인가. 아내는 결국 그러다 스스로 목숨을 끊어버린 것이었다. 그리고 그것으로 인간이고 섭리고 모든 것을 포기하여 절망의 뿌리를 끊어버린 것이었다.

그 사람 김도섭의 사형집행 소식이 아내를 거기까지 자극했었는지도 모른다.

해가 바뀌고 2월로 접어들어 김도섭은 마침내 교수형이 집행됐고, 그 소식이 라디오에까지 방송된 때문이었다. 그리고 그때 김도섭이 마지막으로 남기고 간 몇 마디는 내게까지 어떤 새삼스런 배신감으로 몸이 떨려 견딜 수가 없었을 정도였다.

— 이제 와서 제가 왜 죽음을 두려워하겠습니까. 제 영혼은 이미 아버지 하느님께서 사랑으로 거두어 주실 것을 약속해 주셨습니다. 영혼뿐 아니라 제 육신의 일부는 이 땅에서 다시 생명을 얻어 태어날 것입니다. 저는 저의 눈과 신장을 살아 있는 형제들에게 맡기고 가니까요.

형장에서 그가 마지막으로 남기고 간 말이었다.

— 다만 한 가지 여망이 있다면 저로 하여 아직도 고통을 받고 있는 사람들의 영혼에도 주님의 사랑과 구원이 함께 임해 주셨으면 하는 기원뿐입니다. 저는 그분들의 희생과 고통을 통하여 오늘 새 영혼의 생명을 얻어 가지만, 아이의 가족들은 아직도 무서운 슬픔과 고통 속에 있을 것입니다. 저는 지금이나 저세상으로 가서나 그분들을 위해 기도할 것입니다. 아이의 영혼을 저와 함께 주님의 나라로 인도해 주시고 살아남아 고통받는 그 가족 분들의 슬픔을 사랑으로 덜어주고 위로해 주십사고…….

그간에도 거기 늘상 신경을 곤두세우고 지내온 때문이었을 것이다. 해가 뜨는지 지는지도 모르고 천장만 쳐다보고 누워 지내던 아내가 이날따라 하필이면 라디오를 켜놓고 그 몹쓸 뉴스를 모두 들어버린 것이었다.

그것이 지난 2월 5일 저녁 무렵의 일이었다.

그리고 바로 그 이틀 뒤, 아내도 끝내는 더 견디지를 못하고 제 손으로 혼자 약을 마셔버린 것이었다. 자기를 끝까지 돌보아 온 김 집사에게는 물론 내게마저 유서 한 조각 남기지 않은 채였다.

(1985)

[출처] 이청준, 「벌레 이야기」, 『비화밀교』, 나남, 1986, 119~150쪽.

마음 속에서 펄쩍 뛰어오르는 노래

전 영 태

〈서머타임〉의 매력

누가 내가 좋아하는 재즈 넘버원을 고르라고 하면 나는 서슴없이 거슈윈의 〈서머 타임(summer time)〉을 든다. 굳이 재즈를 좋아하지 않더라도 이 곡은 특별히 싫어하는 사람이 없을 정도로 불후의 명곡이다.

거슈윈은 오래된 흑인 영가인 〈가끔씩 나는 어머니가 없는 아이처럼 느껴져〉의 멜로디에서 〈서머 타임〉의 영감을 받았다고 한다.

> 여름, 살아가기도 쉽구나
> 물고기는 뛰어오르고, 목화는 높이 잘 자라네
> 오오, 내 아빠는 부자이고, 엄마는 미인이야
> 그러니 조용히 해 아가야, 울지 말고 잘 자라
> 어느 날 아침, 너도 크게 노래를 부르겠지
> 활짝 나래를 펴고, 하늘로 날아가겠지
> 하지만 그 아침까지, 이곳에 있으면 아무도 해치지 않는다
> 아빠, 엄마가 언제나 네 곁을 지켜 주잖니
>
> —〈서머 타임〉에서

거슈윈이 1935년에 쓴 포크 오페라 〈포기와 베스〉 중에서 어부의 젊은 아내 클라라가 부르는 이 곡은 아이를 잠재우는 자장가이다. 여름을 노래했지만 특정한 계절의 노래가 아니라서 사계절 내내 들어도 싫증나지 않는다. 자장가이기에 누구를 놀라게 하거나 위협하는 음조가 끼어있지도 않다. 아늑하고 포근하면서 꿈에 서린, 그리고 몽롱한 유년시절을 회상하게 하는 노래, 이것이 〈서머 타임〉이다. "물고기가 뛰어오르고(fish are Jumpin)"에서 마음은 펄쩍 뛰어오르고 "활짝 나래를 펴고 하늘로 날아가겠지"에서 생각은 하늘로 둥실 떠간다. 그리고 내 곁을 지켜주는 다정한 아빠, 엄마, 그들 틈에서 무한한 행복감에 젖는다.

사실을 말한다면, 〈서머 타임〉에서 낚시꾼인 나의 가슴이 물고기만큼 뛰어오르는 감동의 대목은 'fish are Jumpin'의 부분이다. 물고기의 뛰어오름을 낚시 전문용어로 '라이즈(rise)'라고 하는데, 이 라이즈가 활발해야 고기 잡을 기회가 많아지는 것이다. 레코드에 일부터 스크래치(레코드 홈이 닳아서 뒷부분으로 바늘이 넘어가지 않는 것)를 내서 'fish are jumpin'만 계속되어도 나는 뒷부분으로 바늘을 넘기지 않을 것이다. '열 번이고, 백 번이고 천 번이고 물고기야 뛰어올라라. 뛰어올라.'

내 마음은 〈흐르는 강물처럼〉이라는 영화에 나오는 송어가 뛰어노는 계류나, 농어와 날치가 뛰고 덩달아 숭어와 망둥이가 뛰는 바다 한복판으로 달려간다.

나는 편안한 가사와 다정한 멜로디에 이끌려 〈서머 타임〉 컬렉션에 몰두하여 30여 가지 타이틀을 모았다. 그것을 테이프 2개에 복사하여 차 안에서 지겹도록 듣고 또 듣던 시절이 있었다. 달리는 차의 리듬과 자장가의 리듬이 서로 어긋날 것 같지만, 재즈의 다양한 변주는 오히려 잠을 쫓고 정신을 더욱 쇄락하게 한다. 만약 이 곡이 클래식 명곡이라면 다른 가수와 악단의 연주일지라도 같은 멜로디와 리듬을 반복해서 듣다보면 저절로 졸음이 올 것이다. 그러다가 다른 차와 '꽝'하고 부딪혀〈서머 타임〉은 자장가가 아닌 장송곡이 될 것이다. 재즈의 본향 뉴올리언스에서 재즈는 흔히 장송곡으로 연주되니까 〈서머 타임〉을 좋아하다가 그 곡 때문에 죽는다면 할 말도 별로 없겠지만.

그러나 재즈로 연주하는 이 곡은 어떤 경우나 달리 연주된다. 흑인 여가수 엘라 피츠제럴드, 빌리 홀리데이, 사라본 중에서 이 곡을 가장 광채나게 부르는 여자는 피츠제럴드이고, 가장 졸리게 부르면서도 폐부를 찌르는 슬픔을 표현하는 여인은 홀리데이, 무덤덤하면서도 긴장감을 늦추지 않는 가수는 사라본이다. 이 여자들을 때와 자리에 따라서 〈서머 타임〉을 단 한 번도 똑같이 부르지 않았다. 재즈의 매력은 바로 이 점에 있다. 같은 음악을 항상 다르게 느끼게 한다는 것.

이 세 여자는 모두 흑인이다. 흑인은 폭염에 그을리는 것을 방지하기 위해 멜라닌 색소가 피부를 덮어 검어진 대신 그 어떤 인종도 흉내낼 수 없는 아름답고 기름진 목소리를 갖게 되었다. 신이 그들에게 내린 위대한 은택이다.

나는 한 번도 들어본 적이 없는 가수의 노래를 친구의 집에서 듣다가 문득 물어보았다.

"지금 그 노래 흑인이 부른 게 아니지?"

"흑인처럼 부르려고 애쓰는 백인의 노래야."

"백인은 죽었다 깨면 모를까, 목소리로는 흑인을 능가할 수 없어."

나는 재즈에 관한 한 역인종차별주의자이다.

흑인의 목소리와 아프리카

흑인의 목소리는 어찌하여 백인들의 그것보다 풍요로운 영혼을 담게 됐으며, 폐부를 찌르는 호소력을 가질 수 있었을까? 이 의문을 품기 위해 나는 상상 속에서 그들의 본향, 아니 온 인류의 시원인 아프리카로 달려간다.

오늘의 인류는 대략 6백만 년 전 아프리카 원숭이와 호미니드(유원인)가 분리된 이후에 우리 조상을 포함하는 집단인 호미니드로 분류된다. 호미니드를 규정하는 기본적인 특징은 두발로 직립보행하는 것이다. 그 후 이어진 4백만 년 동안 호미니드의 진화는 오로지 아프리카에서만 일어났다. 호미니드 가운데에는 두 발로 직립보행을 했지만 뇌가 작고 얼굴이 큰 오스트랄로피테쿠스과에 속하는 많은 종들을 포함해 여러 다른 존재들이 있었다.

그 고인류의 화석 중에서 가장 유명한 것이 북아프리카에서 출토된 '루시(Lucy)'이다. 우리는 루시와 같은 모성의 자손이며 피츠제럴드, 홀리데이, 사라본은 루시의 여성성까지 물려받은 흑인 여가수이다. '루시'라는 원인 화석은 약3백만 년 전에 생존했던 여성으로, 그 화석이 발견될 당시 발견 현장에서 비틀스의 노래 〈Lucy in the sky with diamonds〉가 라디오에서 흘러나와 그 같은 애칭이 붙었다. 새벽빛이 밝아오는 의미의 느낌을 주는 이름의 '루시'는 직립 보행과 뜀뛰기를 할 수 있었으며 키는 약 105센티미터에 이르렀다. 몸집이 작은 여인의 골반 구조를 지닌 루시는 죽었다가 화석이 되어서 발굴되자마자 비틀스의 노래를 들었던 것이다.

그럴 리는 없겠지만, 그녀가 살아난다면 그리고 영어 노래를 부를 줄 안다면 이렇게 노래를 시작했을 것이다.

어제, 사랑을 장난처럼 너무 쉽게 했나봐
이제 나는 숨어버릴 곳이 필요해
아, 나는 어제를 믿고 싶어
Yesterday love was such a easy game to play
Now, I need a place to hide way
Oh I believe in yesterday

비틀스의 〈예스터데이(Yesterday)〉는 만토바니 악단의 합주를 밑에 깔고 현악 4중주와 팝을 섞어놓은 수준 높은 명곡이다. 비틀즈의 멤버 폴 매카트니가 만든 이 곡은 방송 횟수만 8백만 번, 리메이크로 최소 3천 번 이상 만들어진 팝의 명곡 중의 명곡이다. 베를린 필의 첼리스트 12명이 연주하는 이 노래를 들으면 비틀스의 천재성과 그 음악성에 다시 한 번 놀라게 된다. 록이라는 반사회적 음악과 현악 4중주라는 고전주의 시대의 보수적인 앙상블 스타일을 하나의 악곡 속에 융합시키는 것을 그들 이외에 누가 상상할 수 있었겠는가?

비틀스의 〈노르웨이의 숲〉은 그레고리안 성가에서 구사되는 믹솔리디아 성법에 기초한 멜로디고, 그들의 〈레볼루션 No.9〉은 일종의 구상 음악(musique concrete)으로 오픈 릴 테이프를 사용해 녹음한 여러 음을 편집하거나 거꾸로 돌려서 만들어낸 음악이다. 우리나라의 서태지도 이것을 흉내냈다고 하던가?

1985년 폴 매카트니는 무명 시절에 레코드 회사와 굴욕적인 계약을 맺어 저작권과 소유권을 상실한 자신의 노래를 돌려줄 것을 요구했다. 〈헬프(Help)〉나 〈렛 잇 비(Let it be)〉 같은 애창곡을 포함한 251곡에 달하는 비틀스 노래가 경매에 붙여져 매카트니는 이것을 되사들이려고 거액을 동원했지만, 그러한 노력은 허사로 돌아갔다. 비틀스의 노래를 포함한 4만 곡의 기타 노래를 5억 달러로 사들인 사람은 다름 아닌 마이클 잭슨이었다. 비틀스는 어제의 수퍼스타였던 것이다.

이들 비틀스도 당연히 루시의 방계 자손이다. 그들이 영국인이라고 해서 그들의 조상이 달라지지는 않는다. 비틀스의 멤버 존 레논과 그의 일본인 아내 오노 요코도 모두 한 조상을 가졌다. 왜 그럴까. 비생물학자이자 공생 진화론자인 린 마굴리스의 설명을 들어보자.

> 사람은 두 명의 양친, 네 명의 조부모, 여덟 명의 증조 등등을 갖고 한 세대는 약 25년의 기간을 가져 한 세기 동안에 네 세대가 전해질 수 있으므로, 우리는 약 4만 세대를 거치는 동안 2^{40000}명의 조상을 가졌다는 결론을 얻을 수 있다. 그런데 이 수는 지금까지 지상에 존재하였던 모든 사람의 수를 합한 것보다 훨씬 큰 수이다. 물론 이 수는 인류학자들이 추정하는 1백만 년 전의 전 세계 인구수보다 훨씬 크다. 만약 우리의 조상이 1만 년 전에 생존하였다고 가정한다면, 이러한 계산(2^{400})은 우리의 부친 쪽 친척들은 대부분 모친 쪽의 친척들과 똑같은 사람들이었다는 결론을 얻게 한다. 따라서 우리가 중국인이든 아프리카인이든 또는 영국인이든 우리의 조상과 다른 민족의 조상은 결국 같은 사람들이었음이 분명하다.
>
> —『마이크로 코스모스』, 「40억 년의 미생물진화」에서

인류의 막연한 조상 루시는 그녀가 죽을 당시 다시는 세상에 나타날 수 없으리라고 생각했을 것이다. 에티오피아의 하다르 지방 아파르 삼각주에 묻힌 채 뼈가 삭아서 가루가 되기를 기원했을 것이다. 그런데 그녀는 발굴에 의해서 다시 세상에 나타나 인류의 기원이자 모성의 근원으로서 어제의 그녀를 우리에게 보여주는 동시에 3백만 년 전의 우리 조상의 모습을 보여주었다. 말도 못하는 침팬지 같은 얼굴의 루시는 3백만 년 전이라는 아득한 '어제', 사랑을 했고 임신을 했고 아이를 낳았다. 그런 그녀는 어제를 믿고 그곳에 숨어버리고 싶을 것이다. 루시의 정확한 고고학적 명칭은 '오스트랄로피테쿠스 아파렌시스'로 그녀가 우리의 직계 조상일 수 없다는 견해도 상존한다. 그런 인류학적 지식을 알고 있지만 루시를 조상으로 삼고 싶다는 마음을 억제하기 어렵다.

루시 이래로 호미니드는 호모 하빌리스, 호모 이렉투스와 호모 사피엔스 사피엔스 단계를 거치면서 아프리카에서 유럽과 중동, 동아시아로 퍼져나갔다. 그러나 아프리카에 남은 현생 인류들은 열대의 사바나 지대에서 옛 모습 그대로를 재현하면서 옛 방식대로 살아갔다.

아프리카인들은 열대 우림과 사바나 지대에 원시 이래로 수렵과 채취 생활을 지속하면서 살아왔다. 성공적인 사냥을 위해서는 목표 동물이 알아차리지 못하게 조용하고 나직하지만 전달력이 분명한 저음의 언어가 필요했고, 사냥꾼들이 떼를 지어 짐승을 겁주고 몰아갈 때는 무시무시하게 날카로운 고음의 발성이 필요했을 것이다. 흑인 가수들의 무게가 깔리면서도 호소력 있는 저음과 소름이 끼치도록 아름답고 침투력 있는 고음은 선조들의 생활의 필요 때문에 취해진 적응 행동에서 유래되었다는 가설을 세울 수 있다. 음악은 언어가 생긴 다음에 발생한 것이 아니라, 말과 더불어 같이 생겨난 예술이다.

개구리와 두꺼비는 짝짓기 계절이 되면 지속적으로 개굴거린다. 울음소리의 크기와 고조는 상호 연관이 있어서 암컷들은 수컷이 가장 낮게 개굴거릴 때 많이 반응하는데, 낮은 소리를 크기가 큰 수컷의 울음소리로 판단되는 경향이 있기 때문이다. 암개구리와 마찬가지로 여인들은 남성의 저음에 민감하게 반응한다. 아프리카 남자들은 수개구리를 닮아 낮고 느리며 부드러울 때, 더 매력적인 남성으로 간주된다는 사실을 서구인들보다 더 민감하게 알아차렸을 것이다.

심리학자 낸시 에트코프는 『미의 과학』에서 여성들의 목소리에 대해서 이렇게 설명한다.

> 좀더 매력적인 소리를 내기 위해서 여자들은 목소리의 고조나 비음의 정도를 과장한다. 예를 들어 일본 여성을 대상으로 한 연구에서 여자들은 4백 헤르츠 정도로 고조를 높게 한다. 매릴린 먼로는 높고 비음 섞인 목소리로 속삭였다. 이것은 아이의 연약한 목소리와 성인의 성적 지식을 연결시키는 목소리이다. 그것은 "날 좀 도와줘요"라며 보상으로 무언가를 제공하려는 음모의 속삭임이다.

아프리카 여성들은 일본 여성이나 매릴린 먼로처럼 인공적이고 가식적인 고음은 내지 않는다. 대자연이 가르쳐주는 대로 자연스럽고, 음험한 거래 따위를 계산하지 않는 순수한 고음과 저음으로 남자들에게 안타깝게 매달릴 필요가 없다는 점을 확실하게 표현한다.

빌리 홀리데이의 노래 중에 바람을 피운 남자가 구구하게 변명을 늘어놓자, 변명 따위는 필요 없다는 〈변명하지 말아요(Don't explain)〉이라는 곡이 있다. 남자들에게 치사스럽게 매달리느니 내 갈 길을 가겠다는 단호하면서도 씁쓸한 목소리가 이 곡을 지배한다.

아프리카인들은 사냥의 성과를 축하하는 행사와 거의 매일 이루어지는 제의와 주술사들의 마법의 행위를 통해서 일상생활의 음악화를 이루어냈다. 그들이 개발해낸 각종 타악기들은 원시적 생명의 리듬을 발현하는, 요동치는 음악의 촉매 구실을 했다.

노예 상인들에게 붙잡혀서 아메리카로 팔려간 이 태생적 가수의 후예들이 여러 세대의 우여곡절을 거쳐 아프로 아메리칸(Afro-American) 음악으로서의 재즈를 탄생시키게 된 것이다. 이 재즈적 장면의 주인공은 아프리카인의 후예, 인류 조상의 직계 후손인 흑인이다. 백인들은 이 아프로 아메리칸 음악의 매력에 빠져 흑인들 흉내를 냈지만, 선천적인 한계를 뛰어넘기 어려웠다.

이 흑인 음악가들은 예술가로서 대접을 제대로 받지 못했다. 그들은 무식했고 가난했다. 루이 암스트롱은 코넷(트럼펫의 옛 악기) 주자로 유명했다. 악보는 볼 줄 몰랐지만 누가 대신 피아노라도 쳐주면 그는 한 번 듣고 단번에 연주했다. 암스트롱은 노래하다가 가사를 까먹으면 "부밧부밧, 찌지짜랏" 하는 식으로 악기음을 흉내낸 스캣(scat) 창법으로 노래했다. 사람들은 무식의 소치로 개발된 스캣 창법을 암스트롱의 천재적 발상의 소산으로 오해하기도 한다. 무식은 때때로 창조의 어머니 역할도 하는 것이다.

우리의 아프리카의 먼 조상이 온 세계로 퍼져나갔듯이 재즈도 지구 구석구석으로 퍼져나가 인류의 음악이 되었다. 금강산 리조트에서 북한의 악단이 서커스 반주 음악으로 연주하는 재즈풍의 악곡을 들으면서, 나는 재즈의 세계화를 실감할 수 있었다.

그러나 어쿠스틱 음악이 쇠퇴하면서 재즈는 점차 명맥을 다하고 있다. 그 자리를 레게나 랩 같은 흑인 음악이 이어받고 있는데, 레게나 랩의 음정과 리듬은 재즈보다 단순하고, 별다른 음고의 변화 없이 말하듯 지껄이는 랩의 가사는 아프리카 원시 시대의 흑인 조상들의 음악에 더 근접하고 있다. 그 조상들은 지극히 단순한 창법으로 자신들의 생활의 애환을 노래했던 것이다. 우리나라 랩 가수들이 이런 사정을 알면서 말도 안 되는 헛소리 같은 가사를 읊조리고 있는지 나는 잘 모르겠다.

마음속에서 서성거리는 노래

내가 가장 좋아하는 〈서머 타임〉 컬렉션은 시드니 베셰라는 소프라노 색소폰 주자의 연주이다. 모노 녹음이라서 음질도 좋지 않은 데다 판 긁히는 소리가 쉭쉭 나는 연주지만 소프라노 색소폰의 강렬한 비브라토 음에 실린 멜로디는 애절한 향수를 불러일으킨다. 간드러진 기타 소리와 뽕짝 리듬 같은 드럼과 베이스 음은 꽉 닫힌 연인의 마음을 두드리는 안타까운 노크 소리 같다.

1939년 재즈 전문 레코드 회사인 블루노트 사의 최초의 히트곡인 이 곡을 듣도록 권하는 것은 내가 재즈 청취의 대가인 척하느라 그런다는 점을 분명히 밝혀둔다.

스위스 로망드 관현악단의 저명한 지휘자 에르네스트 앙세르메(〈봄의 제전〉을 지휘하다가 관객 소동으로 혼쭐이 났던 그 지휘자)는 시드니 베셰의 음악을 듣고 '영혼의 시'라고 절찬한 바 있다. "나는 이 천재 예술가의 이름을 적어두고 싶다. 나로서는 그 이름, 시드니 베셰를 결코 잊지 못할 것이다."

베셰의 〈서머 타임〉 연주는 밴드의 리더와 레코드 사가 취임을 반대하자, 밴드의 리더가 화장실에 간 사이에 몰래 취입해서 뜻하지 않은 성공을 거두었다.

누군가가 화장실에 간 사이 같은 시간이 중요하다! 화장실 간 틈에 파트너의 마음이 바뀔 수도 있다.

시드니 베세는 뉴올리언스의 프랑스계 백인과 흑인의 혼혈인 크레올 혈통의 흑인이다. 그는 연주 생활의 대부분을 프랑스에서 보냈고, 사후에 프랑스 리비에라에 고인의 조각상이 세워질 만큼 사랑을 받았지만, 정작 미국에서는 고립된 연주 생활을 해야 했다. 이러한 그의 고립이 그의 음악에도 잘 나타나 그는 재즈의 재즈다운 면을 더 잘 연주할 수 있었다. 프랑스의 시인 장 콕토는 소설가 빅토르 위고를 가리켜, 빅토르 위고는 자신이 빅토르 위고라고 상상하는 미치광이라고 했는데, 시드니 베셰도 자신을 시드니 베셰로 상상하는, '나는 나야!' 식의 미치광이 같은 연주가였다. 이런 독불장군식의 의도적 고립의 자세가 재즈와 잘 어울렸다.

영국의 저명한 사회사학자 에릭 홉스봄은 이런 정황에 대해 다음과 같이 쓰고 있다.

> 그렇지만 베셰의 고립은 개인적인 문제만이 아니라 지리적인 데에서도 연유한다. 재즈는 누가 뭐래도 이산(離散)의 음악이다. 재즈의 역사는 과거 미국남북전쟁 이전

의 남부지방에서 생겨난 대량 이주의 산물로서, 경제적인 이유와 때로는 심리적인 이유로 한곳에 머물지 못하고 길 위에서 많은 시간을 보내던 이들에 의해 만들어졌다. 관악기를 연주할 줄 아는 사람들이 그런 악기를 전혀 모르는 곳에 가서 소개하지 않았다면, 재즈가 그렇게 빨리 미국의 국가적인 음악이 되지는 못했을 것이다.

―『저항과 반역 그리고 재즈』에서

시드니 베셰의 연주를 들으면 아프리카의 초원에서 여럿이 함께 사냥을 하다가, 누구보다도 용감하고 동작이 빠른 한 용사가 재빠르고 힘찬 단 한 번의 창질로 동물의 숨통을 끊는 장면을 연상하게 된다.

시드니 베셰의 연주 외에도 빌리 홀리데이의 영향을 받은 제니스 조플린의 강렬한 〈서머 타임〉, 카멘 맥레이의 〈포기와 베스〉 음반도 있지만, 이들의 연주는 이런저런 이유로 썩 마음에 뜰지 않는다.

그러나 〈서머 타임〉을 누가 연주하는 그것이 무어 대수로운 일인가. 휘파람으로 나지막하게, 또는 허밍으로 대충 부르는 내 연주에 스스로 감동할 정도로 나는 이 노래에 푹 빠져 있다.

〈서머 타임〉은 내 마음속에서 서성거리다가 'fish are jumpin'처럼 펄쩍 뛰어오르는 노래이다.

[출처] 전영태, 「마음 속에서 펄쩍 뛰어오르는 노래」, 『쾌락의 발견』, 생각의나무, 2006, 28~40쪽.

미학적 분석비평의 실제-서편제

서 인 숙

1. 들어가는 말

지금 세계 영화계에 돌풍을 일으키고 있는 영화가 있다. 소위 중국 제5세대의 영화들이 바로 그것이다. 중국 영화인들이 세계 정상에 우뚝 섰음을 과시라도 하듯 세계 영화제를 휩쓸고 있다. '93 칸느 영화제에서 첸 카이거의 『패왕별희』가 황금종려상을 수상했는가 하면 '93 베를린 영화제에서는 사비의 『향혼녀』가 금공상의 명예를 안았다. 이미 장예모 감독은 베를린 영화제에서 『붉은 수수밭』의 수상을 시발점으로, 92년 베니스 영화제에서 『귀주이야기』의 작품상 수상에 이르기까지 특색 있는 영화철학과 미학으로 세계적인 영화거장으로 비상한 관심을 모아왔다.

그런가 하면 일본영화도 중국영화 못지않게 세계영화계를 한손에 움켜쥔 영화역사를 갖고 있다. 비록 오래 전 50, 60년대이지만 구로자와, 오즈, 미조구치와 같은 세계적인 명감독들이 위상을 떨치며 영화강국임을 자랑한 바 있다. 여전히 구로자와는 그의 영화가 매년마다 칸느 영화제에 초대될 정도로 세계인들의 존경을 받는 '살아 있는 전설적인' 감독으로 손꼽힌다.

홍콩영화 또한 비록 예술적으로는 인정받고 있지 못하지만 '아시아의 할

서편제

리우드'로 아시아 시장을 석권하고 있다. 그 상업적인 최선봉장인 서극 감독도 장쾌하고 스펙터클한 연출력으로 어떤 세계적인 영화감독의 대열에서도 빼놓을 수 없는 감독으로 자리 잡고 있는 중이다.

그렇다면 대만영화는 어떠한가? '93 칸느 영화제에서 후샤시오엔 감독의 『꼭두각시 선생』이 심사위원상을 수상했을 뿐만 아니라 『결혼 피로연』『음식남녀』『센스, 센스빌리티』의 이안 감독은 국제영화제와 상업시장을 통해 세계적 감독으로 급부상함으로써 대만영화의 가능성 또한 밝은 앞날을 기약하고 있다. 그런데 왜 아시아의 인접국가들 중에서 유독 우리 영화만이 예술적으로도, 흥행적으로도 두각을 나타내지 못하고 있는 실정일까? 그 이유는 무엇일까? 영화자본이 영세해서? 영화검열제도 때문에? 영화시장이 개방돼서? 아니면 정부의 지원이 미흡하기 때문에?

우리와 비슷한 상황과 조건하에서 아니 우리보다도 더 어려운 환경에서도 우리 주변국들의 영화들이 목소리를 드높이며 세계적으로 급부상 하고 있는 이즈음에 과연 우리는 무엇으로 이 상황을 변명할 수 있단 말인가? 항상 우리의 기대를 모으고 있는 임권택 감독은 어떠했는가? 그의 『서편제』는 우리나라에서 100만의 관객이 보았는데 칸느 영화제에서는 본선 진출에서조차 탈락되었다. 그렇다면 『서편제』가 칸느 본선 진출에서 탈락한 원인은 무엇일까

혹자는 우리의 판소리를 서양인들이 이해하지 못하는 데서 그 이유를 찾는다. 그러나 이것은 우리 영화에 대한 합리화일 뿐 근원적인 이유는 되지 못한다. 우리와 유사한 문화를 지닌, 그러면서 우리보다 더 악조건에서 고군분투하는 중국영화를 보자.

중국영화 속에는 그들 특유의 민족적 생활양식과 토속적인 전통이 그 어느 나라의 영화보다도 깊숙이 자리 잡고 있다. 그리고 이러한 점이 그들 영화의 가장 큰 매력이기도 하다.

『서편제』의 판소리가 칸느 심사위원들에게 생경했다면 중국영화 속에 한결같이 배어 있는 그들의 동양적인 사고와 관습도 마찬가지였을 것이다. 그런데도 그들의 영화는 당당하게 세계영화제들을 석권하고 있다. 국제영화제 수상이라는 외형적인 화려함만 보면서 중국영화를 무조건 선망하는 것은 결코 아니다. 그네들의 영화를 대할 때마다 경이로운 것은 그들의 작품이 가장 '중국적'이면서 동시에 '보편적'이기 때문이다. 중국영화가 세계적으로 인정받고 있는 결정적 이유가 바로 여기에 있다고 본다.

이런 측면에서 볼 때 영화 속의 전통문화와는 별개의 다른 차원의 문제들이 분명 우리 영화 속에 내포되어 있을 것이라는 전제가 가능하다. 따라서 『서편제』에 대한 분석을 통해 그 원인을 파헤치고자 함이 이 글의 취지이다. 현재에 대한 반성 없이 미래의 발전도 기대할 수 없기에 이 글을 쓰게 된 것이다. 또 한 가지 덧붙일 점은 영화의 내용과 양식은 상호보완적이어서 분리되어 생각할 수 없으나 서술과 논의의 편의상 두 부분으로 나누어 전개할 것임을 미리 밝혀둔다.

2. 극적 구성에 대하여

『서편제』는 매우 '한국적'이면서 '민족적'이다. 시각적으로는 우리나라의 자연경관을 수려하게 담은 한국적 영상을 배경으로, 청각적으로는 우리 가락 판소리를 들려주고 있고 내용적으로는 우리 민족 고유정서인 '한'의 쌓고 풀음을 추구하기 때문이다. 그렇지만 『서편제』는 '세계적'이거나 '보편적'이지는 못하다. 그 이유를 단적으로 표현한다면 『서편제』속에는 '판소리'는 살아 있으나 그 판소리를 세계적인 언어로 객관화시키는 '드라마'는 죽어 있기 때문이다.

영화의 다양한 영역 중에서도 극영화는 영화를 즐기는 세계인들이 공통적으로 향유할 수 있는 굳어진 형식의 틀을 갖고 있다. 즉, 하나의 극은 기승전결이라는 플롯을 바탕으로 사건과 사건이 나열되고 이 사건들은 인과관계로 묶여 있다는 것이 기본적인 극형식이다.

이 형식은 오랜 세월 반복되어 오면서 만드는 이와 보는 이 사이의 무언의 약속으로 정착된 일종의 커뮤니케이션 수단이다. 극형식은 세계 어느 곳에서나 영화문화를 향유하는 사람들이라면 서로를 이해할 수 있는 표현방법의 공통분모인 셈이다. 따라서 세계적으로 공통화적인 극형식의 관습은 서로 다른 이질적인 개인 간의, 나라 간의, 전통 간의, 문화 간의 커뮤니케이션을 가능케 해 준다. 그러므로 『서편제』가 외국인들에게는 생소한 판소리를 소재로 한 우리 고유의 영화일지라도 그 판소리를 드라마화한 극적 구성이 치밀하고 탄탄했다면 그래서 좀 더 객관적인(설득력 있는) 영화적 구성을 갖추었다면 이질적 문화 간의 만남이 지닌 한계성을 초월할 수도 있었을 것이다.

다시 말해 『서편제』가 좀 더 미학적 완성도를 지닌 드라마가 되었다면 외국인들에게도 어느 정도 우리 가락에 대한 보편적 공감대를 풀어 낼 수 있었다는 얘기이다. 서양인들이 판소리 자체를 음미하기는 불가능했어도 적어도 판소리에 깃든 우리의 정신과 사상, 즉 '한'의 정서만큼은 납득할 수 있었을 것이다.

우리는 『서편제』의 칸느 영화제 본선 진출의 탈락을 놓고 그네들이 우리의 문화와 정서를 이해하지 못한다고 불평한다. 그렇다면 우리는 우리의 것에 대해 그네들을 이해시키도록 얼마만큼이나 노력했는가? 상대의 이해부족을 탓할 게 아니라 상대를 향한 우리의 설득능력의 부족을 먼저 반성해야 한다.

우선적으로 우리의 문화와 전통을 보편화, 세계화시킬 필요가 있다. '영화를 만들어서 보여 준다'는 행위는 기본적으로 상대와의 커뮤니케이션을 전제로 하기 때문이다.(실험영화와 같은 특수한 경우를 제외하고는) 그리고 이것을 위해서는 상대가 나를 이해할 수 있도록 '나의 객관화' 작업이 필수적인 선행조건이다.

그런데 우리 영화는 '나의 객관화' 능력이 미흡하다는 문제점을 안고 있는 것이다.

그렇다면 이제 서편제가 한국적이지만 세계적인 영화로 부상하지 못한 극형식의 취약점들을 미학적 측면에서 구체적으로 분석해 보기로 하자.

1) 플롯과 스토리의 서사화법이 모순 속에 놓여 있다.

이 영화의 서사구조를 분석해 보면 다음과 같다.

이와 같은 서사구조에서 알 수 있듯이 극의 전체적인 구성은 현재와 과거를 넘나드는 회상수법이 큰 축을 이루고 있고 동호와 낙산의 회상에 의해 극의 대부분이 전개된다. 최종적인 전체 이야기의 전달자는 동호이지만

스토리

플롯

1. 현재(소릿재) – 1'과거(동호의 어린시절) ┐
2. 현재(다시 소릿재) – 2'과거(동호의 소년, 청년시절) ┘ 동호의 회상
3. 현재(송화를 찾는 동호, 낙산과의 만남) – 3'과거 (유봉의 말년과 죽음) – 낙산의 회상 —— 낙산의 회상
4. 현재(동호와 낙산의 대화) – 4'과거(낙산과 송화의 만남)
5. 현재(동호와 송화의 현재적 만남)
6. 대단원

동호가 전달할 수 없는 부분은 낙산이라는 제3자의 서술을 통해 사건을 전해 듣게 된다. 이처럼 개인의 회상에 의존해서 서술되는 드라마는 주인공의 주관적(제한적) 시점으로 펼쳐지는 것이 극 구성의 논리에 적합한 방법이다.

그런데도 불구하고 『서편제』에서는 동호와 낙산의 회상 속에서 이야기를 전개하는 서술방식이 주인공의 주관적 시점이 아닌 전지적 관찰자 시점으로 변모하고 있어 모순이 아닐 수 없다. 극의 외형상의 전달방식은 동호와 낙산의 주관적 시점을 채택해 놓고 실제 내용 전개 방식은 전지적 관찰자 시점이라니. 말하자면 외형과 내용의 불일치로 말미암아 극의 균열이 생긴다는 점이다.

스토리를 전지적 관찰자 시점으로 서술할 요량이면 왜 굳이 주인공의 주관적(제한적) 시점을 전제로 하는 회상플롯을 채택했는지 얼른 납득이 가질 않는다. 이것은 그만큼 플롯과 스토리의 짜임새가 비논리적으로 연결돼 있음을 의미할 뿐만 아니라, 그리고 어쩌면 플롯과 스토리 자체에 대해서 그리고 두 개의 상관관계에 대해서도 정확하게 인식하지 못하고 있음을 단적으로 드러내 주는 대목이 될 수 있다.

플롯과 스토리는 각기 개별성을 갖고 있으면서도 각각이 독립적으로 기능할 수 없다. 두 개가 별개의 역할을 한다면 그것은 두 개의 작품으로 분리되었음을 의미한다. 플롯은 스토리를 담고 있는 그릇이고 스토리는 그 그릇 속에 들어 있는 내용이므로 둘 중의 하나만 바뀌어도 다른 그릇이나 다른 내용으로 변해서 다른 작품화된 것이다. 따라서 둘이 내용과 그릇으로 구별될 수는 있지만 그 두 개가 모여서 곧 하나를 이루므로 그들은 서로에게 종속된 요소들이다. 그러므로 둘이 서로 긴밀한 상호작용을 한다는 것은 두말 할 필요가 없다.

플롯은 스토리 정보를 제공해 주는 기능을 하고 스토리는 플롯 위에서 일어나는 모든 사건과 행위가 된다. 말하자면 몸체는 플롯이고 뼈에 붙은 근육과 살이 스토리이기 때문에 이 둘은 분리돼서 존립할 수 없다. 더구나 둘이 이질적인 속성이나 성질로 묶인다면 그 부작용으로 작품 전체의 완성도에 치명상을 입히는 분열을 초래하게 된다고 해도 과언이 아니다.

그런데 『서편제』의 몸체, 내러티브 속에는 플롯과 스토리가 이질적인 방식으로 구성되어 있다. 플롯이 주관적으로 동기화된 회상수법으로 스토리를 열어 주었는데 스토리는 이것에서 이탈하여 회상수법이 전제하는 것과는 이질적인 방식인 전지적 관찰자 시점으로 논리적 극형식을 배신하고 있다. 물론 이런 모순적 변모 속에서도 드라마를 이해할 수는 있다. 하지만 여기서의 요점은 단순한 내용전달이 아니라 이 영화의 극형식이 내용에 얼마만큼 유효적절한가라는 미학적 완성도 측면에서 작품의 질을 논하고 있는 것이다. 『서편제』의 극형식은 내러티브 구성의 일관성과 논리성이 고려되지 않은, 그래서 미학적 측면에서는 불충분한 완성도를 지닌 작품이다.

『서편제』와 동일한 내러티브 구조를 갖고 있으면서도 고전영화의 시금석으로 평가받은 『시민 케인』의 플롯과 스토리와 비교해 보자. 표면적인 구성방식은 두 작품이 유사하지만 『시민 케인』은 극형식이 빈틈없는 완벽성을 지니고 있고 내용과 꼭 들어맞는 형식으로 미학적 완성도의 절정을 엿보게 한다. 우선 『시민 케인』에서는 케인의 주변인물 5명을 통한 회상플롯에 걸맞게 스토리 또한 인물들의 주관적, 제한적 시점으로 거의 대부분을 일관되게 유지하고 있다. 그러면서 『시민 케인』의 회상플롯은 회상수법이 사용될 수밖에 없는 필연성을 수반하고 있다.

구체적으로 말해, 케인의 죽음 이후 케인이라는 인물을 탐색하기 위해서는 케인의 주변인물을 통해서만 가능하고 그래서 회상수법이 필연적으로 적용될 수밖에 없도록 이야기는 설정되어 있다. 그리고 더 중요한 점은 제한적 시점으로 케인이란 인물을 정확하게 묘사하지 않음으로써 많은 추측과 해석이 가능한 여지를 남겨두고 있다는 점에서 이 영화의 위대함을 발견하게 된다.

더 나아가 플롯과 스토리가 긴밀한 상호 필연성으로 종속돼 있는 『시민 케인』의 내러티브 구성력은 보는 이로 하여금 극의 치밀성에 그대로 몰입하도록 유도한다. 그래서 더 이상 이 드라마의 완벽한 매력에 저항할 아무런 걸림돌도 이 작품에서는 발견되지 않는다.

그러나 『서편제』의 플롯과 스토리의 서사 전달방식은 서로 불일치할 뿐만 아니라 굳이 회상수법을 써야 할 당위성과 이유를 찾아보기 힘들다. 영화에서 플롯이 회상수법이 아닌 시간적 순서에 맞춰 연대기 순으로 나열된다고 해도 영화의 내러티브에는 아무런 지장이 없다.(『시민 케인』에서는 회상수법을 바꾼다면 극의 특성을 죽이는 결과를 초래한다.) 『서편제』의 스토리는 단순하다. 그런데 이 단순성에 비해 플롯구성은 지나치게 복잡하고 불필요한 것들이 많다. 그래서 결과적으로 극 전체는 오히려 산만하고 혼란스럽기만 하다. 필연성이 부재한 회상수법은 극의 매력을 반감시키는 낡고 구태의연한 구시대의 산물이다.

2) 극적인 사건을 극화하는데 실패했다.

『서편제』에서 가장 특징적인 것은 아무래도 판소리일 것이다. 영화 전면에 '춘향가'가 흐르고 마지막은 '심청가'가 장식한다. 판소리를 소재로 하는 만큼 영화 자체가 소리를 담을 수밖에 없지만 영화에서는 소리가 단순히 소리의 기능만으로 머물지는 않는다. 소리가 좀 더 적극적으로 극에 참여해서 이끌어 가는 주도적인 모티브 역할을 한다. 많은 장면들에서 소리가 앞으로의 극의 전개내용을 암시하고 소리에 따라 영상이 펼쳐진다.

첫 번째 회상에서 유봉과 동호의 생모가 정분이 난 대목에서도 그렇고, 소릿재 도착 전 유봉의 사계를 담은 소리에 따라 영상의 계절이 변화하는 부분도 그렇다. 그리고 대단원에서는 '심청가'가 두 남매가 처한 상황과 닮은꼴인 비유적인 기능을 한다고 볼 수 있다.

그러나 판소리가 극 형성의 적극적인 기능을 하는 것에 비하면, 영화 속 극적 사건과 에피소드들에 대한 드라마화는 마지막 대목을 제외하고는 두드러지는 강조점 없이 밋밋하게 나열되는 편이다.

일종의 뮤지컬 형식이라 할 수 있는 『서편제』가 한정된 영화 상영시간 내에 판소리 장면에 많은 부분을 할애한 이상, 인물들 간의 갈등과 심리 묘사를 심도 있게 드러낼 만한 시간적 여유가 충분치 않음은 이해할 만하다. 동기화된 사건들로 인물의 심리묘사를 충실하고 밀도 있게 하기보다는 인물의 외부적 행위에 초점을 맞춘 사건들을 전개하는 방식은 뮤지컬이라는 장르가 갖고 있는 한계라 생각할 수도 있다.

그러나 최소한 극적 표현이 절실히 요구되는 결정적인 부분에서까지 드라마틱한 표현의 배제는 아무래도 극화의 실패로 간주할 수밖에 없다. 이러한 단적인 실례가 바로 송화가 눈을 멀게 되는 장면이다.

유봉은 소리의 득음을 위해 송화의 가슴에 한을 심고자 눈을 멀게 하는 한약, 부자를 먹인다. 그리고 관객은 송화가 장님이 되는 과정을 단 한 개의 숏을 통해서만 보게 된다. 송화가 길을 걸어가다 넘어지면서 "요즘 왠지 눈이 침침해요"라고 말하는 롱숏 장면. 다음 숏에서 송화는 어느새 눈먼 장님이 되어 있다. 과연 이 세 개의 숏으로 구성된 단순한 묘사로 이 크나큰 사건에 대한 적절하고 충분한 극적 표현이라고 생각할 수 있을까.

아버지가 딸의 눈을 멀게 하고 그래서 그 딸이 장님이 된다는 이 기막힌 사건은 영화 전체에서 대단원을 제외하고는 가장 큰 사건이고 영화 테마와 직결된 사건일 뿐만 아니라 인물들의 갈등이 최고점에 다다른 극의 클라이맥스이다.

그런데 극 전체에서 차지하는 사건의 비중과 무게에 비해 이에 대한 표현은 너무나 미온적이고 미미하다. 그래서 반극적이다. 반극적이기 때문에 설득력 또한 없다. 유봉이 아버지로서 딸의 눈을 멀게 한다는 행위를 놓고 겪는 심한 동요와 내적 갈등이 있을 법하고 송화가 시력을 잃어 가는 과정에서 동반되는 인간적인 절규와 몸부림이 또한 당연히 삽입될 만하다. 이러한 두 인물에 대한 내적, 심적 갈등 묘사 없이 어떻게 이 비극적인 사건이 비극적으로 가슴에 와 닿을 수 있는가. 그리고 아버지가 딸의 눈을 멀게 한다는 설정은 결코 평범한 상황은 아니다. 보통 사람이라면 상상도 할 수 없을 정도의 끔찍하고 기이한 상황이다.

그렇지만 어떻게 보면 영화에서 불가능이란 있을 수 없다고 반박할 수도 있을 것이다. 옳은 얘기이다. 하지만 단, 비현실적인 불가능한 사건이더라도 영화적 현실성을 갖게끔 '그럴 듯함', Plausibility는 확보하고 있어야 한다. 영화 속에서 비현실이 현실로 인정되고 불가능한 것도 가능한 것으로 인식되기 위해서는 최소한의 Plausibility는 확보하고 있어야 한다. 영화라는 상상의 공간에서는 이 '그럴 듯해 보이는 현실성'만 지니고 있으면 모든 것이 가능하다. 그리고 드라마가 '그럴 듯함'을 갖기 위한 전제조건이 극화되어야 한다는 점이다. 영화는 현실과 사실의 모방이지 결코 현실 그 자체는 될 수 없기 때문이다.

그래서 아이러니하게도 영화가 현실과 같은 효과를 지니기 위해서는 오히려 어느 정도 과장된 극적 요소가 필요하다. 일상생활은 극적이지 않지만 영화가 현실과 동일하게 표현되어서는 오히려 현실감이 결여돼 보인다. 따라서 드라마가 되기 위해서는 인물과 사건이 필요하고 인물과 사건은 반드시 극화돼야 한다. 극화되지 않고서는 드라마라고 얘기할 수 없다.

『서편제』에서 송화가 눈이 멀게 되는 과정은 극화되지 못했다. 인물의 내면갈등과 외부적 반응에 대한 드라마틱한 표현이 삭제되었기 때문이다. 따라서 장님이 된 송화의 신체적 변화는 이성적으로는 감지할 수 있는데 감정적으로는 동화되지 않는 비사실적 부분으로 계속 남는다.

3) 드라마로 형상화되지 않고 설명으로 대단원을 해결한다.

"저 사람이 자네 동생인가"

"네."

"저 사람이 자네 동생인 줄 어떻게 알았나."

"저의 소리가 동생의 북장단을 만났을 때 금방 알아보았지요."

"그런데 왜 아는 체를 안했는가."

"한을 다치고 싶지 않아서 그랬지요.

"무슨 한이 그리 깊길래 한을 풀지도 못하고 헤어졌단 말인가."

"우리는 어젯밤 소리와 북으로 한을 나눴어요."

"어쩐지 임자 소리가 썩 다르더라 했더니만, 자네 소리와 저 사람의 북장단이 어우러졌을 때 서로 몸을 대지 않고서도 서로를 어루만지고 운우지정을 나누는 것 같더라니."

마지막 시퀀스에서 동호가 주막을 떠나는 것을 지켜보면서 송화와 주막 주인이 나누는 대화이다. 이 대화는 송화와 동호의 재회를 '시각적'으로 처리한 앞 장면을 다시 한 번 '서술적'으로 부연하는 기능을 한다. 관객은 재차 설명된 이 대화신을 통해 비로소 송화와 동호가 소리와 북 장단으로 그들의 맺혔던 한을 풀었음을 깨닫게 된다. 이처럼 재차 반복 되어 설명되는 대단원의 이중구조는 가장 안일한 메시지 전달법이면서 동시에 비영화적 표현법이기도 하다.

앞 장면을 재차 설명해야 할 또 하나의 대화장면이 필요하다는 것은 그만큼 동호와 송화의 재회를 시각적으로 처리한 앞 신의 영상 표현력이 미흡했음을 스스로 입증하는 것이다. 바꾸어 말해 송화와 동호의 만남을 보여준 앞 신의 영상표현력이 완전했더라면 이런 대화장면은 불필요했을 것이다. 따라서 이 대화 신은 앞 신이 불충분하기 때문에 덧붙여진 사족에 해당한다.

또한 이처럼 극중인물의 대사를 통한 주제 표출은 현대의 이미지 메이커들이 가장 경계하는 비영화적 표현방식이다. 영화는 오랫동안 문학적 표현을 그대로 차용해 왔다. 그 중 가장 대표적인 방법이 등장인물의 대사를 통해 문학표현을 날 것 그대로 쏟아 놓는 것이다. 영화가 아무리 문학작품을 원작으로 할 경우라도 두 매체의 표현방식은 분명 커다란 차이점을 갖고 있다.

영화와 문학의 표현차이를 구체적으로 생각해 보자. 가령, '양같이 순 한 남자'라는 글귀를 표현한다면 어떻게 할 것인가. 문학적으로는 직유법에 의해 그 의미가 간단명료하게 상정될 수 있지만 영상으로는 단순히 양과 남자의 숏을 몽타주로 연결한다고 해서 양같이 순한 남자의 이미지를 표출할 수는 없다. 영화상에서는 문학처럼 직유적 표현이 그리 간단하지 않기 때문이다. 에이젠슈타인을 비롯한 많은 이미지 메이커들은 이런 은유적이고 비유적인 표현들을 어떻게 영화적으로 형상화할 것인가를 오랫동안 고심해 왔다. 이 직유적 표현을 영상적으로 표현하기 위해서는 적어도 그 사람의 양같이 순한 성격을 드러낼 만한 몇 개의 장면화가 필수적으로 요구될 것이다.

그런데 오랫동안 가장 손쉽고 안일하게 사용된 방법이 등장인물을 내세워 “저 사람은 양같이 순한 사람이에요.”라고 간단히 대사로 처리해 버리는 것이다. 이것은 등장인물을 내세웠을 뿐 여전히 문학의 범주에서 벗어나지 못한 비영화적 표현법에 머무르고 있다. 인물을 카메라로 찍기만 하면 영화적이라고 생각한다면 뤼미에르식의 원시적 발상과 다를 바 없다. 그럼에도 불구하고 등장인물의 대사를 통한 내용 전달방식은 우리 영화에서 가장 오랫동안 보편적으로 사용돼 온 방식이고 그래서 우리 영화가 극복해야 할 고질적 병폐이기도 하다.

『서편제』의 대단원에서 송화와 주막주인이 나눈 대화들도 이와 동일한 경우이다. 영상과 이미지로 또는 인물의 극적 행동으로 충분히 내용을 시각화시킬 수 있는 대목인데도 전혀 비영화적인 문학표현과 내면대사가 거침없이 쏟아져 나온다. 우리는 문학에서 벗어나서 영상으로 말하기를 주장하는 뉴벨 이마쥬의 영상시대와 동 시대를 호흡하고 있다. 그러면서도 대사를 이용한 메시지 전달의 낙후성을 인식하지 못하다니. 영화의 가장 핵심부분인 대단원을 이런 전근대적 방법으로 처리했으니 어찌 세계적인 국제무대에서 인정받기를 기대할 수 있으랴.

3. 미장센과 영상기교에 대하여

『서편제』가 시대극임에도 불구하고 임 감독의 연출방식은 사실주의적인 기교가 매우 두드러진다. 클로즈 업과 빠른 커팅은 몇 개의 실내 대화장면에서만 제한적으로 사용되었고 대부분의 영상들이 익스트림 롱숏이나 롱숏 그리고 롱테이크로 처리된다. 카메라의 앵글도 우리 자연경관을 멀리서 담은 몇 개의 높은 부감앵글을 제외하고는 극적인 앵글보다는 사실감에 충실한 아이레벨 앵글로 일관되고 있다.

그러면서도 한 영상 내에서 카메라나 앵글의 변화가 거의 없을 정도로 카메라가 고정되어 있는 경우가 많다. 그래서 전반적인 연출기교는 정적인 느낌이 강하다. 보통 롱테이크 장면들에서는 커트 대신에 카메라의 움직임으로 표현하기 때문에 카메라의 움직임과 앵글의 변화가 다양한 것이 일반적인데 『서편제』에서는 롱테이크 장면에서도 카메라의 움직임이 없거나 매우 느린 속도로 움직여서 변화를 거의 의식하기가 힘들다. 결과적으로 임 감독은 이 작품에서도 그의 대다수의 다른 작품에서처럼 사실주의적인 기교를 선호하면서 엄격하고 절제된 연출방식을 유지하고 있다.

그러나 절제된 연출기교가 그 작품전체의 분위기를 지배하는 보편적 방식이더라도 간혹 특정 장면에서 그 장면의 내용이 동적인 영상표현력을 요구한다면 잠시 감독의 개성적인 연출기교에서 탈피, 그 내용에 걸맞은 영상테크닉을 적용해야 할 필요성이 있다. 『서편제』에서도 이런 실례를 확인할 수 있는데 등장인물들간의 복잡한 심리적 긴장감을 표출해야 하는 장면에서는 클로즈 업과 빠른 커팅으로 절제된 사실주의 기교에서 벗어난 리듬감 있는 영상을 구사한다.

뿐만 아니라 대단원과 같은 고조된 극적 분위기가 요구되는 장면에서도 카메라의 움직임이 서서히 빨라지고 앵글의 변화가 커지는 등 동적인 움직임으로 그 장면을 연출한다. 이것이 그 신의 내용에 일치하는 영상표현이 무엇보다도 우선적으로 요구된다는 것을 말해 주고 있고 이를 위해 감독의 개인적 취향의 기교가 잠시 유보된 것임을 알 수 있다. 그리고 이런 변화된 기교의 장면들은 전체적으로 엄격한 스타일에서 하나의 악센트로 부각되는 장점을 지닐 수도 있다.

그런데 『서편제』에서는 그 신의 내용과 소재에 불일치하는 영상표현이 하나 있다. 그것도 감독이 꽤나 심혈을 기울인 장면인 것 같은데 서사내용과 영상표현과의 상관관계가 고려되어 있지 않다. 바로 주인공들이 진도아리랑을 부르는 언덕길 장면이다. 이 신은 카메라가 고정된 채 5분이 넘는 롱테이크로 찍혔다고 해서 우리 영화 역사에 길이 남을 경이적인 장면으로 평가받는다.

그러나 내용에 걸맞은 영상문법이라는 측면에서 볼 때 이 작품에서 가장 실패한 장면이다. 5분 동안 전혀 카메라의 움직임이 없으면서 오랫동안 롱숏(익스트림 롱숏)으로 일관하고 있는데 이 신의 내용상 근접 숏 먼거리 숏의 역동적인 카메라 움직임으로 처리됐어야 했다.

임 감독은 이 장면에서의 주인공은 '소리'라고 밝힌 바 있다. 그리고 주인공 '소리'의 흥겨움을 효과적으로 전해 주기 위해 소리의 매개체인 배우들이 한층 흥을 돋우는 내용이다. 임 감독이 이 신에서 의도한 대로 관객이 소리를 제대로 음미하도록 유도하기 위해서는 주인공들의 흥겨움을 보는 이도 비슷하게 체험해야 한다. 관객들도 주인공들처럼 신명이 나도록 스크린에 밀착돼 있어야 한다는 얘기다.

보는 이가 그 신의 상황에 동화되어 공감대를 지녀야 소리의 흥겨움도 깨달을 수 있을 것이고 비로소 소리를 제대로 인식할 수 있게 된다. 관객과 스크린이 혼연일체가 되어 소리의 흥겨움을 공유한다는 것, 이것이 바로 이 신의 목적이자 핵심이다. 이 목적을 달성하기 위해서는 이 장면에 대한 관객의 감정이입이 무엇보다 중요하고 모든 것이 이것에 집중되어야만 한다. 그러기 위해서는 감정이입의 효과를 살리는 클로즈 업의 사용이 필수적인 조건이다.

카메라와 찍혀진 피사체와의 거리가 멀수록(익스트림 롱숏쪽으로 가까워질수록) 관객과 스크린과의 심리적 거리감은 멀어지고 카메라와 피사체가 가까울수록 관객은 등장인물에 쉽게 동화된다는 것은 영상문법의 기본정석이다. 따라서 클로즈 업과 같은 타이트한 프레밍으로 배우들의 신명나는 모습의 표정연기를 섬세하게 포착하는 영상이 롱숏과 함께 삽입되어야만 했다. 그랬을 때 관객도 비로소 인물들과 같은 감정을 공유할 수 있게 되는 것이다.

그러나 『서편제』의 진도아리랑 장면에서처럼 오랫동안 익스트림 롱숏과 롱숏으로는 감정이입의 효과를 얻을 수 없다.(마지막 단계에서의 미디엄 숏으로는 부족하다.) 익스트림 롱숏의 거리만큼이나 보는 이의 마음도 소리와 등장인물로부터 멀리 떨어져 있기 때문이다. 그래서 스크린에서 주인공들은 한껏 흥겨운데 정작 보는 이는 전혀 흥겹지도 신명이 나지도 않고 그저 지루

하고 고정된 카메라 때문에 답답증만 느낀다. 마치 보는 이는 전혀 슬프지 않는데 영상 속의 배우들만 눈물을 펑펑 흘리는 장면을 보는 것과 똑같이 우스꽝스런 상황이다.

더구나 소리를 그 장면의 중심에 놓기 위해 인물들을 롱숏으로 잡아서 소리를 부각시키려고 했다는 감독의 연출의도는 더욱 납득이 가지 않는다. 영화 속의 사운드는 항상 영상과의 연관 속에서만 그 의미를 획득할 수 있다는 기본원리를 망각한 연출의도가 아닐 수가 없다. 영화 속의 사운드는 독립적인 요소로 존재할 수 없다. 만약 사운드가 독립적인 요소로 분리된다면 그때는 이미 영화사운드가 아닌 다른 장르인 음악의 영역에 속하는 것이기 때문이다.

영화 속의 음악과 영상은 일종의 비례관계로 묶여 있다. 따라서 진도 아리랑 신에서 소리가 중심이 되기 위해서는 소리의 전달자인 주인공들이 더욱 강조되고 부각되어야만 한다.

그러므로 당연히 소리의 강조는 소리를 부르고 있는 인물들에 대한 강조로 이어져야 하고 심리전달과 감정이입에 알맞은 클로즈 업 등으로 표현해야 했을 것이다. 게다가 이 신의 소리는 사실성마저 결여돼 있다. 카메라에서 연기자들의 거리가 멀고 가까운 것에 상관없이 판소리 음향의 크기는 항상 똑같은 크기를 유지한다. 연기자들의 거리에 따라 음향이 조절되는 것이 지극히 자연스런 일이 아니었을까.

하지만 이 장면에서 롱테이크 기법이 부적절했다고 얘기하는 것은 결코 아니다. 소리의 맥을 단절시키지 않고 그대로 이어 준다는 동양적 특성에 알맞게 롱테이크는 매우 유효적절하다. 그러나 흥겨움이라는 극적 분위기상, 또한 흥겨움의 일체감으로 묶인 주인공물의 심리 표현상 카메라가 당겨지고 멀어지는 역동적인 움직임이 필요하다는 것이다. 왜 우리 감독들은 정지된 상태에서의 롱테이크만을 고집하는지 얼른 납득이 가질 않는다. 롱테이크는 고정되어야 한다는 것도 일종의 고정관념이다.

최근 들어서는 카메라가 역동적이면서도 다양하게 변화하는 롱테이크의 실례들은 우리 주변에서 얼마든지 발견할 수 있다.(『플레이어』의 첫 장면에서의 8분여간의 롱테이크, 『좋은 친구들』 카페신에서의 롱테이크, 『400번의 구타』 마지막 장면에서의 롱테이크 등) 끊어지지 않으면서도 유연한 카메라의 움직임으로 장면의 리듬과 흥쾌함을 살려 주는 롱테이크의 사용이 절실히 요구된 장면이었다.

『서편제』가 전체적으로 절제된 연출 방식으로 구성되었더라도 진도아리랑 신의 특성상 섬세한 상황 표현에 걸맞은 롱테이크이면서 동적인 카메라 움직임으로 배우들의 흥겨움에 관객이 동참하게끔 감정이입의 효과를 노렸어야 했다. 먼 거리에서의 고정된 카메라로는 가락의 흥겨움을 전달하기에는 미흡하고 그 장면의 내용에 맞지 않는 이질적인 형식으로 장면구성을 한 것이나 다름없다.

흥겨움에 대한 표현으로 고정된 정적 카메라의 사용이라니. 가장 기본적 전제인 서사내용에 부합한 영상 스타일, 이것을 간과한 결과라 할 수 있다. 그런데도 내용과 스타일이 일치하지 않는 이 장면에 대한 격찬에 격찬은 웬말인가. 그 격찬의 주요 이유는 롱테이크가 이례적으로 긴 5분이라는 시간에 집중되어 있는 듯하다. 롱테이크가 5분이 아니라 30분, 아니 한시간 이상이 되더라도 그 신의 소재에 걸맞지 않는 영상기교가 무슨 의미가 있는가. 이런 식의 '기교'만을 의식한 '기교'의 선택은 무의미한 것이다.

4. 맺음말

『서편제』를 100만이 보았다. 극장 안이 장, 노년층의 어른들로 붐비는 광경은 실로 몇 십 년만에 보는 진풍경이 아닐 수 없다. 『서편제』였기에 이것이 가능했다. 영화 덕분에 우리 문화계에는 한때 판소리 붐이 일었다고 한다. 우리 가락과 전통의 맥을 잇는데 『서편제』가 원동력이 된 것이다. 『서편제』의 이러한 공헌은 우리 영화에 대한 흔치 않은 자부심을 갖게 한다.

그러나 이러한 점만으로 자족한다면 우리 영화는 너무 작은 성취에 안주하는 것이다. 성취한 것보다는 그렇지 못한 것을 직시해서 개선할 때 비로소 내일의 발전을 기대할 수 있다. 더구나 흥행성공만을 놓고 만족한다면 그건 더욱 위험스러운 일이다. 영화를 평가하는 데 있어서 흥행이라는 변수는 결코 신뢰할 수 없는 요소이기 때문이다. 작품의 완성도와는 별도로 『서편제』는 흥행에 성공할 요인을 충분히 지니고 있었다. 같은 정서와 뿌리를 갖고 있는 우리 국민에게는 영화수준이 평균 이하만 아니라면 판소리 하나만으로도 감동을 안겨 줄 수 있다.

특히 장, 노년층에게는 더욱 그럴 수밖에 없다. 게다가 잃어버린 우리 것을 되찾자는 의식이 한층 팽배한 시기이다. 홍보전략 또한 『서편제』의 표몰이에 절대적인 몫을 했다. 흥행에는 작품외적인 여러 변수가 작용하는 것이고 『서편제』의 흥행성공도 같은 맥락에서 생각할 수 있다.

『서편제』로 거장으로 인정받는 임 감독은 '느낌'으로 영화를 만든다고 한다. 영화란 느끼면 되지 논리로 분석하려는 것 자체가 어리석은 일이 라는 게 그의 지론이다. 그러나 이러한 관점은 어디까지나 영화를 보는 입장에서는 옳은 이야기지만 영화를 만드는 이에게는 해당되지 않는 논리이다. 보는 이가 무엇을 느끼게 만들기 위해서는 만드는 이는 과학자 이상으로 분석적, 논리적, 합리적이어야 한다. 만약 영화에서 기쁨을 느끼게 하고 싶다면 이에 대한 철저한 계산과 분석으로 기쁨을 창출해야 한다. 이 기쁨은 그저 자연발생적으로 생겨나는 것이 아니고 감독이 모든 표현력을 동원해서 인위적으로 만들어 내야 하기 때문에 피해 갈 수 없는 과정이다

이 점은 모든 창작인에게 공통된 것이다. 우리는 시나 소설을 읽을 때 음악을 듣거나 회화를 볼 때 평소에 막연히 느꼈던 느낌을 정확히 포착해서 섬세하게 재현해 놓은 걸 대할 때가 종종 있다. 세인들이 막연히 느꼈던 모호한 순간들을 글로 그림으로 붙잡아 두기 위해 시인과 화가는 얼마나 고심하며 끊임없이 분석하였겠는가.

마지막으로 창작인은 사소한 모든 것에 철두철미하고 완벽해야 함을 다시 강조하고 싶다. 완벽성이 느슨해지면 사소한 실수들이 도처에서 발견된다. 60년대를 배경으로 한 『서편제』의 기차역 신에서 새마을호의 출현은 웬말이며 70년대에는 있지도 않던 회사인 DAEWOO 마크가 찍힌 버스가

정면으로 등장했다 사라지고, 같은 복장의 엑스트라가 여러 다른 장면에서 연이어서 등장하는 실수들은 임 감독과 같은 노련한 감독의 작품에서는 결코 발견되어서는 안 되는 낯 뜨거운 안일함이다.

[출처] 서인숙, 「미학적 분석비평의 실제-서편제」, 『영화 비평의 이론과 실제』, 집문당, 1996, 106~176쪽.

렛미인

고 동 욱

공포, 드라마 | 2008. 11. 13 | 114분 | 스웨덴 | 15세 관람가
감독 : 토마스 알프레드슨 | 출연 : 카레 헤데브란트, 리나 레안데르손

INTRO

화사한 금발에 새하얀 피부, 거기다 연약해 보이는 체구의 12살 오스칼(카레 헤데브란트 분)은 학교에서 심한 왕따를 당한다. 그렇게 괴롭힘에 지치고 무감각해질 때 옆집에 신비로운 소녀 이엘리(리나 레안데르손 분)가 이사 온다. 칙칙한 흑발에 어두운 피부, 거기다 쓰러지지 않는 강인함을 갖춘 12살 남짓의 소녀 이엘리는 오스칼과의 공통분모라곤 하나도 찾아볼 수 없지만 서로는 점점 서로에게 마음을 열어가기 시작한다. 하지만 이엘리가 온 이후 일어나는 마을의 살인 사건 속에서 오스칼은 이엘리가 뱀파이어라는 사실을 알게 되는데…….

매혹적이고 아름다운 영화. 사방이 눈으로 가득한 나라 스웨덴에서 탄생한 이 영화는 눈처럼 살포시 다가와 조용히 속삭인다, '렛미인'이라고. 〈렛

미인〉은 요즘의 뱀파이어 영화(예를 들어 〈언더월드〉, 〈블레이드〉와 같은)와는 확연한 차이를 보인다. 화려한 컴퓨터 그래픽도 액션도 음악도 없고 단순히 소년 소녀의 사랑이야기만 존재한다. 영화에 불필요한 요소들을 과감히 지우고 남은 사랑이라는 결정은 폭발소리와 자극적인 영상에 지쳐 있던 관객들에게 원초적이고 강렬한 인상을 남기며 가슴속에 틀어박힌다.

오스칼과 이엘리, 아름다운 그만의 사랑

영화의 두 주인공인 오스칼과 이엘리는 동전의 앞, 뒷면과 같다. 머리카락 색부터 성격까지 서로 어떤 공통분모도 찾을 수 없기 때문이다. 그럼에도 불구하고 이 둘은 서로가 하나라는 것을 인식하며 격렬한 그리고 조용한 사랑을 꿈꾼다. 이엘리는 오스칼 내면의 폭력성이 구체화되어 나타난 것이었고 오스칼은 그런 자신의 모습을 사랑한 것이다. 이엘리가 오스칼의 분신임을 나타내는 장면은 영화의 초반부와 후반부에 각각 한 시퀀스씩 등장한다. 먼저 오스칼이 이엘리에게 루빅큐브를 건네주고 이엘리가 그 루빅큐브를 하룻밤 사이에 맞추어 내는 장면까지가 그 첫 번째 시퀀스다. 루빅큐브는 퍼즐이다. 그리고 오스칼과 이엘리에게 퍼즐은 서로의 마음이다. 즉, 루빅큐브를 맞추는 행위는 서로의 마음을 맞추는 행위인 셈이다. 오스칼은 루빅큐브를 만지작거리지만 그는 끝내 맞추지 못한다. 이엘리가 뱀파이어라는 것도 몰랐던 그가 이엘리의 마음을 알 수 있을 리 만무하기 때문이다. 하지만 이엘리의 손으로 넘겨진 루비큐브는 다음날 완벽하게 맞춰진 상태로 발견된다. 그녀는 그의 분신이었고 그녀 자신도 이 사실을 알고 있었기 때문에 그의 마음을 아는 것이 가능했던 것이다. 두 번째로는 이엘리가 오스칼의 집안으로 들어오는 시퀀스인데, 이 시퀀스에선 루빅큐브와 같은 간접적인 전달이 아니라 이엘리의 직접적인 말 한마디에 나타난다. '나는 너야'라고 고백하는 이엘리의 모습은 그녀가 오스칼의 분신임을 확실하게 보여준다. 어쨌든 오스칼은 자신의 내면에 잠재되어 있던(표출되기도 하지만) 폭력성을 이엘리라는 흡혈귀로 만들어낸다. 이렇게 만들어진 흡혈귀는 오스칼에게 '폭력'을 강요한다. 오스칼은 서서히 자신의 분신과 사랑에 빠지게 되고 그는 내재되어 있던 폭력을 다른 사람에게 표출하기에 이른다.

〈렛미인〉의 장르, 뱀파이어 or 로맨스?

〈렛미인〉은 과연 뱀파이어 영화인가? 이엘리의 원초적 본능, 그리고 오스칼의 순수한 사랑에 매료된 관객이라면 이 질문에 대한 답을 내리기가 쉽지는 않을 것이다. 분명 이엘리는 사람들의 피를 마시며 살아가는 뱀파이어이지만 오스칼과 이엘리의 사랑을 보고 있노라면 영화는 뱀파이어 영화라기보다는 로맨스 영화로 다가온다. 원인은 할리우드의 뱀파이어 영화에 익숙해져 버린 관객들에게 있다. 〈렛미인〉에는 충분히 뱀파이어 영화라는 증거들이 존재한다. 영화의 유일한 뱀파이어인 이엘리는 피를 갈망하고 빛에 노출되어선 안 되며 인간보다 민첩하고 강하다. 다른 말로 표현하자면 이엘리는 지극히 평범한 뱀파이어일 뿐이며 〈렛미인〉 역시 지극히 평범한 뱀파이어 영화일 뿐이다. 하지만 화려한 CG와 뱀파이어 특유의 초능력 등 할리우드적인 뱀파이어가 익숙한 관객들은 평범한 뱀파이어인 이엘리가 평범해 보이지 않는 것이다. 어딘지 모르게 불안정해 보이며 초대를 받지 못하면 피를 쏟아내는 이엘리의 모습에서 관객들은 이엘리를 '진짜' 뱀파이어가 아닌 한 마리의 야수로 인식한다. 뱀파이어가 한 마리의 야수로 전락해 버린 시점에서 더 이상 〈렛미인〉은 뱀파이어 영화로서의 의미를 지니지 않는다.

OUTRO

이 영화에서 주목해야 할 점은 〈렛미인〉의 본래의 의미, 즉 뱀파이어 영화로서의 의미를 잃게 되더라도 그 가치는 변하지 않는다는 점이다. 오히려 이엘리가 뱀파이어가 아닌 한 마리의 야수로 인식되었을 때, 오스칼과 이엘리의 원초적 사랑은 더 빛나 보인다. 이엘리가 뱀파이어라는 사실은 단지 그녀의 폭력성을 정당화시키는 수단에 불과하기 때문이다. 결론적으로 〈렛미인〉은 뱀파이어 영화로서의 가치를 잃은 것이 아니라 뱀파이어 영화로서의 가치를 뛰어넘은 것이다.

[출처] 고동욱, 「렛미인」, 『Young Boy, 영화를 話하다』, 푸른생각, 2009, 191~185쪽.

쇼생크 탈출

정 인 성

감독 | 프랭크 다라본트(Frank Darabont)

원작 | 스티븐 킹(Stephen King)

출연 | 팀 로빈스(Tim Robbins), 모건 프리먼(Morgan Freeman), 밥 건튼(Bob Gunton)

음악 | 토머스 뉴먼(Thomas Newman)

제작 | 미국(1994)

감옥이 제도의 일부인 현대 사회에서는 그곳에 들어간다는 것 자체가 본인의 자유 의지와는 전혀 상관없이 사회 규범과 상식이 만든 법의 판단 여하에 달려 있다. 그리고 사회에서 격리된 감옥이라는 틀 안에는 모든 인간 사회가 그렇듯 그들만의 또 다른 사회가 만들어져 있다.

영화 〈쇼생크 탈출〉은 개인의 자유가 빼앗기고 가치가 판단된 울타리 안에서 겪어야 하는 육체와 심리의 고통을 그려내는 동시에, 그 곳 또한 사람들이 살고 있다는 사실을 깨우치며 혼자가 아니기에 생기는 여러 가지 문제에 대처하고 스스로 자존을 지켜가는 투쟁을 이야기한다.

촉망받는 은행원 앤디는 부정을 저지른 아내를 살해했다는 누명을 쓰고 악질범들만 갇혀 있는 쇼생크로 이송된다. 그곳에서 앤디는 잔인한 간수들과 소장, 인간의 존엄성을 상실한 죄수들에게 말할 수 없는 고통을 당하지만 희망을 놓지 않는다. 결국 쇼생크에 적응하기로 한 앤디는 간수들과 소장의 절세를 도우며 그들의 신임을 얻고, 급기야 소장의 부정 축재 자금을 세탁, 관리하는 역할을 담당하게 된다. 그러나 이 모든 것은 탈출을 위한 계획이었다. 폭풍우 치는 어느 날 밤 앤디는 20년 동안 차근히 준비해온 탈출에 성공한다. 그리고 그동안 가명 계좌로 모아둔 소장의 돈을 모두 찾아 자유가 숨 쉬는 곳으로 떠난다.

원작은 공포 소설의 대가 스티븐 킹의 베스트셀러 『사계절(Different Seasons)』에 수록된 『리타 헤이워드와 쇼생크 탈출(Rita Hayworth And The Shawshank Redemption)』이다. 리타 헤이워드는 앤디가 파놓은 굴을 감추기 위해 붙여둔 포스터 속 배우다. 영화 속에서 이 포스터를 구해준 인물 레드는 무기형을 선고받고 수감 중인 죄수로, 갇힌다는 의미를 몸소 보여주는 인물이다. 가석방되고 싶지만 정해진 틀을 벗어나 자유를 되찾는 것에 대한 두려움을 지니고 있다. 이같이 길들여진다는 것의 의미는, 가석방되지만 결국 스스로를 가누지 못해 자살하고 마는 또 다른 인물 브룩스를 통해서도 나타나 있다. 누구나 자유를 원하지만 주어진 자유에 적응할 수 없는 비극이 존재하고 그것은 모두 사회의 냉담한 분리주의 사고와 인간성의 상실에서 빚어진다는 것을 말하고 있다.

앤디는 주정부에 줄기차게 편지를 보내 교도소 내에 도서관을 만들고 기증받은 도서를 정리하여 수감자들에게 인간성을 되찾아 주려 노력한다. 이러한 와중에 보는 이의 가슴을 뭉클하게 하는 장면이 펼쳐진다. 기증받은 도서 더미에 들어 있는 레코드판을 교도소 내 스피커에 연결해 모든 사람들이 듣도록 크게 트는 것이다. 그 때 울려 퍼지는 노래는 모차르트의 오페라 「피가로의 결혼(Le Nozze di Figaro) 중 "저녁 바람이 부드럽게(Sull' aria… Che soave zeffiretto)"」. 「편지의 이중창」이라고도 불리는 이 아리아가 퍼지자 모든 수감자들은 하던 일을 멈추고 멍하니 그 아름다운 선율에 귀를 기울인다. 인간으로서 지니는 존엄과 가치, 회복이 스며드는 과정이다. 음악이 선사하는 치유력과 회복력을 잔잔하게, 그러나 너무도 강렬하게 보여주는 이 장면은 혼자가 아니라 그곳에 있는 모든 이들이 함께 듣는다는 점에 초점을 맞추어 동질감 형성이 드러내는 감동을 나타낸다. 삭막한 곳에서 잃어버린 인간 가치가 노래 한 곡으로 회복되며 그것을 같이 느낄 수 있다는 것이 얼마나 대단한 일인가, 즉 자유가 공유될 때 발생하는 따뜻함을 보여준다고 할 수 있다.

모차르트의 오페라 〈피가로의 결혼〉은 프랑스의 극작가 보마르셰(Pierre-Augustin Caron de Beaumarchais)의 희곡을 원작으로, 대본 작가 다폰테(Lorenzo da Ponte)가 쓴 이탈리아어 대본을 기초로 작곡된 작품이다. 로시니(Gioacchino Rossini)의 오페라로 널리 알려진 〈세빌리아의 이발사(Le Barbier de Seville)〉 속편에 해당하는 작품으로 등장인물 또한 동일하다. 재기 넘치는 이발사 피가로가 바람둥이 백작 알마비바를 물리치고 약혼녀 수잔나와 결혼에 성공한다는 줄거리로 당시 프랑스 특권층의 부패와 타락을 신랄하게 풍자한 작품이다. 영화에 등장하는 아리아 「저녁 바람은 부드럽게」는 3막에서 수잔나와 백작 부인이 부르는 이중창이다.

〈쇼생크탈출〉은 개봉 당시 각종 매체에서 찬사를 받았지만, 안타깝게도 7개 부문에 올라간 아카데미에서는 단 한 부문도 수상하지 못했다.

※ 사운드트랙

「The Shawshank Redemption」(Sony)

사운드트랙을 담당한 토머스 뉴먼의 오리지널 스코어와 함께, 영화 속에 흐르던 「피가로의 결혼」 아리아가 명반으로 알려진 칼 뵘, 베를린 도이치 오페라 합창단과 관현악단 연주로 삽입되어 있다.

※ 추천 음반

볼프강 아마데우스 모차르트(Wolfgang Amadeus Mozart)

피가로의 결혼(Le Nozze di Figaro)

가수 | 헤르만 프라이(Hermann Prey), 디트리히 피셔-디스카우(Dietrich Fischer-

Dieskau), 군둘라 야노비츠(Gundula Janowitz), 에디트 마티스(Edith Mathis)

지휘 | 칼 뵘(Karl Bohm)

악단 | 베를린 도이치 오페라 관현악단과 합창단(Chor und Orchester der Deutschen Oper Berlin)

DG | 1449 728-2, 423 115-2(Highlight)

「피가로의 결혼」은 오페라 부파 Opera Buffa의 대표작으로, 오페라 부파란 정가극으로 불리는 오페라 세리아 Opera Seria와는 달리 가볍고 익살스러운 희극을 말한다. 이 작품 역시 등장인물들의 다채롭고 유머스런 이야기가 흥미진진하게 펼쳐지지만, 당시 귀족층에 대한 따가운 시선이 그대로 드러나 있다.

극중에서 백작이 피가로의 약혼녀 수잔나에게 초야권을 주장하는 어처구니없는 일이 결코 웃어넘길 극중 상황이 아니었던 것이다. 실제로 「피가로의 결혼」이 발표된 지 얼마 지나지 않아 프랑스 혁명이 일어났다.

이 유쾌하고 재미난 오페라가 지닌 오락성과 작품성을 동시에 만족시키는 대표 명언으로 오래전부터 자리하고 있는 앨범이 이것이다. 모차르트 스페셜리스트 중 한 사람인 칼 뵘이, 디트리히 피셔-디스카우, 헤르만 프라이, 군둘라 야노비츠, 에디트 마티스 등 당대 초호화급 가수들을 거느리고 극의 성격을 유감없이 들추어내며 관례처럼 삭제되었던 부분까지 그대로 담아냈다.

[출처] 정인성, 「쇼생크 탈출」, 『영화, 클래식을 만나다』, 마로니에북스, 2009, 111~116쪽.

트라우마의 증명사진

-다이안 아버스의 〈갤러리 오프닝에 온 네 사람〉의 정신분석학적 읽기-

황 록 주

1. 문제 없음의 문제

단정한 양복에 보타이를 맨 세 명의 신사와 몸매가 드러나는 드레스에 한껏 부풀린 머리, 화려한 목걸이를 한 한 명의 숙녀가 서로 칵테일 잔을 들고서 담소를 나누고 있다. 어디선가 한 번은 만난 적이 있었음직한, 혹은 그들이 서로 초면이라 하더라도 그리 어색할 것은 없다. 서로에 대한 확인이 깍듯한 미국 사회에서는 그런 첫 인사를 무엇보다도 정중히 치르고 사람들은 여간해서 제 속내를 쉽게 보여주지 않으니 그들이 초면인지 구면인지 무슨 상관이던가. 서로 아는 사이라면 근황은 어떤지, 사업은 잘 되어가는지에 대해 물어보고 있을 수도 있고, 또 그렇지 않다면 장소가 장소이니만큼 전시회의 작품이 어떠한지에 대해 이런저런 짧은 평들을 건네며 이야기를 나누고 있는 장면일 것이다.

사람들은 시종일관 입가에 미소를 잃지 않으려 애쓰고 있고, 특히 꼬리가 살짝 올라가 있는 여인의 꼭 다문 입술은 대단히, 매우 대단히 사교적이다. 이들에게 그리 문제가 될 것은 없어 보인다. 작품은 폭력적이지도 않고, 괴기스럽거나 눈살을 찌푸리게 할 만큼 지저분한 것도 말끔히 치워 버렸다.

말하자면 평온하다. 지극히 평범하기까지 하다. 그런데, 그런데, 왜 작가는 이 아무런 문제도 없는 장면을 굳이 찍었을까? 굳이 왜 이 장면을 카메라에 담아야 했던 것일까? 아무 문제도 없어 보이는 한 장의 사진이 돌연 내게 문제를 일으켰다. 평온함, 이 지나친 평온함과 평범함이 문제다.

다이안 아버스의 작품은 특색이 강한 만큼 비교적 많은 사람들에게 알려져 있다. 현대 사진계에서 빼놓을 수 없는 신디 셔먼 역시 다이안 아버스의 철저한 영향 하에 있었다고 밝혀져 있고 뉴 다큐멘터리라고 불리는 수많은 작품들 역시 다이안 아버스의 세례를 톡톡히 받았으니, 그녀의 작품은 최근의 사진 작품들에게 거의 어머니 역할을 해주고 있는 셈이다. 물론 여러 방면에서 언급되는 그녀의 사진들은 대부분은 지금껏 많이 논의되어 온 기형인이나 쌍둥이, 동성애자, 반은 남자고 반은 여자로 태어난 양성인 등을 다룬 작품들이다. 작품의 소재를, 혹은 그 소재에서 나오는 주제의 대부분을 사람들이 그리 달갑게 여기지 않는 것으로 채택했기 때문에 거북하고, 그렇지만 동시에 매력적이었던 아버스의 작품에 대해 말하는 것은 그래서 어쩌면 대단히 새삼스러운 일이다. 그러나 그녀의 작품집(Diane Arbus: An Apeture Monograpb, Millerton, NY, Aperture, 1972)에 들어가 있는 한 장의 사진이 내 눈길을 끈다. 도통 문제라고는 될 것이 없는 한 장의 사진이, 지나치게 평범하고도 밋밋한 사진 한 장이, 사지(四肢)도 정신도 멀쩡해 보이는 사람들이 찍힌 사진 한 장이 내 시선을 꼭 묶어두고 있다. 문제가 없다는 사실 자체가 문제로 오는 이 상황을 풀어내는 것이 이제 나의 과제가 되었다.

2. 빗나간 시선

그러나 자세히 살펴보면, 여기에 문제될 만한 것이 반드시 없는 것만은 아니다. 사진에 담겨 있는 대상 자체에는 별로 흠잡을 것이 없지만, 찬찬히 들여다보면 어느 순간 우리는 그 대상들, 즉 사진에 등장하고 있는 인물들의 시선이 교묘히 빗나가고 있다는 사실을 알아챌 수 있다. 화기애애하게 이야기를 나누고 있는 것 같은 사람들이 그 이야기를 주고받는 상대를 쳐다보는 것이 아니라 그들 너머의 무언가에게로 계속해서 시선을 넘겨주고 있는 것이다. 좀 복잡하긴 하지만 풀어 써보자면, 왼쪽에 서 있는 남자와 여자의 눈길은 맞은편 두 남자의 사이로 빠져나가면서 그들 뒤를 향하고 있고, 오른쪽에 있는 사람 중 뒤쪽에 서있는 사람의 시선은 맞은편 여자의 왼편 뒤로, 앞쪽에 서 있는 사람의 시야는 맞은편의 두 사람 사이로 넓혀져 있다. 마주하는 상대를 쳐다보아 주는 것, 그것이 지금도 유효한 '관계'의 출발점이라면 이 작품에 드러난 사람들은 전혀 그렇지가 않은 것이다. 아니, 한 때는 그랬더라도 사진이 찍힌 그 순간만큼은 아니다.

관계라는 것은 하나와 또 다른 하나가 만났을 때 맺어진다. 그리고 이때 모든 관계의 가장 이상적인 형태는 대상과 나의 구분이 없어지는 경험을 하는 것, 즉 동일시를 경험하는 것이다. 정신분석학자인 라깡(Jacques Lacan)은 그러나 이러한 동일시가 실제로 일어나는 법은 없다고 말한다. 그것은 그저 상상을 통해서만 가능할 뿐이다. 그의 설명에 따르면 어머니와 떨어진다는 사실은 언제나 우리에게 원초적인 결핍으로 남아있고, 그 이후부터 우리는 세상에는 나와 나 아닌 것이 존재한다는 사실을 깨닫게 된다. 그러니 나는 언제나 불완전한 존재이고, 그 결핍의 부분을 채우기 위해 욕망이 생겨나게 되는 것이다. 그러나 욕망의 대상이 되는 타자 역시 나처럼 결여를 가진 존재임을 알게 되면, 그것이 절대로 채워지지 아니할 욕망임을 깨닫게 된다. 이제 모든 만족은 상상적으로만 우리에게 올 수 있는 것이다 완전한 만족은 없다. 그리고 완전한 관계도 없다.[1)]

자신이 발견하게 된 사람들에게 직접 사진 모델을 부탁하면서 사진을 찍는 아버스의 작업 방식대로라면 물론 그녀가 "자 찍습니다"라고 말하기 전에 아버스의 부탁대로 아마 사람들이 나름대로 포즈를 취해 주었을 것이다.

---

1) 라깡은 나와 타자의 동일시가 가능한 공간을 상상계, 그리고 그것이 원초적 결핍으로 인해 불가능함을 깨닫는 공간을 상징계라고 하였다. 페터 비트머, 홍준기, 이승미 역, ≪욕망의 전복≫, 한울아카데미, 1998, pp.39~42.

그러나 사진을 찍는 순간, 즉 스트로보가 터지는 순간에 우리는 아무 것도 볼 수가 없다는, 그것이 스트로보가 가지는 매우 흥미로운 점이라는 아버스의 언급[2]은 아무리 작가가 의도한다고 하더라도 그것이 항상 빗나가게 되어 있음을 인정해야 한다는 것을 의미한다.

작가의 의도도 엇나가고 피사체인 사람들의 시선도 엇나가 있다. 그 욕망의 시선이 빗나가고 있다. 물론 아버스가 그 엇나가는 시선 자체를 의도했을 수도 있다. 그러나 이들의 시선이 서로를 비껴가고 있다는 것은 한 장의 사진을 하나의 작은 세계라고 보았을 때, 관계라는 것은 언제나 고정된 자리 없이 부유하는 것이라는 사실을 아버스는 말하고 싶어 했을지도 모른다. 그렇게 한 발짝씩 떨어져 있는 의미들을 아버스는 쫓아가고 있었던 것이다.

그래서 이것은 대단히 낯선 풍경이다. 흉측한 대상을 담아놓은 것도 아닌데, 이 작품은 우리에게 기묘한 불안함을 선사한다. 기형인이나 동성애자 등의 일반적으로 정상으로 여겨지지 않는 대상을 다룰 때는 그렇게도 정면을 고집하던 아버스가 유독 정상적인 인물을 다룬 이 작품에서는 의도적으로 정상적인 관계를 피하면서 대상을 측면에서 바라보고 있는 것이다.

이것은 무엇을 의미하는가. 우리가 보고 싶어 하는 것은 언제나 그 대상 너머로 달아나 있고, 그것을 붙잡으려면 우리는 기껏해야 상상력을 발동해야만 하는 슬픈 현실이 그녀로 하여금 정상적인 피사체의 고개를 돌리게 만들었던 것이다. 아버스는 물론 그 의도조차 작품으로 현실화되었을 때는 항상 얼마간의 간극이 있다고 말했지만[3], 그 사실 자체가 작품의 표면 위로 올라와 있는 것이다.

우리는 여기서 그녀가 자신의 작품의 대상으로 삼았던 것들을 요약해서 분류해 볼 수 있을 텐데, 그녀가 그토록 애정을 갖고 대했던 대상으로서의 비정상인들은 그녀의 말처럼 외상(外傷), 즉 트라우마(trauma)를 가지고 태어난 사람이고[4], 또 그렇지 않은 정상인들은 일생을 살면서 트라우마를 끊

2) Diane Arbus, Diane Arbus: An Apeture Monograph Millerton, NY, Aperture, 1972, p.9.
3) 위의 책, p.2.

임없이 겪으며 살아가는 사람이다. 여기서 트라우마는 어쩌면 우리가 원초적으로 가지고 있는 결핍, 그로 인한 고통을 설명해주는 말일 수 있다. 결여된 정상성, 그리고 정상으로 살아가되 정상일 수 없는 삶, 그것이 모두 아버스에게는 트라우마인 것이다.

3. 트라우마

상처를 입는다는 것, 트라우마는 단순히 물리적인 것을 뜻하는 말이 아니다. 그것은 영구적으로 정신 장애를 남기는 충격으로 풀이된다. 그러나 우리는 이런 아픔을 평생 끌어안고 살지는 못한다. 그것을 어떤 방식으로든 극복해야 하는 것이다. 아버스 역시 크게 충격이 될 만한 상처를 가지고 있다. 사랑하는 사람과의 이별은 언제나 아픈 일이지만, 그녀에게도 남편과 멀어지게 되는 이별의 순간이 있었던 것이다. 시기적으로 보아도 그녀가 본격적으로 자신의 독자적인 작품 활동을 시작했던 순간이 남편과 멀어지는 시기와 맞닿아 있다.

알려져 있다시피 아버스는 1923년에 태어나 18살이라는 비교적 이른 나이에 결혼을 했다. 그녀의 삶은 앨런 아버스(Allan Arbus)라는 그녀의 남편과 만나게 되면서 변하게 되었는데, 그 변화란, 그녀가 사랑을 하게 되었다는 것을 포함해서 그를 통해 사진을 배우게 되었다는 사실이다. 그녀는 사진에 관한 기술들을 모두 앨런에게서 배웠고, 결혼을 한 뒤로는 함께 스튜디오를 경영하면서 사진을 찍었다. 남편과의 새로운 삶이 시작되기도 했지만, 사진과의 새로운 삶 역시 시작된 것이다. 그러나 그들의 결혼 생활은 끝까지 이어지지 못하고 1959년에는 정식 별거에 들어가게 된다. 이를 전후로 그녀

---

4) "내가 가장 많이 찍은 것은 기형인들이다. 그것은 내가 처음으로 사진을 찍은 대상 중의 하나로 내게는 엄청나게 흥분된 일이었다. 나는 그들을 숭배하곤 했었다. 나는 아직도 그들 중 몇몇을 좋아하고 있다. 그렇다고 그들이 나의 가장 친한 친구라는 의미는 아니지만 그들은 수치심과 경외심을 합쳐놓은 듯한 느낌을 갖게 했다…. 대부분의 사람들은 끔찍한 고통을 당한 뒤 심한 정신적 상처를 입게 된다. 기형인들은 그들의 트라우마(trauma)를 타고난 사람들이다. 기형인들은 이미 이러한 인생의 시험을 통과했다. 삶을 초월한 고귀한 사람들인 것이다." Diane Arbus, 앞의 책, p.3.

는 상업적인 사진이 아니라 자신만의 사진 세계를 갖고 싶어 했고, 앨런은 오래전부터의 꿈이었던 배우가 되기 위해 수업을 받기 시작했다. 둘의 행복한 관계는 어느날 함께 꾸던 일장춘몽으로 판명이 되고, 그들은 각자 자신의 결핍을 발견하게 된 것이다. 그 공백을 메우기 위해 아버스는 열심히 작품 활동을 계속했다. 그리고 그들은 1969년 법적으로 이혼을 하게 된다.

외상, 트라우마는 외부에서 오는 상처이다. 이것은 언제나 가해자가 있다는 뜻이다. 가해자는 누구인가. 타자이다. 더 정확히 말하자면 타자의 욕망이다. 정신분석학은 주체와 타자에 관해, 나와 타인이 구별되지 않았던, 다시 말하자면 모든 것들과 동일시했던 시기에서 벗어나 그것이 동일한 것이 아니며, 스스로 주체가 되어야 한다는 것을 깨닫게 되는 것은 오로지 타자가 있기 때문이라고 이야기하고 있다. 말하자면 타자 없이는 주체도 없다는 것, 즉 타자와 주체는 늘 함께 있다는 것이다. 그러나 동일시의 기쁨은 영원할 수 없다. 나는 나로 일어서기 위해 나 아닌 것을 부정해야 한다. 그러니 그러한 타자를 나의 바깥으로 밀어내는 일에는 고통이 따른다.[5] 나의 것이 아니라고 부정되어야 하는 것, 그래서 나로부터 타자의 자리로 떨어져 나가야 하는 것을 버리는 것은 분명 고통스러운 일이다.[6]

아버스가 자신만의 작업을 시작한 것이 먼저인지, 아니면 그들의 부부 관계가 깨어지기 시작한 것이 먼저인지 정확하게 짚어낼 수는 없지만, 그 두 가지 사건 역시 상호 소통하는 것이라면, 분명히 아버스가 작업을 시작하게 된 것은 자신에게 정신적으로 큰 상처가 되었던 결별이라는 사건을, 그 우울하고 고통스러운 시련을 극복하기 위한 것이었으리라 짐작할 수 있다.

---

5) 아버스는 그녀가 남편인 앨런 아버스와 이혼한 뒤 '슬픈 행복감(sad happy)'을 느꼈다고 한다.

6) 줄리아 크리스테바(Julia Kristeva)는 이 분리의 순간을 임신과 출산을 통해 설명하고 있다. 여기서 그녀의 이론을 다 살펴보기에는 무리가 있지만 간략히 소개해보자면, 원래 한 몸이었던 어머니와 아이가 출산을 통해 분리될 때 아이는 반드시 분리되어야 하는 존재이고 어머니는 그 아이를 밀어내어야 한다. 아이는 그 본래적인 편안함의 공간을 떠나고 싶지 않지만 개별적인 존재로 확고히 서기 위해서는 어머니와 떨어져야만 한다. 내가 나로서 서기 위해서는 타자를 밀어내어야 한다는 것이 태생적으로 우리에게 주어진 비극적 운명의 조건이며, 우리는 그 분리가 고통스럽다. 육체는 그렇게 분리되어 있지 않기에 말할 수 없는 공간, 즉 크리스테바의 용어를 따르자면 기호적 코라(chora)이고, 분리되어 나온 주체는 그렇게 함으로써 비로소 상징적 질서에 편입된다. Kelly Oliver, "The Abject Mother", Reading Kristeva, Bloomington and Indianapolis, Indiana University Press, 1993, pp.48~68 참조.

프로이트(Freud)는 외상적인(traumatic) 사건은 일정한 반복 행위를 통해 상징적인 질서, 즉 혼란을 벗어나 정리되어 있는 단계로 통합된다고 말한다.[7] 말로는 표현하지 못할 과거의 경험, 혹은 현재적인 경험에서 오는 아픔을 스스로 극복할 수 있도록 끊임없이 어떤 행위를 반복해야 한다. 아버스의 작품 활동은 동일시에서 떨어져나간 부분을 애도하는 필연적인 행동이었던 것이다. 그녀는 또 다른 타자들을 찾아다녔고, 그들과의 동일시를 반복하면서 자신의 상처를 극복하려고 애썼다. 동일시를 한다는 것은 주체와 객체 사이의 구분을 없앤다는 것이다. 아버스의 이러한 작품 경향에 대해 이토 도시하루는 다음과 같이 말하고 있다.

……찍는 주체는 머지않아 강렬한 타자성에 의해 흡수되어 버리고 만다. 그것은 사랑을 하고 있는 주체가 체험하는 위기와도 닮은 것이고, "타자와의 연애 상태"의 최후의 막다른 골목이며, 하나의 한계와 경계를 찍는 것이다. 거기에서 주체는 강한 힘으로 타자 속으로 투영되고, 일단 타자를 제거하면 두 번 다시 자신을 받아들일 수도, 돌이킬 수도 없게 되어 버리고 만다. 위태로운 주체의 공황인 것이다. 아버스는 그때 자신의 몸에 무엇이 일어났는가를 이해하고, 사진 표현에 의해서 그것을 떠오르게 하였다. 주체를 완벽하게 해체하는 것 그 자체이다. 그녀의 일련의 사진에서는 궁지에 몰린 자아, 또는 주체가 붕괴해 가는 과정이 그녀의 의도와는 관계없이 영상화되고 있다…….[8]

사진이라는 공격적인 매체를 통해 타자를 밀어내는 공격을 가하는 것이 아니라 스스로 타자와 동화되어 가는 과정을 슬며시 작품의 표면 위로 드러낸다. 우리는 그래서, 상처가 되는 것들을 받아들이면서 고통을 감내하는 것, 그리고 그것을 극복하기 위해 반복적으로 애도하는 것을 그대로 보여주는 그녀의 작품 들이 바로 트라우마 자체의 상황을 드러내는 사진임을 알

---

7) Hal Foster, "The Return of the Real", The Return of the Real, Massachusetts, the MIT press, 1996, p.131.

8) 이토 도시하루, 이병용 역, ≪20세기 사진사≫, 현대미학사, 1994, p.177.

수 있는 것이다.

4. 텅 빈 벽

다시 작품으로 돌아가 보자. 이 작품에는 앞서 말했던 빗나간 시선이라는 '문제' 말고도 또 다른 문제가 있다. 시선이 어디로 나가고 있는가를 살피면서 우리는 그들의 배경으로 서 있는 벽이 텅 비어있다는 것을 발견하게 된다. 그것이 바로 그 문제이다. 군더더기 없이 깨끗한 벽이로군, 하고 생각한다면 할 말 없다. 그러나 이 작품의 제목은 레스토랑도 아니고 강의실도 아닌 다름 아닌 '갤러리 오프닝에 온 네 사람'이다. 갤러리라면 당연히 작품이 있어야 한다. 벽에 걸린 사진이나 회화 작품이거나 혹은 어디 한 구석에 설치된 조각 작품이라도 눈에 띄어야 그야말로 '정상' 아닌가. 그런데 이 작품 속에 나오는 벽에는 아무 것도 없다. 제목이 없었다면 대체 저 공간이 갤러리인지 교실인지 알 게 뭔가.

무언가 언제나 정확하게 그 상황과 사건에 들어맞아야만 하는 고정된 지시체를 필요로 하던 사진사적 현실에서 아버스의 이러한 선택은 파격적인 것이라고도 볼 수 있다. 당시의 다큐멘터리 사진들 역시 단순한 기록성만으로 이야기할 수는 없지만, 아버스의 이 새로운 시도는 그녀를 전통적인 다큐멘터리 작업과는 분리되는 상황으로 이끌게 된 이유이기도 하다. 어쨌든 우리는 이 작품의 제목에 갤러리가 등장하는 것을 통해 눈에 보이지는 않지만, 프린트된 화면 너머로 어딘가에 분명히 전시된 작품이 있으리라는 것을 상상 할 수 있다. 우리 눈에 보이지는 않지만 이미 그 텅 빈 벽에는 작품이 있는 것이다. 어쩌면 피사체로 등장하는 네 명의 인물이 서로를 넘어서서 보고 있는 그 시선의 종착점에 작품이 있는지도 모른다. 부재하는 리얼리티를 우리는 어떻게든 그려볼 수 있는 것이다.

그래서 우리는 'Seeing is believing'이라는 속담을 쓰기 위해서는 몇 가지 단호한 결심을 해야 한다. 우리가 보는 것은 다 우리에게로 보이는 것이 아니기 때문이다. 우리가 보는 것 가운데서 이미 보지 못하게 되어 있는 것을 보겠다는 욕심을 버려야 한다. 그렇게 결정나 있는, 아무리 도달하려 해도 볼 수 없는 그것까지를 보겠다는 바로 그 욕심을 버려야 하는 것이다. 그러고 나서야 우리는 "보는 것이 믿는 것이다"라고 결연히 이야기할 수 있다. 눈을 한 번 질끈 감고 말이다. 라깡은 이렇게 부재하는 진실, 즉 눈으로 볼 수도 없고 말로도 표현되지 못하는 것, 그래서 상징화되지 못하는 것을 실재(the real)라고 말한다. 상징계적 질서로 편입되지 못하기 때문에 우리와 직접적으로는 만날 수 없는 것, 그래서 멀리 있는 것, 손으로 잡을 수 없는 것이 실재인 것이다. 라깡은 트라우마의 관점에서 실재를 정의하게 되는데, '무의식과 반복'이라는 세미나에서 그는 외상적인 것이란 실재와의 빗나간 만남이고, 그래서 이것은 상징적인 것으로 표상될 수 없다고 한다. 이것은 다만 반복될 수 있을 뿐이다. 반복 행위를 통해 외상적인 것으로 이해되는 실재는 스크린, 즉 타자의 응시의 영역 위에 파열된다. 라깡은 이 외상적인 지점을 뚜셰(tuche)라고 불렀고, 이것은 또한 바르트(Barthes)가 말하는 푼크툼(punctum)[9)]과도 같은 것이다.[10)]

바로 여기서 새로운 의미의 지점이 탄생한다. 바르트는 푼크툼에서 발현되는 의미를 '제3의 의미'라고 말한다. 그는 이를 위해 의미의 세 가지 층위를 구분하는데, 그것은 일차적인 정보의 교환인 의사소통(communication)의 층위와, 상징적 단계에서 의미를 갖게 되는 의미작용(signification)의 층위, 그리고 제3의 의미를 가능하게 하는 의미화(signifiant)의 층위이다.[11)]

이 의미화라는 것은 줄리아 크리스테바가 상징적인 것에 반하여 설정하고 있는 기호적인 것이 의미의 단계로 끌어올려질 수 있다는 맥락에서 제시하는 것인데, 이는 일반적으로 이해 가능한 상징적 의미를 벗어나 있다. 바르트는 이 제3의 의미를 무딘 의미(le sens obtus), 지나치게 분명하고, 지

9) 롤랑 바르트, 조광희, 한정식 역, ≪카메라 루시다≫, 열화당, 1998, p.35.
10) Hal Foster, 앞의 책, p.132.
11) Roland Barthes, "The Third Meaning", Image, Music, Text, translated by stephen Heath, New York, Hill and Wang, 1977, pp.52~54.(롤랑 바르트, 김인식 편역, 〈제3의 의미〉, ≪이미지와 글쓰기≫, 세계사, 1983, pp.155~158.)

나치게 강렬하기 때문에 의미가 무뎌지게 되는 것, 그래서 일상적인 독해를 살짝 비켜가게 하는 것이라고 말한다.

이 작품의 푼크툼은, 그래서 뭔가 있어야 할 곳이 비어있는 것, 바로 그 갤러리의 텅 빈 벽이다. 작은 그림 한 점이라도 있었더라면 이렇게 구설에 오르지는 않았을 텐데, 예견이라도 했다는 듯이 갤러리의 벽에는 작품이 없다. 이것을 먼저 간단히 이렇게 읽어보도록 하자. 작품이 부재하는 갤러리, 거기에 서 있는 서로를 바라보지 않으면서 '사교'를 하고 있는 사람들. 이것은 미술계, 사진계 등등의 어떤 정치적인 공간을 암시하는 듯하다. 작품의 주인공이 대체 어떤 일을 하는 사람들인지는 알 수 없지만 그들이 혹여 작가나 큐레이터, 컬렉터라면, 얘기가 재미있어진다. 과정 중에 등장하는 표면적인 것들로는 도대체 그 의도와 의미를 파악할 수 없는 것이 정치 아니던가. 이 작품이 만약 언제나 숨은 속뜻이 있고, 책략적인 간계가 있는 정치 상황을 드러낸 것이라면, 그야말로 피를 흘리며 떨어져나갈 정치계의 희생양을 다룬 '트라우마의 증명사진'일 것이다. 그 정치적인 상황 속에서 얼마나 많은 사람들이 고통스러워하는지를 생각해 보면 알 수 있을 텐데, 실제로 그곳에는 작품 '따위'가 무슨 소용이 있던가.

그러나 정치 얘기는 여담처럼 던져보는 것이고, 그것을 떠올리자면 또 다른 고통에 시달려야 할 터이니 여기서는 분명 그와 다른 독해가 필요할 것이다. 앞서 이야기했듯이 공간 너머의 어딘가에는 작품이 있을 것이다. 그러나 중요한 것은 이제 작품이 실제로 있느냐 없느냐 하는 것이 아니다.

작품이 보이지 않는 갤러리는 여기서 하나의 세계로 탈바꿈한다. 텅 빈 벽은 그 세계에 있는 무언가로 변한다. 어떤 세계에 없는 무엇. 그 세계에서는 찾을 수 없는 그것. 그것은 지금까지 설명해온 미끄러져 나가는 대상을 가진 욕망이며 그 욕망을 일으키는 타자이며, 그토록 그리워하면서도 애초에 스스로 밀어낸 비극의 씨앗인 것이다. 보이지 않는, 아니 차마 보이지 못하는 그것이 우리에게 주는 고통의 상황이 트라우마이다. 대상의 실체는 결국 눈에 보이지 않지만, 그 존재만큼은 확실한 트라우마, 우리의 삶 어딘가에서 등장하여 우리를 끝끝내 고통스럽게 할 그 트라우마 자체를 아버스는 이 한 장의 사진에서 확실히 포착해 낸 것이다. 아무렇지도 않게 웃는 얼굴로 우리에게 드러나는 이 한 장의 사진은 그래서 바로 '트라우마의 증명사진'이다.

5. 트라우마의 증명 사진

다이안 아버스는 개인적인 고통을 겪어야 했던 시기에 자신만의 독자적인 작품 활동을 시작하면서 우울함을 달래려 애쓰고, 반복적으로 그 고통을 애도하면서 스스로를 말 못할 혼란의 세계에서 끌어올리려 끊임없이 올려놓고자 했다. 그녀는 비록 그것을 확연히 눈에 보이도록 드러내주지는 않았지만 외상의 흔적을 온몸으로 끌어안고 사는 사람들과 더불어 지극히 정상적으로 보이는 사람들에게서 그들이 근원적으로 가지고 있는 결여와 아픔을 보았으며, 그 엇나간 욕망으로 인해 부유하는 의미들을 읽어내려고 했다. 이러한 노력의 결과물이 바로 〈Four people at a gallery opening〉이다. 이 작품은 그 안에서 작품이 존재해야 할 곳을 비워두면서, 즉 작품이 부재하는 장면에서 하나의 훌륭한 작품을 이끌어내는 성과를 보여주었다.

그녀는 우리에게 보이지 않는 것들의 진실을 계속해서 일깨우고, 그것이 가능한 지점은 명확히 정의할 수 있는 것이 아니라 바로 트라우마의 지점임을, 그래서 이 작품이 트라우마의 증명사진임을 알려주고 있는 것이다. 의미라고 하는 것은 어쩌면 의미화되기 이전의 그 무엇들 때문에 가능한 것이다. 의미를 가능하게 만들고, 또 스스로 표현되지 않는 의미가 되는 것, 그것을 보여줄 수 있는 사람이 예술가라고 했던 크리스테바의 말처럼[12] 아버스는 독특한 이해 방식으로 삶의 진실을 일깨워주었던 예술가인 것이다.

이 작품이 제작된 1년 후에 그녀는 남편과 공식적인 이혼을 했다. 그녀는 새로운 애인을 만난 남편의 결혼 축하 파티까지 열어주었다. 그러나 2년 후

12) Julia Kristeva, "Motherhood according to giovanni Bellini", Desire in Language, New York, Columbia University Press, 1975, p.242 참조.

에 그녀는 스스로 목숨을 끊었다. 항간에는 그녀가 이별의 슬픔을 끝끝내 견디지 못했다는 설도 있었다. 그러나 내내 불온한 풍경, 기이한 대상만을 작품에 담던 그녀가 지극히 정상적인 모습 속에서도 일그러진 풍경이 있음을 깨닫게 된 후에, 즉 작품을 통해 비로소 정상적인 자신을 발견하게 된 후에 벌어진 그녀의 자살을 정신병 환자의 징후처럼 해석해서는 안 될 것 같다. 기형적인 것들 속에서 자신의 죽음이 끼어들 여지를 발견하지 못했던 그녀는 어쩌면 매우 정상적인 것으로 보이는 이 작품을 통해 이제 더 이상은 슬프지 않아도 좋겠다는 생각을 했는지도 모른다. 그녀는 작품 활동이 가장 왕성하던 시절에 그 끝을 예감한 듯, 자신의 죽음을 알리는 트라우마의 증명사진 한 장을 찍어 놓은 것이다.

[출처] 황록주, 「트라우마의 증명사진」, 『사진비평』 11호, 2001년 9월, 189~198쪽.

푸른 수염

샤를 페로

옛날 어느 나라에 아름다운 성을 여러 채 가진 남자가 있었습니다. 그에게는 금은으로 된 접시와 장식이 화려한 가구, 그리고 호화로운 황금마차도 있었습니다. 그런데 불행하게도 그는 수염이 푸른색이어서 아주 못생기고 무섭게 보였습니다. 그래서 나이가 많은 여자든 어린 여자든 그 남자만 보면 달아났습니다.

한편 이웃에는 귀부인이 살았는데 그녀에게는 더할 나위 없이 아름다운 두 딸이 있었습니다. 푸른 수염은 그녀의 딸들에게 청혼을 했습니다. 그 귀부인은 푸른 수염에게 자기 딸 중 마음에 드는 딸을 택해도 좋다고 했습니다. 하지만 그녀의 두 딸은 모두 결혼할 생각이 전혀 없었고, 무엇보다 푸른 수염의 이 남자를 남편으로 맞기가 더 싫어 서로 미루며 청혼을 받아들이려 하지 않았습니다. 그들이 푸른 수염과 결혼하기 싫었던 것은, 그가 이미 결혼을 여러 번 했을 뿐만 아니라 그의 전처들이 지금은 어떻게 되었는지 알 수 없었기 때문이었습니다.

푸른 수염은 두 딸과 친해지기 위해, 두 딸에게 어머니를 비롯해 가장 친한 친구 서너 명 그리고 이웃 젊은이 몇 명과 함께 자신의 여러 성들 중 한 곳에서 딱 일 주일만 지내보자고 했습니다. 이 초대는 나들이 겸 사냥과

낚시를 하기 위한 것이었으며, 잔치를 열어 춤도 추고 식사를 하며 즐기려 한 것이었습니다. 그곳에 머무는 동안 그들은 한숨도 자지 않고 밤새도록 재미있게 놀며 지냈습니다. 이렇게 일이 순조롭게 풀려, 결국 막내딸도 푸른 수염의 외모에 그리 신경 쓰지 않게 되었을 뿐만 아니라 그가 매우 예의 바른 사람이라는 사실도 알게 되었습니다. 마침내 그들은 마을로 돌아오자마자 푸른 수염과 막내딸의 결혼식을 거행했습니다.

그 후 거의 한 달이 되어갈 무렵이었습니다. 푸른 수염이 아내에게 중요한 볼 일로 육 주(나 몇 달)동안 지방으로 여행을 가게 되었다며, 자기가 집에 없는 동안 기분전환하며 편히 지내고 있으라고 당부했습니다. 또한 그녀가 원한다면 언제든 친구들을 불러도 되고 마을까지 데려다 주어도 될 뿐만 아니라, 어디서든 그녀가 하고 싶은 대로 해도 괜찮다고 했습니다. 그리고 열쇠꾸러미를 보여주며 하나씩 설명했습니다.

"이것은 두 채의 낡은 창고 열쇠라오. 그리고 이것은 평소 사용하지 않는 금은 접시들이 있는 방 열쇠고, 이것은 내 금고 열쇠인데 거기엔 내가 아끼는 금과 은이 들어 있다오. 그리고 이것은 내 보석함 열쇠고, 또한 이것은 이 집의 모든 방을 열 수 있는 만능 열쇠라오. 마지막으로 이 작은 열쇠는 아랫방으로 통하는 긴 복도 끝에 달린 작은방 열쇠요. 이 집의 모든 방을 열어봐도 되고 어디든 가도 좋지만, 그 작은방만은 절대로 들어가지 마시오. 절대로 말이오. 만약 당신이 그 방문을 열어 본다면 결코 당신을 용서하지 않을 것이오. 내가 당신을 아무리 사랑한다 해도 말이오. 그러니 절대로 그 방엔 들어가지 마시오."

그녀는 남편이 당부한 모든 것을 반드시 지키겠다고 약속했습니다. 푸른 수염은 아내와 작별의 포옹을 한 다음 마차를 타고 여행길에 올랐습니다. 푸른 수염이 여행을 떠나자마자, 그녀의 이웃과 친구들은 그녀가 부르기도 전에 찾아왔습니다. 호화롭기 그지없는 그 성을 보고 싶어 안달이었으니까요. 그들은 푸른 수염이 너무 두려워 평소 푸른 수염이 집에 있을 때는 감히 올 엄두도 못 냈던 겁니다. 성에 들어온 그들은 침실과 방, 그리고 옷장 등 어느 누구의 것보다 훨씬 아름답고 호화로운 것들을 이리저리 살펴보다 창고로 올라갔습니다. 그곳에서 그들은 감탄을 금치 못했습니다. 화려하게 장식된 융단과 침대와 소파, 장식장과 둥글고 네모난 식탁, 그리고 유리와 은으로 장식되었거나 가장자리가 금빛과 진홍빛 도금으로 된 엄청나게 많은 전신 거울의 아름다움에 반해버렸기 때문입니다. 이 모든 것들은 이제까지 그들이 한 번도 보지 못한 더없이 아름답고 더없이 으리으리한 것들이었습니다. 그들은 줄곧 수다를 떨며 친구의 행복을 부러워했습니다. 하지만 푸른 수염의 아내는 화려한 그 모든 것들을 보아도 전혀 즐겁지 않았습니다. 왜냐하면 아랫방에 딸린 작은방 문을 열어보고 싶어 조바심이 났기 때문입니다. 그녀는 호기심으로 매우 다급해졌습니다. 그는 친구들이 있는 자리에서 빠져나오는 것이 예의가 아니라는 사실도 생각하지 않고 좁은 비밀 계단을 통하여 작은방으로 내려갔습니다. 너무도 서두른 나머지 몇 번이나 굴러 떨어질 뻔했습니다. 드디어 작은방 앞에 도착한 그녀는 잠시 멈춰 섰습니다. 절대 그 방에는 들어가지 말라며, 만일 이를 어기면 불행한 일이 생길 거라던 남편의 말이 생각났기 때문이었습니다. 하지만 그 방에 들어가고 싶은 유혹을 그녀는 끝내 뿌리칠 수 없었습니다. 마침내 그녀는 작은 열쇠를 손에 쥐고 떨리는 마음으로 문을 열고야 말았습니다. 처음에는 아무것도 보이지 않았습니다. 창문도 모두 닫혀 있었기 때문입니다. 잠시 후 그녀는 마룻바닥이 굳어진 피로 온통 뒤덮인 모습을 보았고 그 사이로 여기저기 흩어져 있는 여자들의 시체를 보았습니다. 그리고 벽을 따라 매달려 있는 여자들의 시체를 보게 되었습니다(그 시체들은 모두 푸른 수염과 예전에 결혼했던 여자들로, 그가 차례차례 무참하게 죽인 여자들이었습니다). 이 끔찍한 광경을 목격한 그녀는 너무 두려운 나머지 방금 자물쇠에서 빼낸 작은방 열쇠를 그만 손에서 떨어뜨리고 말았습니다. 그녀는 겨우 정신을 수습하고 열쇠를 주워 방문을 닫았습니다. 그리고 마음을 진정시키기 위해 침실로 올라갔습니다. 하지만 도저히 흥분이 가라앉지 않았습니다. 잠시 후 그녀는 작은방 열쇠가 피로 얼룩졌음을 알게 되었습니다. 몇 번이고 닦아냈지만 그 피는 전혀 지워지지 않았습니다. 아무리 씻어도 소용이 없었습니다. 심지어 가는 모래와 굵은 모래로 문질렀는데도 핏자국이 여전히 남아 있었습니다. 그 열쇠는 바로 마법의 열쇠였던 것입니다. 얼룩을 완전히 지울 방법은 없었습니다. 한쪽 피를 닦아내면 또 다른 쪽에서 피가 생겨났으니까요.

바로 그날 밤 푸른 수염이 여행길에서 돌아왔습니다. 여행 중에 편지를 받았는데, 자기가 하려던 일이 순조롭게 풀렸다는 것을 알게 되어 돌아왔다고 했습니다. 푸른 수염의 아내는 남편이 빨리 돌아와서 매우 기쁘다며 그를 위해 모든 것을 다 해주었습니다. 다음 날이 되자 푸른 수염은 그녀에게 그동안 맡겼던 열쇠들을 돌려달라고 했습니다. 아내가 열쇠를 건네며 손을 심하게 떨자 남편은 그동안 무슨 일이 있었는지 금세 눈치 챘습니다.

"여기 왜 작은방 열쇠는 없는 거요?"

남편이 아내에게 물었습니다.

"이 층 제 방 탁자에 둔 것 같아요."

그녀는 대답했습니다.

"그럼 이따가 꼭 그 열쇠를 돌려주구려."

푸른 수염이 말했습니다.

아내는 가능한 한 시간을 끈 다음 그 열쇠를 갖다주었습니다. 푸른 수염은 열쇠를 이리저리 살펴보며 말했습니다.

"이 열쇠에 왜 피가 묻어 있는 거요?"

"왜 그런지 전 모르겠는데요?"

가엾은 아내는 이렇게 대답했지만, 마치 죽은 사람처럼 얼굴이 새파랗게 질려 있었습니다.

"왜 그런지 당신은 전혀 모른단 말이지?"

푸른 수염은 말을 이었습니다.

"난 그 이유를 분명히 알고 있소. 당신은 그 방에 들어가고 싶었을 거요! 좋소. 부인, 당신은 이제 그 방에 들어가게 될 테고, 거기에서 보았던 부인들 곁에 당신도 자리를 하나 차지하게 될 것이오."

그녀는 눈물을 흘리며 남편의 발아래 와락 엎드렸습니다. 그리고 남편의 말을 따르지 않은 것을 진심으로 뉘우친다며 모든 표현을 다 동원해 용서를 구했습니다. 바위도 분명 감동했을, 아름다운 그녀가 이토록 슬퍼하는 모습에, 예전 같았으면 푸른 수염의 마음도 움직였을 겁니다. 하지만 푸른 수염의 마음은 바위보다 훨씬 단단했습니다.

"당신은 이제 죽어야 하오. 지금 당장 말이오."

그가 말했습니다.

그러자 그녀는 눈물에 흠뻑 젖은 두 눈으로 그를 바라보며 말했습니다.

"이미 제가 죽기로 되어 있는 이상, 신께 기도할 시간을 좀 주세요."

"그럼 십오 분의 여유를 주겠소. 하지만 더 이상은 안 되오."

푸른 수염이 말했습니다.

그녀는 혼자 있게 되자 자기 언니를 불러 말했습니다.

"안느 언니, 어서 탑 꼭대기로 올라가서 오빠들이 오고 있는지 좀 봐 줘. 오늘 오빠들이 나를 보러 오겠다고 약속했거든. 혹시 오빠들이 보이면, 빨리 오라고 신호를 보내 줘."

그러자 안느는 탑 꼭대기로 올라갔고 가엾은 동생은 간간이 언니에게 이렇게 소리쳤습니다.

"안느 언니, 아직 안 보여?"

"응, 안 보여. 뿌옇게 반짝이는 태양과 푸르른 초원밖에는 보이는 게 없어."

언니는 대답했습니다.

그동안 푸른 수염은 한 손엔 커다란 칼을 쥐고 아내를 향해 큰 소리로 외쳤습니다.

"빨리 내려오시오. 안 그러면 내가 올라가겠소."

"제발 조금만 더 시간을 주세요."

이렇게 대답한 그녀는 이내 목소리를 낮추어 소리쳤습니다.

"안느 언니, 아직 안 보여?"

언니는 대답했습니다.

"응, 안 보여. 뿌옇게 반짝이는 태양과 푸르른 초원밖에는 보이는 게 없어."

그때 푸른 수염이 소리를 질렀습니다.

"이봐요, 빨리 내려와요. 안 그러면 내가 올라가겠소."
"곧 내려갈게요."
아내는 이렇게 말하고는 언니에게 이렇게 소리쳤습니다.
"안느 언니, 아직 아무것도 안 보여?"
그때 언니가 이렇게 대답했습니다.
"보여, 엄청난 먼지를 일으키며 이쪽으로 오고 있는 게 보여."
"오빠들이야?"
"아! 아니, 양떼들이네."
그러자 푸른 수염이 소리쳤습니다.
"당신, 어서 내려오지 못하겠소?"
"조금만 더 시간을 주세요."
아내는 이렇게 대답하고는 언니에게 소리쳤습니다.
"안느 언니, 아직 아무것도 안 보여?"
"아니, 보여, 바로 이쪽으로 말을 탄 기사 두 명이 오고 있어. 그런데 아주 멀리 있어."
이렇게 대답한 그녀는 잠시 후 이렇게 외쳤습니다.
"이제 됐어! 우리 오빠들이야. 내가 할 수 있는 데까지 신호를 보낼게."
그때 푸른 수염이 얼마나 크게 소리를 질렀던지 성 전체가 흔들렸습니다. 그러자 가엾은 아내는 아래로 내려와 눈물에 흠뻑 젖어 미친 듯이 그의 발밑에 엎드렸습니다.
"그래봐야 아무 소용없소. 당신은 이제 죽어야 하오."
푸른 수염은 이렇게 말했습니다.
그러고는 한 손으로 그녀의 머리채를 잡고 다른 손으로 칼을 높이 쳐들어 그녀의 목을 막 내리치려 했습니다. 바로 그때, 가엾은 아내가 그를 향해 몸을 돌려 힘없이 그를 바라보며 마지막 기도를 할 시간을 더 달라고 애원했습니다.
"더 이상은 안 돼. 이제 그만 신께 빌기나 하시오."
이렇게 말한 푸른 수염은 칼을 높이 쳐들었습니다.

그때 누군가 문을 세게 두드리는 바람에 푸른 수염은 멈칫했습니다. 그 순간 문이 열리며 두 명의 기사가 곧장 안으로 들어왔습니다. 그들은 손에 칼을 들고 푸른 수염에게 달려들었습니다. 푸른 수염은 그들이 아내의 오빠들임을 이내 알아차렸습니다. 그들은 각각 용기병과 근위병이었으므로 푸른 수염은 위기를 모면하기 위해 재빨리 달아나버렸습니다. 하지만 그들은 바로 푸른 수염을 추격해 그가 현관 층계에 다다르기도 전에 붙잡아 칼로 그의 심장을 뚫어 죽여버렸습니다. 이런 일을 겪은 가엾은 아내 역시 자기의 죽은 남편처럼 거의 죽을 지경이어서 오빠들과 포옹할 힘조차 없었습니다. 이제 그의 아내는 푸른 수염의 재산을 다 갖게 되었습니다. 푸른 수염의 뒤를 이을 상속자가 한 명도 없었기 때문입니다. 그녀는 재산의 일부를 오랫동안 안느 언니를 사랑하던 젊은 귀족과 언니가 결혼할 때 사용했고, 일부는 그녀의 오빠들이 기병대장 지위를 얻을 때 지원금으로 사용했으며, 나머지 돈은 매우 훌륭한 남자와 결혼할 때 썼습니다. 이렇게 결혼한 후에 그녀는 푸른 수염 때문에 겪었던 불행한 시간을 다 잊고 행복하게 잘 살았답니다.

[출처] 샤를 페로, 「푸른 수염」, 『샤를 페로가 들려주는 프랑스 옛이야기』, 웅진주니어, 2001.

하얀 새

그림 형제

옛날 어느 곳에 가난뱅이처럼 꾸미고 이집 저집 구걸을 다니면서 아름다운 처녀들을 잡아가던 마법사가 있었습니다. 잡혀간 처녀들은 그 후 두 번 다시 나타나지 않았기 때문에 마법사가 처녀들을 어디로 데려가는지는 아무도 몰랐습니다.

어느 날 아름다운 딸이 셋 있는 집 앞에 마법사가 나타났습니다. 마법사는 힘없고 불쌍한 거지처럼 보였고 등에는 소쿠리를 지고 있었습니다. 사람들이 주는 것을 그 안에다 담으려는 듯이 말이지요. 음식을 구걸하자 맏딸이 나와서 빵 한 조각을 주었습니다. 마법사는 그녀를 슬쩍 건드렸습니다. 그러자 그녀는 자기도 모르게 소쿠리 안으로 뛰어들었습니다. 마법사는 허둥지둥 물러나서 처녀를 어두운 숲 한복판에 있는 자기 집으로 데려갔습니다. 집 안은 매우 화려했습니다. 마법사는 처녀가 원하는 것을 다 주었습니다.

"예쁜 것 같으니. 여긴 네가 원하는 것은 뭐든지 다 있으니 마음에 들 것이라고 난 믿는다."

며칠이 지나자 마법사가 말했습니다.

"내가 어디를 다녀와야 하니 당분간 너 혼자 있어야겠다. 여기 집안 열쇠가 있다. 어디를 가도 좋고 무엇이든 다 봐도 좋은데 이 작은 열쇠로 열리는 방만은 들어가지 마라. 내 말을 듣지 않으면 죽음으로 벌을 내리겠다."

그러고는 달걀 한 알도 주면서 이렇게 덧붙였습니다.

"이 달걀을 잘 간수하고 있거라. 어딜 가든지 이 달걀을 가지고 다녀야 한다. 달걀을 잃어버리는 날에는 큰일 나는 줄 알아라."

처녀는 열쇠와 달걀을 받아들고서 염려 놓으시라고 큰소리 쳤습니다. 마법사가 떠나자 처녀는 집안을 구석구석 살피고 다녔습니다. 방이란 방은 모두 번쩍거리는 금은으로 덮여 있었습니다. 난생 처음 보는 화려한 구경거리였습니다. 처녀는 드디어 금지된 방 앞에 도착했습니다. 처음에는 그냥 지나치려 했지만 도저히 호기심을 억누를 수가 없었습니다. 열쇠도 여느 열쇠와 다를 바 없었습니다. 처녀는 열쇠를 밀어 넣고 슬쩍 돌렸습니다. 방문이 활짝 열렸습니다. 방 한복판에 커다란 대야가 놓여 있고 그 안에는 토막토막 썰린 시체가 가득 들어 있었습니다. 대야 옆으로 시퍼런 도끼날이 달린 나무토막도 보였습니다. 기겁을 한 처녀는 들고 있던 달걀을 그만 떨어뜨렸습니다. 그 바람에 달걀이 대야 안으로 쑥 들어갔습니다. 처녀는 달걀을 꺼내서 피를 닦았지만 소용이 없었습니다. 닦아도 닦아도 피는 다시 나타났습니다. 씻고 또 씻어서 문질렀지만 얼룩은 없어지지 않았습니다.

얼마 뒤 마법사가 여행을 마치고 돌아왔습니다. 마법사는 대뜸 열쇠와 달걀을 내놓으라고 말했습니다. 처녀는 벌벌 떨면서 그것들을 내밀었습니다. 마법사는 달걀에 묻은 핏자국을 보고 처녀가 금지된 방에 들어갔었다는 것을 당장 알아차렸습니다.

"내 뜻을 거스르고 그 방에 들어갔으니, 가고 싶지 않겠지만 그 방에 다시 들어가야겠다. 네 목숨은 이제 끝이야."

마법사는 처녀를 바닥에 메치더니 머리채를 잡아끌어 도끼로 머리를 자르고 온몸을 난도질했습니다. 처녀의 피가 바닥에 흥건히 고였습니다. 처녀의 시체도 다른 시체들처럼 대야로 던지고 마법사는 혼자 중얼거렸습니다.

"이제 둘째 딸을 데려와야겠군."

다시 불쌍한 거지로 변장을 하고 그 집으로 갔습니다. 빵 한 조각을 건네

주는 둘째 딸을 마법사는 이번에도 슬쩍 건드렸습니다. 그러고는 소쿠리에 담아 왔습니다. 둘째 딸도 언니와 다를 것이 없었습니다. 호기심을 누르지 못한 것입니다. 금지된 방의 문을 열고 안을 들여다본 것이 탄로 나는 바람에 마법사의 손에 죽고 말았습니다.

마법사는 막내딸을 데려왔습니다. 그러나 막내딸은 재치 있고 영리했습니다. 마법사가 열쇠와 달걀을 주고 떠나자 달걀을 안전한 곳에 치워 놓았습니다. 그런 다음 집안 구석구석을 살피다가 금지된 방까지 왔습니다. 막내딸도 두 언니처럼 그 방문을 열고 들어갔습니다. 그런데 이게 웬일입니까? 사랑하는 두 언니가 잔인하게 난도질당한 채 대야 안에 누워 있는 것이었습니다. 그러나 막내딸은 침착했습니다. 머리, 몸통, 팔, 다리 등등 잘려진 토막들을 끌어 모아 원래 순서대로 가지런히 놓았습니다. 제 위치에 모두 놓이자 토막들이 움직이기 시작하더니 척척 달라붙었습니다. 두 언니는 눈을 떴습니다. 다시 살아난 것입니다. 세 자매는 뛸 듯이 기뻐하면서 서로 부둥켜안고 입을 맞추었습니다.

집으로 돌아온 마법사는 당장 열쇠와 달걀을 내놓으라고 야단이었습니다. 그러나 핏자국이 조금도 안 나타나자 이렇게 말했습니다.

"너는 시험에 통과했으니 너를 내 신부로 삼겠다."

그러나 마법사는 예전처럼 처녀를 함부로 다루지 못했습니다. 막내딸의 요구를 들어주어야 했습니다.

"좋아요. 그럼 먼저 소쿠리에 금을 가득 담아 우리 부모님께 가져다 드리세요. 그런데 그 금을 당신이 직접 지고 가야 해요. 그 동안 나는 혼례 치를 준비를 하겠어요."

막내딸이 말했습니다. 그런 다음 막내딸은 작은 방에 숨겨둔 두 언니에게 갔습니다.

"이제 언니들은 살았어요. 저 악당 놈이 직접 언니들을 업고 갈 거예요. 집에 닿는 대로 사람들을 이리로 보내 줘요."

막내딸은 언니들을 소쿠리에 밀어 넣고 금으로 감쪽같이 숨겼습니다. 그리고 마법사를 불렀습니다.

"이제 소쿠리를 나르세요. 절대로 중간에 멈추거나 쉬어서는 안 돼요! 내가 창문으로 내다볼 거예요."

마법사는 소쿠리를 짊어지고 길을 떠났습니다. 소쿠리가 너무 무거워서 땀이 비 오듯 흘렀습니다. 참다가 참다가 잠시 앉아서 숨을 돌리려는데 소쿠리 안에서 두 딸 중 하나가 소리를 질렀습니다.

"거기서 쉬면 누가 모를 줄 알고? 창문으로 다 보인다니까! 빨리 가욧!"

발길을 멈출 때마다 그 목소리가 들려오는 바람에 다시 걸음을 떼야했습니다. 그렇게 기진맥진 헉헉거리다가 마법사는 마침내 두 딸과 금이 든 소쿠리를 지고 자매의 집에 도착했습니다.

마법사의 집에 남은 막내딸은 잔치 준비를 하고 마법사의 친구들에게 초청장을 띄웠습니다. 그런 다음 이빨이 히죽 드러난 해골을 보석과 꽃송이로 치장해서 다락방의 창문으로 가져다 얼굴이 밖을 향하도록 놓았습니다. 모든 준비가 끝나자 막내딸은 꿀통에다 몸을 푹 담근 다음 요를 뜯어 그 위로 몸을 뒹굴렸습니다. 그러자 온몸에 깃털이 달라붙어 이상한 새처럼 보였습니다. 감쪽같은 변장이었습니다. 그러고 나서 집을 나섰는데 도중에 혼례식에 참석하러 온 손님들과 만났습니다. 손님들이 물었습니다.

> "하얀 새야, 너는 어디서 오느냐?"
> "어디긴 어디야, 하얀 집에서 오지."
> "어린 신부는 지금 무엇을 한다더냐?"
> "집안을 구석구석 깨끗이 닦고 나서
> 지금은 다락 창문에서 밖을 내다보고 있지."

그러다가 막내딸은 집으로 어슬렁어슬렁 돌아오고 있던 마법사를 만났습니다. 마법사도 물었습니다.

> "하얀 새야, 너는 어디서 오느냐?"

"어디긴 어디야, 하얀 집에서 오지."
"어린 신부는 지금 무엇을 한다더냐?"
"집안을 구석구석 깨끗이 닦고 나서
 지금은 다락 창문에서 밖을 내다보고 있지."

마법사가 위를 올려다보니 장식된 해골이 있었습니다. 마법사는 자기 신부려니 생각하고 고개를 끄덕이고 다정하게 인사를 했습니다. 마법사와 손님들이 모두 집 안에 들어갔을 때 신부의 오빠와 친척들도 도착했습니다. 신부를 구하러 온 것입니다. 그들은 아무도 빠져나오지 못하게 집에 달린 문이란 문은 모두 잠근 다음 불을 질렀습니다. 마법사와 친구들은 모두 죽고 말았습니다.

[출처] 그림형제, 「하얀 새」, 김열규 역, 『그림 형제 동화 전집』, 현대지성사, 1988년, 268~272쪽.

동화 속 결혼 이야기

–'푸른 수염'과 '하얀 새'–

주 경 철

옛날 옛적에 얼굴에 난 **푸른 수염** 때문에 아주 무섭게 보이는 한 부자가 살았다. 그는 이웃집의 두 딸 중 한 명과 결혼하고 싶어 했지만 두 딸 모두 무섭다며 그의 청혼을 거절했다. 더구나 '푸른 수염'은 이전에 이미 몇 번인가 결혼을 했는데, 그 부인들 모두 결혼한 뒤에 어떻게 되었는지 아무도 모른다는 점도 께름칙했다. 푸른 수염은 환심을 사기 위해 이웃집 가족들을 불러 성대한 파티를 열었고, 결국 두 딸 중 동생이 마음을 열어 그와 결혼했다. 한 달 후, 푸른 수염은 여행을 떠나게 되었다면서 아내에게 열쇠 꾸러미를 맡기며, 어떤 방이든 다 들어가도 되지만 작은 방 하나만은 절대 들어가지 말라고 당부한다. 만일 그 방에 들어가면 자신의 분노는 끝이 없으리라는 경고와 함께…….

이제 무슨 일이 일어날 것인가? 다 알다시피, 옛날이야기에서 어떤 일을 하지 말라는 말을 들은 주인공이 그 금기를 지키는 일은 결코 없다. 작은 방에 절대 들어가지 말라는 경고는 꼭 그 방에 들어가 보라는 강력한 유혹과 마찬가지이다. 어린 아내는 호기심을 누르지 못하고 결국 금지된 방에 들어가 본다. 처음에는 어두워서 아무것도 보이지 않지만 차차 어둠에 눈이 익게 되자 모든 것들이 모습을 드러낸다. 바닥에는 피가 말라붙어 있고 벽에는 여자들의 시체가 걸려 있다! 이들은 모두 푸른 수염과 결혼했다가 살해당한 사람들이다. 너무 놀란 나머지 아내는 열쇠를 바닥에 떨어뜨리는데 이상하게도 이때 열쇠에 묻은 핏자국은 아무리 지우려 해도 지워지지 않는다.

바로 그날 갑자기 여행에서 돌아온 푸른 수염은 아내에게 열쇠 꾸러미를 내놓으라고 요구한다. 그리고 비밀의 방 열쇠에 피가 묻어 있는 것을 보고는 이렇게 말한다. "당신이 그 방문을 열었으니 당신도 그 방에 가서 다른 여자들 옆에 자리 잡게 될 것이오." 푸른 수염이 한 손으로 아내의 머리채를 잡고 다른 손으로 칼을 휘두르려는 순간, 그녀의 오빠들이 문을 박차고 달려들어 푸른 수염을 죽이고 그녀를 구한다. 샤를 페로의 『거위 아주머니 이야기』에 나오는 이 「푸른 수염」은 동화 가운데 가장 무서운 '호러물'에 속한다.

페로가 편찬한 이 판본은 오늘날의 관점에서는 여성에 대한 편견과 왜곡이 심한 이야기로 해석될 수 있다. 페로는 무엇보다도 주인공 여성의 호기심을 비난하며 그것이 비극을 가져온 주된 원인이라고 주장한다. "호기심

푸른 수염이 아내에게 열쇠를 맡기며 주의를 준다. 구스타브 도레의 그림, 1862년.

페로는 「푸른 수염」을 그의 책에 수록하면서 여성에 대한 편견을 덧입혀 놓았다.

은 사람을 유혹하지만 / 심대한 후회를 불러오리라." 이것이 페로가 이야기의 끝에 스스로 정리해서 제시하는 교훈이다. 그 호기심은 분명 성적인 내용과 관련이 있는 듯하다. 금지된 방, 열쇠, 지워지지 않는 피 같은 것들은 아주 명백하진 않으나 성적인 메타포로 보인다. 이런 관점에서 보면 페로는 여자 주인공을 유혹에 넘어가는 약한 존재로 파악하고, 또 여성의 구원은 최종적으로 다른 남성(이 이야기에서는 오빠들)에 의해서만 가능한 것으로 그리고 있다.

그러나 같은 계열의 이야기라 하더라도 다른 판본들은 성격이 크게 다를 수 있다. 『그림 동화집』에 나오는 「하얀 새」는 「푸른 수염」과 스토리가 아주 비슷하지만 성격은 확연히 다르다.

아름다운 딸 셋이 있는 집에 마법사가 등에 소쿠리를 진 거지의 모습으로 나타나서 음식을 구걸한다. 맏딸이 빵 한 조각을 주려고 하자 그는 마술을 써서 그녀를 소쿠리에 집어넣고 숲 한복판에 있는 자기 집으로 데려가서 가둔다. 며칠 뒤 그는 열쇠와 달걀 하나를 그녀에게 건네주면서, 어느 한 방에는 절대 들어가지 말고 또 언제나 달걀을 가지고 다니라는 당부를 하고 여행을 떠난다. 물론 그녀는 비밀의 방으로 들어가 본다. 이번에도 역시 방 안의 광경은 참혹하기 그지없다. 토막토막 썰린 시체가 대야에 가득하고, 그 옆에는 시퍼렇게 날이 선 도끼가 있다. 기겁을 한 여자가 달걀을 대야 속으로 떨어뜨리는데 이 때 묻은 피는 아무리 지우려 해도 지워지지 않는다. 여행에서 돌아온 마법사는 달걀에 묻은 핏자국을 보고 그녀가 금지된 방에 들어갔다는 것을 알아차린다. 마법사는 여자를 도끼로 **도막내어** 대야에 던져 넣는다. **그 다음에** 잡혀온 둘째 딸 역시 똑같은 운명을 맞이한다.

마지막으로 막내딸이 마법사의 집에 끌려오지만, 재치 있고 영리한 그녀는 언니들과는 다르게 대처한다. 우선 달걀을 안전한 곳에 치워 놓고 금지된 방으로 들어간 것이다(이렇게 쉬운 것을 언니들은 왜 몰랐을까). 두 언니가 잔인하게 도막 난 것을 보고서도 그녀는 아주 침착 하게 대응한다.

막내딸은 침착했습니다. 머리, 몸통, 팔, 다리 등등 잘려진 토막들을 끌어 모아 원래 순서대로 가지런히 놓았습니다. 제 위치에 모두 놓이자 토막들이 움직이기 시작하더니 척척 달라붙었습니다. 두 언니는 눈을 떴습니다. 다시 살아난 것입니다.

집에 돌아온 마법사는 달걀이 깨끗한 것을 보고 막내딸이 시험에 통과했으니 신부로 삼겠다고 말한다. 그러나 막내딸은 결코 호락호락하지 않다. 그녀는 결혼 조건으로 금 한 소쿠리를 자기 집에 보내되 마법사가 직접 지고 갈 것을 요구한다. 그러고는 속임수를 써서 금 대신 두 언니를 소쿠리에 밀어 넣는다. 마법사는 땀을 뻘뻘 흘리며 언니들을 집까지 지고 간다. 결혼식 날, 아무것도 모르는 마법사와 친구들이 모이자 하얀 새로 위장한 신부가 오빠와 친척들의 도움을 받아 마법사의 집에 불을 질러서 그들을 태워 죽인다.

그림 형제는 비극의 원인으로 여성의 호기심을 비난하지 않는다. 비난받을 사람은 전적으로 사악한 마법사이다. 오히려 희생당할 뻔 했던 여성이 기지를 발휘하여 마법사의 간사한 술수를 역이용해서 자기 자신과 언니들을 구하고 최종적으로는 사악한 무리들을 응징하는 점이 강조된다. 여성은 호기심 때문에 파멸을 초래하는 사악한 존재가 아니라 지적인 힘과 용기로 어려움을 이겨 내는 적극적인 주인공이다.

이처럼 같은 계열의 이야기라 해도 지역과 시대에 따라 다른 내용과 메시지를 포함하고 있다는 것을 알 수 있다. 역사학자들은 이런 점에 착안하여 지난날 서로 다른 사회에 퍼져 있던 민담과 동화들을 통해 민중들의 심성을 읽어 내려고 했다. 오늘날 역사가들은 오로지 전쟁과 혁명, 국왕의 통치와 같은 요소들만이 아니라 일반 평민들의 생각과 느낌, 심지어 그들의 무의식까지 읽어 내려고 노력하고 있다. 그런데 이때 문제가 되는 것은 옛날에 문자를 해독할 수 있는 사람은 소수 엘리트뿐이었고, 대부분의 사람들은 문자와는 거리가 먼 구술 문화(口述文化)의 세계에서 살았다는 점이다. 하루 종일 힘든 밭일을 하고 돌아온 농부가 저녁에 먹을 갈아 회고록이나 자서전을 쓰는 일은 거의 없었을 터! 그 대신 온 기족이 둘러앉아 도란도란 나누던 이야기들 속에 그들이 생각하고 느끼고 바라던 일들이 녹아 들어갔을 것이다. 그래서 역사가들은 이 이야기들을 분석함으로써 과거 조상들의 정신세계를 파악할 수 있으리라고 기대한다.

그러나 이때 한 가지 심각한 모순이 발생하는데, 그것은 과거의 구술 문화를 연구한다고 하면서 실상은 누군가에 의해 문자로 기록된 이야기들을 자료로 이용할 수밖에 없다는 점이다. 페로나 그림 형제 같은 문필가들은 그들이 들은 이야기를 있는 그대로 옮기지 않고 그들의 취향에 맞게 조금씩 각색하여 출판하였다. 따라서 우리가 오늘날 읽는 동화들은 원래 서민들이 주고받던 이야기들과는 여러 면에서 다를 수 있다는 점까지 충분히 고려하면서 자료를 해석해야 한다.

민담과 동화를 통해 파악할 수 있는 중요한 주제 중 하나는 옛날 민중들

민담이나 동화를 통해 알 수 있는 중요한 주제는 민중들의 사랑과 성에 대한 관념이다. 「미녀와 야수」의 삽화. 월터 크래인의 그림. 1874년.

의 성과 사랑, 결혼에 대한 태도이다. 가장 널리 퍼져 있고 또 현대에 들어 특히 큰 인기를 얻은 것은 「미녀와 야수」 계열의 낭만적인 사랑 이야기이다. 낯선 남자와 결혼하는 어린 처녀에게 남편이 될 사람은 흔히 야수 같은 존재로 비친다. 그러나 여성은 난폭하고 무식해 보이는 남성의 내면에서 순수한 덕성을 찾아낼 수도 있고, 사랑과 헌신을 통해 '짐승 같은' 남자를 변화시킬 수도 있다. 그러면 개구리 왕자, 돼지 신랑, 백곰 남편, 뱀 총각이 어느날 갑자기 멋진 왕자님으로 탈바꿈하는 것이다. 이런 이야기는 그 나름대로 맡은 역할과 기능이 있다. 즉, 결혼을 앞두고 불안에 떠는 여성에게 행복한 결혼의 가능성을 이야기하고, 그것을 이루기 위해 인내하고 노력하라는 메시지를 전하는 것이다.

그러나 이처럼 낙관적인 이야기만 있는 것은 아니다. 앞에서 살펴 본 「푸른 수염」이나 「하얀 새」 같은 이야기들은 결혼이 늘 행복으로 이어지지만은 않으며 때로는 죽음에 이를 정도로 위험할 수도 있다는 점을 경고한다. 「푸른 수염」은 "참혹했던 날들의 기억은 잊혀졌습니다."라고 말하며 끝을 맺는다. 그러나 베트남 출신 신부 살해 사건을 담당한 어느 판사가 말한 것처럼, 무슨 물건 수입하듯 이웃 나라 젊은 처녀들을 돈 주고 데려와서 학대하고 심지어 술 취한 남편이 그녀들을 때려죽이는 사건까지 일어나는 것을 보면 부끄럽게도 어떤 곳에서는 이 이야기가 아직 현재진행형인 듯하다.

[출처] 주경철, 「동화 속 결혼 이야기-'푸른 수염'과 '하얀 새'」, 『문학으로 역사 읽기, 역사로 문학 읽기』, 사계절, 2009, 111~117쪽.

제4장
예술과 현실

글 읽기

생의 마지막 계절

빈센트 반 고흐

第 607 信

편지 고맙다. 너도 피사로 할아버지의 일을 걱정하고 있었다는 것을 알고 퍽 기뻤단다.

거기가 아니라도 어딘가 다른 데라도 기회는 있어. 사무는 사무지만, 구체적으로 회답을 하라는 것은 좋다…… 이번 겨울에 갑자기 옮기게 된다면 파리의 요양소로 갈는지 어떨는지 모르겠다.

여기 입원할 때와 똑같이 안정되어 그것과 똑같은 동기로 그렇게 한다고 대답한다…… 비록 파리의 요양소가 가장 나쁜 곳이더라도, 그런 일은 충분히 있을 수 있고, 여기서도 일할 기회는 상당히 있다. 그리고 일만이 나의 유일한 기분풀이가 된다.

그렇게 말하는 것은, 이 편지로 다른 곳으로 옮기고 싶은 중요한 이유가 있다는 것을 너에게 알리고 싶기 때문이다.

그래서 되풀이해서 말한다면, 내가 졸라나 콩쿠르를 열렬하게 찬미하고, 예술 작품에 민감하고 근대적인 생각을 가지고 있음에도 불구하고 미신가와 같은 발작에 사로잡히고, 북국에 있었던 무렵에는 한 번도 생각하지도 않은 것 같은 흉포하고 착종된 종교에 대한 생각이 일어난다.

환경에 매우 민감하다는 가정에 입각하면, 아를르의 병원이나 이 요양소와 같은 케케묵은 수도원에 오래 체재하고 있는 것만으로도 이와 같은 발작을 설명하기에 충분하다.

그래서 설사 조건이 더욱 나쁠지언정…… 지금으로서는 오히려 속인이 경영하는 요양소로 갔던 편이 더 나을지도 모르겠다.

그러나 발광하거나, 발광한 흉내를 내는 대신에 너에게 미리 그렇게 말해 두고 나서, 언젠가…… 다른 데로 옮길는지도 알 수 없다…… 이번 겨울에 또 발작이 일어나지 않을지, 상태를 알 수 있을 때까지 충분한 침착성과 자신을 가질 수 있음을 일러두고 싶다.

그때가 되면 이런 식으로 편지를 하겠다.「나는 여기를 나가고 싶다. 설사 좋은 사람들이 있다 하더라도, 수녀들이 경영하고 있는 요양소에는 몇 가지 심각한 이유가 있다는 것을 알 것이기 때문에 너에게는 이의는 없을 것이다」 하고 말이다.

그런데 어떻게 타협이 되어 조만간 옮기게 된다면, 우선 전혀 아무 일도 없었던 것처럼, 신중을 기하고, 아무리 사소한 일에도 리브 씨가 말하는 것을 듣고, 마치 완전히 절망한 처지에 있는 것처럼, 너무 틀에 박힌 조치를 곧 취하지 않는 게 좋다.

나는 되도록 많이 먹기로 하고 있다…… 만일 내 담당 의사라면 반대하겠지만 말이다.

아주 억센 체력이 나에게 좋다고는 생각되지 않지만, 좋은 작업을 하고 예술가로서 일어서고 싶다는 생각이 머리에 그득하고, 그것만으로도 제일 이치에 맞다.

어머니도 윌도, 코르의 출발 이후 각자 그 측근을 바꾸었어…… 과연 당연한 애기다. 늪에 물이 괴듯이, 슬픔을 우리들 영혼에 쌓이게 해서는 안 된다. 그러나 때로는 돈도 드는 일이고, 바꿀 수 없는 것이다. 윌은 문장에 능했고, 코르의 출발은 우리에게 큰 슬픔이다.

이상하게도 들라크르와의 ≪피에타≫를 한창 모사하는 중에 이 그림이 지금 어디에 있는지 알았다. 헝가리가 아니며 어느 저쪽 나라 여왕으로서 카르멘 실바의 이름으로 시를 쓴 사람인 모양이다. 그녀와 그림에 대해서 쓴 기사는 피에르 로치의 것이었다. 이 카르멘 실바는 자기가 쓴 시 이상으로 사람으로서 매력적이고…… 그러면서도 그가 쓴 것은「자식이 없는 여자는 치지 않는 종과 같은 것이다…… 청동의 소리가 아무리 아름다울지라도, 누구 하나 들을 수 조차 없다.」

밀레의 밭일의 10점의 모사 중 이미 7점 이상이 완성되었다. 모사를 하는 것은 대단히 재미가 있고, 당장은 모델이 없기 때문에 이렇게 하면 인물화를 잊지 않게도 된다.

≪씨 뿌리는 사람≫과 ≪밭 가는 사람≫도 베끼고 있다.

소묘로부터의 ≪밭 가는 사람≫의 사진이 있다.

≪씨 뿌리는 사람≫은 뒤랑 뤼엘 판(板)의 루우라의 부식 동판화가 있다.

이들 동판화의 짝 속에 써레가 있는 눈에 덮인 밭이 있다. 그리고 목판화와 짝 속에 있는 ≪하루의 네 번의 시간≫을 갖고 싶다.

견본이 있다.

이것만은 전부 갖고 싶다. 하다못해 동판화와 목판화만이라도.

공부를 위해 필요하고, 익히고 싶다.

모사 따위는 구식 방법이지만 나에겐 전혀 상관이 없다. 들라크르와의 ≪착한 사마리아인≫도 베끼겠다.

간호인인 여자이지만…… 여인의 초상 한 점을 완성했다. 너에게도 꼭 마음에 들 줄 아는데…… 복사해 보았지만 실사한 것보다 잘되지 않았다. 너에게 보내고 싶었으나, 저쪽도 실사 쪽을 갖고 싶어할 거라고 생각한다.

장밋빛과 까망이다.

오늘은 자화상을 보낸다. 얼마동안 찬찬히 들여다보지 않으면 안 된다…… 내 얼굴 모습은 꽤 안정되었다고 생각한다. 그래도 아직 눈매가 이전보다 멍청해 있는 것 같다. 또 한 점, 병중에 시작(試作)한 것이 있다. 하지만 이쪽이 마음에 든다고 생각하고 단순화해 보았다. 만일 피사로 할아버지를 만나거든 보여 보려무나.

≪밭일≫의 색채 효과에 너는 틀림없이 놀랄 것이다. 피사로가 아주 자신 있어 하는 한 짝이 아닌가.

왜 나는 즐겨 모사를 하는지, 무엇을 추구하고 있는지, 지금부터 설명하겠다. 우리들 화가는 언제나 스스로 구도를 결정하는 작곡자의 입장을 요구당하고 있다.

그건 좋다 하더라도…… 음악에서는 그럴 수가 없다…… 만일 누군가가 베토벤을 연주할 경우 개인적인 해석이 가해진다…… 음악에 있어서는, 특히 성악의 경우에는…… 작곡가라 할지라도 어떤 독자적인 해석이 있을 것이고, 엄밀히 말한다면, 작곡가만이 자기 작품을 연주할 수 있게 된다.

그렇다…… 나는 지금 병중이니, 자신을 위로하기 위해, 자신을 기쁘게 하기 위해서만 뭔가 하고 싶다.

눈앞에 있는 들라크르와나 밀레의 작품을 소재로 해서 나는 하양과 까망을 놓는다.

그리고 당장 색채를 그 위에 놓지만, 물론 완전히 자신의 것이라고 하기보다도, 그 그림들을 보았을 때의 기억에 의지하여…… 적절하지 않을지도 모르지만, 추억이란 감각 속에 있는 색채의 조화의 물결이다…… 이것은 내 나름의 해석이다.

많은 사람은 모사를 안 하지만, 다른 많은 사람들은 모사를 하고 있다…… 나는 우연한 기회로부터 시작했지만, 공부가 되고 때로는 위안이 되기도 한다. 그렇다면 내 붓은 마치 바이올린의 활처럼 손가락 사이에 꼭 끼여서 정말 나의 기쁨이 되는 것이다.

오늘은 리라색으로부터 노랑까지의 해조(諧調)로 ≪양털을 깎는 여인≫을 시도해 보았다. 대개 5호쯤 되는 작은 화포다.

화포와 그림물감을 보내주어서 대단히 고맙다. 대신에 자화상과 함께 다음 그림을 보낸다.

달돋이(짚무더기)
밭 습작

올리브나무 습작
야경 습작
산
푸른 보리밭
올리브나무
꽃피는 과수원
채석장 입구

최초의 4점은 습작으로서 서로 종합적인 효과는 없다.

나는 채석장 입구가 마음에 든다. 발작이 도질 듯했던 무렵에 그린 것이지만, 어두운 초록과 황토색 가락이 내 취미에 맞는다. 게다가 어쩐지 구슬프지만 건전한 데가 있고, 그 때문에 조금도 마음에 걸리지 않는다.

≪산≫의 경우에도 같은 말을 할 수 있을지도 모른다. 손가락 정도 굵기의 윤곽이 있는 산은 이런 모양이 아니라고 말을 들을지도 모른다. 하지만 로드의 저서의 발췌 그대로 표현하려고 생각했다…… 로드가 쓴 글 중에서 이상하게 좋은 것 중 하나였다…… 해바라기가 피는 염소지기의 검은 오두막이 있는, 마을에서 떨어진 어두운 산골짜기에 관해서 쓴 것이었다.

흰 구름과 안쪽에 산이 있는 올리브나무, 달돋이, 밤의 효과는 정리면에서 과장한 데가 있고, 해묵은 나무의 연륜처럼 선으로 둘러싸여 있다. 올리브나무에서는 성격을 드러냈고, 또 한 장의 습작도 마찬가지도. 뙤약볕에 매미 등이 날고 있는 것은 시간을 나타내려고 생각했다.

그 밖의 그림…… 추수하는 농부들 따위는 아직 마르지 않았다.

그래서 날씨가 나쁜 시기에는 모사를 많이 할까 생각하고 있다. 실제로 초상화를 더 그리지 않으면 안 된다.

초상화를 공부함으로써만 요점이나 단순화를 파악할 수 있게 된다.

너는 편지 속에서, 나는 일밖에 한 것이 없다고 말했으나, 아니야…… 그건 타당치 않아…… 내 자신 내 일에 너무도 불만이고, 유일한 위안은, 경험있는 사람들이 10년 간 아무 것도 얻는 바도 없이 유화를 계속하지 않으면 안 된다는 것이다. 그래서 내가 한 일은, 요 10년 동안 불운과 불우한 공부를 한 것뿐이다.

이제부터 더 좋은 시기가 올지도 모르지만, 인물화의 실력을 기르고, 들라크르와, 밀레를 면밀하게 연구해서 기억을 쇄신하지 않으면 안 되겠다.

그것에 덧붙여서 나의 소묘를 어떻게 해야겠다고 생각하고 있다. 불운하더라도 뭔지 모르게 얻는 바가 있는 것이고 공부할 시간을 벌 수 있다.

말아서 보내는 화포에 꽃의 습작도 덧붙이겠다…… 대단한 것은 없지만, 아무래도 찢어 버릴 수가 없었다.

요컨대 이 작품들 중에서 비교적 낫다고 생각하는 것은 보리밭, 산, 과수원, 푸른 언덕이 있는 올리브나무, 초상, 채석장 입구뿐이며, 그 밖의 것은 개인적 의지나 적절한 선이 결여되어 있기 때문에 나에게는 아무 말도 걸어오지 않는다.

설사 과장되어 있더라도 그 선들이 안정되고 경정되는 데서부터 타블로가 시작된다. 베르나르와 고갱의 작품에는 다소 그런 감이 있다.

나무를 그리는 데 그 정확한 모양을 추구하지 않고 모양이 둥그냐 정방형이냐에 구애된다…… 그런데 실제로 그 생각은 틀리지 않았다. 사진의 진보와 어떤 종류의 바보가 있는 데 분개하고 있기 때문이다.

그들은 산의 정확한 격조를 추구하지 않고 이렇게 말할 것이다. 「아니! 산이 푸르면 파랑을 칠해 버려! 그리고 일일이 이런 파랑이겠지 하고 말하지 마라! 파랑이겠지? ……그러니 파랑을 칠하면 되고, 그것으로 충분하다!」

고갱이 그런 설명을 할 때, 가끔 그 천재다움을 발휘하지만, 고갱은 자기 재능을 보이기를 귀찮아하고, 정말 젊은이를 위한 말을 하기를 좋아하는 것은 희한하다. 아주 이상한 녀석이다.

조가 건강하다니 무엇보다 다행이다. 임신을 하고 있으면 너도 자기 입장을 통감할 것이다. 가정적인 걱정이 없는 한 사람이었던 때보다는 물론 고민도 많을 것이다. 그래서 너도 한층 부성애에 눈뜨게 될 것이다.

밀레나 들라크라와의 일을 생각하면 얼마나 대조적인 것인가. 들라크르와에게는 처자도 없었고, 밀레는 누구보다도 가정적이었다. 그런데도 두 사람은 다 작품에 있어서는 동등했다.

쥐브는 자기의 큰 아틀리에를 언제나 유지해 왔고, 지금은 장식 일을 하고 있다. 그는 위대한 화가가 되기 위해 아주 보잘 것 없는 일밖에 하지 않고도 된 셈이다.

그에게는 돈이 불행을 초래했다. 먹고 살기 위해서는 유화 이외의 일은 무엇이든지 하지 않으면 안 되고, 설사 좋은 것을 그려도 유화를 얻는 것보다 지출이 많아진다.

그래서 곧 재주를 잃고 말았다. 아마 그것은 현재도 연구소에서 계속되고 있는 구식 교육 때문일 것이다. ……윤곽으로 가득 채워 버리는 거다. 그래서 도미에는 소묘를 터득하기 위해 언제나 얼굴을 거울에 비추어서 그렸던 것이다.

전에 너에게 말한 적이 있지만, 대체 나는 어떤 것을 언제나 생각하고 있는지 알고 있는가? 만일 비록 내가 성공하지 못하더라도, 내가 하고 있던 일을 계속할 수 있다는 신념이다. 직접이 아니더라도, 진실한 사항에 관해서 생각하는 것은 결코 자기 혼자만이 아닐 것이다. 개인의 경우는 문제가 아니다! 나는 사람의 생애는 보리의 생애와 같다는 생각이 들어 베길 수가 없다. 만일 싹을 틔우기 위해서 땅에 뿌려지지 않는다면 어떻게 되겠는가? 가루가 되어 빵이 되고 말 것이다.

행운과 불운의 차이다! 쌍방이 다 필요하며, 유용하기도 하고, 죽음이라든가 소멸도 마찬가지로…… 관련이 있고…… 인생도 물론이다.

비록 미치고 걱정되는 병에 걸리더라도 이 신념은 결코 흔들리지 않는다. 무니에의 작품은 기어이 보고 싶었다! 그럼 알겠지, 만일 내가 속달 우편으로 파리로 가고 싶다고 하면, 앞에 말한 이유 때문이다. 당장은 별로 서둘 것도 없고, 이것만 알려 두면, 발작이 겨울 동안에 또 한 번 일어날지도 모르지만, 충분히 자신을 가질 수 있다. 그러나 만일, 또 종교적 열광이 일어나면 사정없이 무조건 이곳을 떠나고 싶다. 하지만 수녀의 경영 방법에 간섭하거나 비판하는 것은 허용되지 않는 일이고, 게다가 적지 않게 분별이 없는 짓이다. 그녀들에게도 나름대로의 신념이 있는 것이며, 타인에 대해서

선한 일을 하는 독자의 방법이 있을 것이므로, 때로는 효과가 있는 거다.

하지만 경솔하게는 알리지 않겠다.

더욱 자유로운 몸이 되어 산다든가, 내가 갖지 못한 물건을 갖고 싶기 때문에 그렇게 말하는 것이 아니다.

그러니 더욱더 침착하게 있으면서 기회를 놓치지 않고 처신을 정하겠다.

위의 상태가 좋아진 것만도 대단한 일이다. 게다가 이전보다 추위를 견딜 수 있다고 생각한다. 날씨가 나쁠 때에는 좋아하는 작품을 모사하려고 계획하고 있기 때문에, 어떻게 하면 좋은지 알고 있다.

학교에 있는 밀레의 모사를 보고 싶다. 좋은 작품을 대할 기회만 있으면 화가가 되겠다고 뜻을 둘 아이도 있을 것임에 틀림없다.

조에게 안부를 전해 다오. 악수한다. 멀지 않아 또 보자.

빈센트

[출처] 빈센트 반 고흐, 진을주 역, 『생의 마지막 계절』, 인문당, 1982, 168~176쪽.

소설 '광장'을 고쳐 쓴 까닭

최 인 훈

문학 작품－소설·시·희곡은 작자라고 불리는 사람이 혼자서 짓는 것이라고 지금은 알고 있다. 그렇게 된 지도 오랜 일이다. 그러나, 알다시피 아주 옛날에는 노래나 이야기는 오랫동안에 여러 사람이 비슷한 이야기나 느낌을 이리저리 뜯어 맞춰서 만들어지는 것이 예사였다. 신화·전설·민요 같은 것들이다. 우리는 이것도 문학이라 부르고 있다. 혼자 만들었든, 여럿이 만들었든, 하룻밤에 지어냈든, 천년 걸려 이루어졌든, 말을 가지고 기쁨과 슬픔을 나타냈기 때문이다. 이런 작품들은 혼자 만들어낸 작품이 쉽사리 지니지 못하는 힘을 가지고 있다. 닦이고 닦인 끝에, 문학 작품이 마땅히 그렇게 되어야 할 가장 효과가 좋은 모양으로 다듬어진 데서 나오는 힘이다.

현대 작가는 이런 흉내를 낼 수 없다. 그 까닭은 매우 간단하다. 삶의 모습이 너무 빠르게 움직이고 있기 때문에 한 가지 소재에 무작정 매달려 있을 수 없기 때문이다. 이 문제를 푸는 길은 얼핏 생각하기에 없지 않아 보인다. '집단 생산'의 작업 형식을 빌면 될 것 같기 때문이다. 그런데 실은 이 해결은 해결이 아니라 파괴라고 불러야 할 사정이 있다. 현대의 삶이 빨리 움직인다는 것은 신화나 전설이 만들어지던 시대와 마찬가지 모양의 삶이 그저 움직임이 빨라만 졌다는 말이 아니다. 시간을 잣대로 해서 나타내면 현대의 삶을 그 빠르기로 이름 지을 수 있지만, 한편으로 공간을 기준으로 나타내면, 현대 생활의 특징은 그 다양성이라 불러야 할 것이다.

그러니까 여러 사람이 달라붙어서 한 가지 모양의 삶을 작품으로 만들어 낸다면 '집단 생산'이 힘을 쓰겠지만, 백 사람이 백 가지 모양의 삶을 다루어야 한다면, 정확히 혼자서 한 가지 소재를 다루는 것과 마찬가지가 된다.

그래서 현대 작가는 별 수 없이 혼자서, 이 다양한 현대 생활의 어느 한 군데를 골라잡아, 상당히 빠르게 그것을 보편적인 감동의 형식으로 다듬어 내는 일을 하지 않으면 안 된다. 한 군데라고 하지만 그 한 군데는 자꾸 시간에 따라 모양이 바뀌는 한 군데다. 그러니 속도가 요구된다. 한 군데를 빠르게 그러나, 그 한 군데를 모르는 사람도 알아먹게 쓰지 않으면 안 된다. 대중 문학이란 것은 특수한 소재를 특수한 테두리에서 쓴 것들 — 일반성이나 상징에까지 이르지 못한 것들이다. 생활의 확대에 반사적으로 반응한 데에 그치고 그것을 더 보편적인 원리를 가지고 뒷받침하지 못하고 있다. 이렇게 되면 문학은 그것이 원래 하고자 하는 일을 하지 않고 있는 것이 된다. 문학은 상품 이름이나 광고 노래처럼 그것이 나타내는 물건이 없어지면 없어져도 좋은 일회적인 소비재가 아니다. 이상적으로 말하면, 영원히 없어지지 않는 무한 운동 장치 같은 것이다.

변하는 것을 소재로 하면서 효력이 변하지 않는 것을 만드는 모순을 실천하고 있는 것이 문학이다. 이 모순은 인간의 조건을 이루는 것이기 때문에 피할 수 없는 것이고, 그 모순 자체가 문학을 성립시키는 해결의 바탕이 되고 있다. 모순이 곧 해결의 바탕이 될 수 있는 것은 인간의 삶은 끊임없이 변하고 있지만, 인간의 삶에는 전혀 변하지 않는 지평선이 있기 때문이다. 그 지평선은 모든 개인은 죽는다는 조건이다. 이 조건이, 인간의 삶의 확대, 다른 말로 하면 변화, 또는 속도에도 불구하고 어떤 인간이든지 처지가 다른, 다른 사람의 삶을 이해할 수 있게 하는 바탕이다. 작가가 하는 일은 다양화되고, 빠르게 움직이는 현대 생활의 어떤 부분을(한꺼번에 모든 일을 다룰 수는 없으므로) 이 공통의 바탕과 이어지도록 물길을 터주는 일이다. 이 회로 구성의 기술이 현대 작가들이 힘을 쏟는 내용이다. 이십 세기 문학의 혼돈과 방황은, 이 기술 개발을 위한 그만한 숫자의 연구 보고서들이다. 많은 사람들이 이 회로 구성 기술은 전시대의 기술로 다시 돌아감으로써 해결될 듯이 생각했지만, 그것은 불가능하다. 빗자루를 타고 달에 갈 수는 없다. 그것은 해결이 아니라 공간의 무한성에 겁을 먹은 나그네가 욕망을 버리고 주저앉아 옛날을 그리는 꿈같은 것이다. 사람들은 신화를 만들던 시대의 사람들이 신화에서 느낀 감동이, 지금 남아 있는 그것을 읽고 우리가 느끼는 감정과 같은 것이었던 줄로 생각한다. 삶이 그렇게 쉬우면 오죽 좋으랴만, 그렇지 않다. 신화는 그것을 만든 사람들이 그들의 키에 맞춰서 만든 옷이다. 그 사람들의 피와 땀을 먹고 살이 찐 우리들에게는 너무 작다. 거기다 붙이는 증폭 장치의 고안—그것이 현대 문학의 내용이다. 거의 모든 복고주의는 이 장치가 없는, 증폭 처리가 없는 껍데기의 흉내다. 그것이 옛사람들에게 불러일으킨 느낌이 거인이라면, 그것이 우리들에게 불러일으키는 느낌의 양은 난쟁이밖에 안 된다. 이런 껍데기는 그러니까 정확하게 말하면 오늘날의 상품 이름이나, 광고 노래와 같은 것이 된다. 바람에 날려 난쟁이 나라에 떨어진 거인의 쪼그라진 미이라처럼 여러 사람이 여러 실험을 했고 그 성과는 차츰 쌓여가고 있다. 20세기 문학은 참으로 건강한 문학이다. 길잡이 없는 바닷길에 지치지 않고 나선 유럽 사람들이 건강했듯이.

소설을 써오면서 나는 위와 같은 생각들을 하게 되었다. 누구나 인생을 모두 알고 난 다음에 인생을 시작하지는 못한다. 현대에서 무엇인가 말을 한다는 것은 참으로 어려운 일이다. 남도 말고, 내가 지어낸 작품들을 내가 읽어볼 때마다 괴로워진다. 나는 그것을 가지고 내가 소설을 만들어온 현대 한국말이라는 것이 상품 이름이나 광고 노래의 가사보다 그렇게 썩 나은 어떤 틀이나 본때를 만들지 못하고 있음을 차츰 알게 되었다. 문학자에게는 역사의식은 심미 의식과 직결되지는 않는다. 그 사이에는 매개항이 있지 않으면 안 된다. 그것이 언어 의식이라 하겠다.

나는 미국에 있는 동안에 꽤 시간이 많았다. 처음에는 미국 자체를 좀 알아볼까 했으나, 걸릴 시간에 견주어 실속이 없을 것 같아서, 곧 그만두고 전부터 지녀오던 내 자신의 문제 의식의 흐름을 따르기를 이어가기로 하고,

『광장』을 또 고쳐 쓰는 일을 시작했다. 그 결과가 이번에 문학과지성사에서 나온 판이다. 이 일감을 통해서 군데군데 이야기를 고치고 빼고 하기도 했지만, 주된 일은 한자로 만들어진 말을 한자 어원 아닌—또는 아니라고 내가 알고 있는—말로 고쳐쓰는 것이었다.

현대 한국 소설은, 다른 자리의 문자 표현물들이 국·한문 섞어 쓰기를 하고 있는 이 마당에서는 난처하고도 어려운 수렁에 빠져 있다. 국민의 문자 생활에서 소설만이 다른 표기법을 쓰고 있는, 아마 세계에서 하나밖에 없는 일을 하고 있다. 물론 한국 소설의 한글 전용은, '날틀'식이 아니라, '비행기'식이다. 그리고 그 밖의 문자 표현물들은 한자로 '飛行機'라고 쓰고 있다. 한글 표기일 바에야 '날틀'이라고 해야 옳고 힘이 있다. 그러나 '비행기'가 자연스러운 까닭은 한편에서 그 어원인 한자로 '飛行機'를 쓰고 있는 데에 있다. 이런 체제 밑에서는 한글로 쓰기는 두 가지 나타냄의 작용을 한다. 첫째는 한자 어원을 모르거나, 의식하지 않고, '한자 어원의 말의 한글 표기'를 읽고 쓰면 어쩔 수 없이 그 표현은 얕고 곧 못쓰게 될 힘밖에는 없는 나타냄이 된다. 상품 이름이나, 광고 노래에 쓰이는 말쯤의 깊이밖에는 가지지 못한다. 둘째는, 한자 어원을 알고, 의식하면서, '한자 어원의 한글 표기'를 읽고 쓰게 되는 경우는 굉장히 사치 한 일을 하는 것이 된다. 이것은 진짜는 은행에 맡겨두고 가짜 반지를 끼고 다닐 때의 그 가짜 반지와 낀 사람과의 사이하고 같아진다. 겉보기에는 진짜 같지만 정말은 가짜고, 가짜지만 사실은 진짜의 상징이라는 관계다. 이것은 수사학에서의 '비유'의 본질과 같다. 이 야릇한 표기법 그 자체가 바로, 그것만으로 최소한의 문학적인 조작의 몫을 하는 셈이다. 이것은 너무나 위험한 일이다. 종교적인 믿음은 개인마다의 영혼이, 그때마다 절대자와의 외로운 맞섬을 거쳐 지켜져야지 '면죄부'로 가름돼서는 안 되듯이, 민주주의는 국민의 손으로 걸음마다의 투표에 따라 지켜져야지 누군가에게 맡겨서 움직이게 한다는 '대의 정치'만으로는 지켜지지 않듯이, 그처럼, 문학적인 심미 의식도 글의 지음새의 창조적인 고안에 의존해야지, 표기의 이중장부 제도에 기대는 것은 문학을 안에서 좀먹는 일이 된다. 죽음에 이르는 길은 넓고 수월한 것이다.

그러면, 어떻게 하면 좋은가? 아무 길도 없다. 에스페란토를 만드는 일이 아닌, 한국이라는 고장의 언어생활은 논리학 연습이 아니라 현실의 사회적 세력들의 구체적인 이해관계의 찌, 지표 같은 것이다. 그것은 모든 사회 행동이 그런 것처럼 그 여러 세력들의 정치 실력에 따라 판가름될 것이다.

그러면 나는 어느 편인가? 나는 국·한문 섞어쓰기를 하면서 한글과 우리 고유의 말의 테두리를 차츰 넓힌다는 쪽이다.

그런데 소설에서는 이렇게 하려고 하면, 앞에서 말한, 이중 표기법에 의한 부당 이득에 길들여진 소설 독자의 언어 의식의 저항에 부딪히게 된다. 어떤 이득이든지 한번 얻으면 놓지 않으려 하는 법이다. 이것을 무릅쓰고 소설에서 섞어쓰기를 할 용기는 나에게는 없다.

한국 소설의 한글 오로지 쓰기를 따르면서, 그것이 표기 제도의 부당 이득에 기대려는 염치없음에서 벗어나려면, 한 가지 길밖에는 없다. 한글 오로지 쓰기의 바로 그 원칙을 뿌리까지 따라가는 것, 한글 표기만이 아니라, 한자 어원의 말을 우리 고유의—또는 그렇다고 마음이 받아들이는—말로 바꾸는 일이다.

『광장』을 고쳐 쓴 작업 원칙은 이것이다. 여기서도 나는 어려움을 보아야 했다. '비행기'를 '날틀'이라고 바꾸면 그만이 아니다. 그 두 가지 말이 뜻하는 '밖'의 사물은 하나지만 '비행기'라 쓸 때와 '날틀'이라 쓸 때의, 그 '밖'의 사물에 대한 '안'의 느낌—곧 표현자의 느낌은 다른 것이다. 말이 무서운 것이 아니라, 그 뒤에 있는 굳이, 이렇게가 아니라 저렇게 나타내겠다는, 그 골라잡는 주체인, 인간의 의지가 무서운 것이다. 말에는 이미 그 쓰는 이의 뜻에 앞서 다른 사람들이 그 말에서 바라는 뜻, 버릇이 있다. 이 뜻·버릇·타성이 쓰는 이의 속셈과 같으면 좋거니와 그렇지 못하면, 틀을 갖추려다가 얼을 잃는 것이 된다. 이른바 우리 고유의 말에는 한두 사람의 힘으로 거스르기 어려운 버릇·이데올로기·타성에 억세게 업혀 있다. 우리가 우리 고유의 말, 민중의 말이라고 생각하고, 따라서 본능적으로 믿는 말투에는 뜻밖일 만큼 같은 시대의 지배 계급의 사고방식의 거꾸로 된 모방인 측면이 얽혀 있다. 이런 함정도 또한 피해야 했다. 그럴 때에는 서툴고 거칠더라도, 나는 내 뜻이 굽어지지 않는 말을 쓰거나, 한자 어원의 말을 그대로 두거나 하였다.

『광장』 고쳐 쓰기에서 한 나의 일은 이처럼 우리말과 표기법이라는 큰 문제에서, 그 한 군데인 소설 표기의 테두리에 머무는 일이었고, 그와 어우러진 일들의 초입에 발을 들여놓은 것인데, 이 과정에서 얻어진 여러 가지 문제들은 두고두고 생각해볼 계획이며, 이 같은 손에 닿는 일감을 넘어선, 언어 문제 모두에 걸친 연구 같은 것은 아직 아무 마련이 없다.

[출처] 최인훈, 「소설 '광장'을 고쳐 쓴 까닭」, 『문학과 이데올로기』(최인훈 전집 12), 문학과지성사, 2008, 361~366쪽.

무용가와 자연

이사도라 던컨

혼이 미와 지혜에 대해서 그리스에서만큼 예민했던 나라는 결코 없었다. 하늘을 쳐다보면 왜 지혜의 여신 아테나가 '푸른 눈동자를 갖고 있는 신'이라고 불리었던가를 알게 되고, 또 왜 학문과 미를 언제나 나란히 그녀가 다스려왔는가를 알게 된다. 그리고 왜 그리스가 많은 위대한 철학자의 나라이고 지혜를 사랑하는 자의 나라인가, 그리고 이들 중의 가장 위대한 사람들이 왜 가장 높은 미를 가장 높은 지혜라고 불렀던가도 알게 되는 것이다…….

가장 높은 이상으로서의 미의 인식은 오로지 남성만이 갖는 지성의 영역에 속하는 것일까? ……아니면 여성도 또한 가장 높은 미에 대한 지식을 얻을 수 있다고 생각할 수 있는가? 현재 우리나라의 여성을 보면 하나의 이상으로서의 미에 대한 감정과 애정을 가지고 있는 여성은 극히 드물다고 해야 하지 않을까? 여성들은 보잘것없는 사소한 일에만 눈을 뜨고 참다운 미에는 장님인 것처럼 생각되지는 않는가?

'참다운 미'라는 말을 들으면, 내 눈앞에는 사람들의 상(像)이, 그리고 기품 있는 느슨한 의상을 가볍게 걸친 여성들의 모습이 줄을 지어 서 있는 것으로 보인다. 그녀들은 두 사람씩 앞으로 나아가며 몸을 스텝에 맞게 흔드는데 그 조화된 광경은 음악과도 같다…….

여성은 이상으로서의 미를 알지 못한다고 믿어지고 있는 것 같으나, 그것은 그렇게 생각되고 있을 뿐 사실은 그렇지 않다고 생각된다. 왜냐하면 여성은 그것을 감지할 수가 없기 때문이 아니라 참다운 미를 이해하는 능력의 자질에 지금은 눈을 감고 있음에 지나지 않기 때문이다.

미는 눈을 통해서 혼에 이르는 길을 가장 쉽게 찾아내는 법이지만, 여성에게는 다른 길이—아마 보다 쉬운 길이—있다. 그것은 그녀들 자신의 육체에 관한 지식을 통하는 길이다.

인간의 몸은 모든 시대를 통해서 가장 높은 아름다움의 상징이었다. 양떼 속에 앉아 있는 젊은 양치기가 있다. 그의 앞에는, 장밋빛 햇살이 내리쬐이는 가운데 키프로스의 여신이 서서, 그녀의 것으로 될 것을 알고 있는 포상(褒賞) 쪽으로 손을 뻗고 미소 짓고 있다.

그 절묘한 목 언저리, 완만한 곡선으로 흘러내리는 두 어깨, 단단하고 둥근 가슴, 자유로운 선을 그리며 허리에 둥글게 이어지는 풍만한 몸통, 그리고 그것은 무릎과 다리 쪽으로 흘러내려간다. 이 모든 것이 하나의 완벽한 총체(總體)이다.

인간의 형(形)의 균형과 선(線)을 우선 이처럼 의식할 수 없었다면 예술가는 그를 둘러싸고 있는 미를 의식하지 못하였으리라. 인간의 형태에 대한 그의 이상에 기품이 있을 경우, 자연에 있어서의 모든 선과 모양에 대한 그의 개념은 가장 기품이 있게 된다. 그것은 하늘과 대지의 모양에 대한 지식이고, 여기에서 건축과 회화와 조각의 선 및 형태의 개념이 태어난다. 모든 예술은 원래 인간이 우선 인체의 선의 고귀함을 인식하는 데서 태어나는 것이 아니겠는가?

여성에게는 어떻게 이 아름다움을 깨닫도록 하는 것이 좋을까? 여성은 자기의 근육을 체육관에서 시험해 봄으로써, 혹은 조각화된 형태를 미술관에 가서 고찰함으로써, 혹은 아름다운 사물을 계속적으로 관찰함으로써, 그리고 그것을 마음속에서 되풀이 생각함으로써 이것을 알게 되는가? 이 같은 것들은 모두 방법이기는 하지만 중요한 것은, 여성이 이 아름다움을 '살려야' 하며 그녀의 육체가 그 살아 있는 요소로 되지 않으면 안 된다는 것이다.

미에 대한 고찰과 숙고에 의해서 뿐 아니라 여성은 실재하는 미에 의해서 배우게 되리라. 그리하여 형태와 동작은 불가분의 것이므로 이렇게 말해야 한다. 여성은 아름다운 형태와 조화하는 동작에서 배우게 되리라고.

가장 아름다운 인간의 형태에 어울리는 동작을 어떻게 이름 붙일 것인가? 가장 오랜 예술의 하나의 이름이 있는데—아홉 명의 뮤즈의 하나인 예로부터의 명칭—그러나 그것은 현대에는 이 정의에 어긋나는 것을 뜻하는, 평판이 떨어진 명칭이다. 나는 그것을 무용이라고 부르겠다. 여성은 무용을 통해서 형태와 동작의 미를 배운다.

장래의 여성을 위해서는, 발견되지 않는 놀라운 전승물(傳承物)이, 그리고 새로워져야 할 옛 춤이 있다고 믿는다. 그녀는 진흙과 대리석의 조각이 아니라 그녀의 노력을 통해 조형미(造形美)의 최고의 상태에 이른 그녀 자신의 육체의 조각이 되어야 한다. 그녀는 화가가 될 것이다. 그러나 한 장의 눈부신 회화의 일부로서 그녀는 새롭게 변화하는 빛과 색채의 다채로운 무리와 뒤섞이는 것이다. 그녀의 육체의 움직임에 의해서 직선과 곡선의 완벽한 균형의 비밀을 그녀는 발견 한다. 그녀는 조각과 회화와 건축을 위한 새로운 생명의 커다란 원천으로서 무용예술을 간직할 것이다.

무용예술에 있어서 이미 여성은 고도의 상태에 이를 수 있다. 춤추는 것은, 그녀로서는 실행하는 예술로서 존재해야 한다. 그러나 현재 우리나라에서는 그런 것이 하나도 있을 수 없다.

우리는 어디에서 동작의 커다란 원천을 찾으려고 하는가? 여성은 모든 다른 계통적인, 그리고 비계통적인 생명으로부터 동떨어진 것이 아니다. 그녀는 사슬의 한 고리에 지나지 않으며, 그녀의 동작은 우주를 꿰뚫는 위대한 동작과 더불어 있어야만 한다. 그 때문에 무용예술의 원천은 자연의 운동을 연구하는 일이 될 것이다.

바다를 건너오는 미풍이 강해지고 출렁거리는 물결과 하나가 되어야 한다. 우리에게 기쁨을 주고, 동작의 영적(靈的) 감각을 채워주는 모든 움직임

속에서도 바닷물결의 움직임은 가장 아름다운 것처럼 생각된다. 이 위대한 물결의 움직임은 모든 자연을 꿰뚫고 있다. 땅 위에 이어져가는 언덕이나, 기다랗게 흐르는 강에 눈을 돌릴 때 그것들 역시 바다의 커다란 출렁임처럼 생각된다. 그리고 자연의 모든 움직임에는 그 근본에 파동(波動)의 법칙이 있는 것처럼 생각된다.

어제 우리는 자연의 움직임에 대해서 이야기하다가 물결의 움직임은 커다란 기본이라고 말했다. 그 생각은 언제나 나를 따라다니며, 나에게는 물결이 모든 사물 속에서 높아져 가는 것으로 보인다. 또한 늘어선 나무들을 둘러보면 물결 모양의 선이 뚜렷하게 드러나는 형상을 이루고 있는 것처럼 보인다. 우리는 또 다른 입장에서 물결을 생각할 수도 있다. 모든 에너지는 이 파동을 통해서 나타나는 것이다. 소리는 물결 모양이고, 빛도 또한 그렇지 않은가? 그리하여 우리가 계통적인 자연의 움직임에 이를 때 모든 자유롭고 자연스런 움직임은 물결의 움직임의 법칙에 따르고 있는 것처럼 생각되리라. 예를 들면 새의 비상(飛翔), 짐승의 도약 등이 그것이다. 이 물결의 움직임을 일으키는 것은 인력의 법칙의 잡아당김과 저항의 되풀이다.

나의 주위에 있는 모든 것 속에서 나는 무용의 모티브를 본다. 인체에 가능한 모든 참다운 무용의 움직임은 본래 자연 속에 있는 것이다. 가짜 무용이라고 불리는 것에 대하여 '참다운 무용'이란 무엇인가?

참다운 무용은 가장 아름다운 인간의 형태에 어울린다. 그리고 가짜 무용은 이 정의에 어긋난다. 즉 인체를 변형시키는 데 불과한 동작인 것이다.

우리는 우선 자연 속에 있는 것처럼 있는 그대로의 여성의 형태를 그려 보자. 그러고 나서 현대적인 코르셋을 입고 지금의 무용가들이 사용하는 비단 구두를 신은 여성의 형태를 그려 보자. 그런데 한 쪽의 형태에 어울리는 움직임이 다른 쪽 형태에는 전혀 맞지 않는다는 사실을 알 수 없을까? 전자에는 자연을 꿰뚫고 흐르는 율동적인 모든 움직임이 가능하리라. 그 리드미컬한 움직임은 이 형태를 움직이기 위한 자연스런 매체로 생각될 것이다. 두 번째 형태에는 리듬이 깨져 있다. 그 극한에서 정지해 버리기 때문에 전자에 어울리는 움직임은 불가능한 것이다.

우리는 자연 속에서는 두 번째 형태를 위한 움직임을 찾아낼 수 없다. 그러나 직선에 바탕을 둔 기하학적 형태를 정하기 위해서는 이것과 반대의 일을 해야 한다. 그리고 현대의 무용학교가 하고 있는 일이 바로 그것이다. 거기에서는 후자의 설명에 의한 인간의 모양에 놀랄 만큼 딱 들어맞는 움직임을 생각해 내고 있다. 그러나 그것은 처음에 그려 본 형태에서는 있을 수 없는 것이다. 그러므로 내가 참다운 무용이라고 부르는 것은 처음에 말한 형태에 있어서의 자연스런 동작일 뿐이다.

내가 '보기 흉하다'고 지적하는 것을 사람들은 무언가 보다 높은 것으로의 전개, 형태에 있어서의 전개로 생각하고 있는지도 모른다. 그리고 여성의 자연스런 형태에 어울리는 춤에 대해서는 원시적이고 비운명적인 것으로 생각할지도 모른다. 한편 코르셋과 구두로 변형되고 조여진 형태에 어울리는 춤을 그들은 현대의 문화에 어울리는 무용이라 부를 것이다. 이러한 사람들에게는 도대체 무어라고 대답해주어야 한단 말인가.

인간의 문화는 자연의 힘과 조화된 방법으로 자연의 힘을 이용하며, 근원적으로 자연과 친밀하게 관련되는 모든 예술에 거슬리는 것은 하나도 이용하지 않는다. 화가·시인·조각가·극작가도 그렇지만, 우리는 자연 속에서 무엇인가를 발견하는 힘에 따라서, 그들의 작품을 통하여 자연에 이끌린다. 자연은 언제나 예술의 위대한 원천이었고 또 마땅히 그래야 한다. 그런데도 오늘날 자연의 움직임과 무용가의 동작은 완전히 분리되어 있다…….

(1905년)

[출처] 이사도라 던컨, 최혁순 역, 「무용가와 자연」, 『이사도라 던컨의 무용 에세이』, 범우사, 2004, 42~49쪽.

미래의 무용과 던컨의 어록

이사도라 던컨

"나는 내가 이 사회에 행복을 주는 새로운 해석방법을 발견했다고 확신한다. 음악가는 그의 악기로 지고(至高)의 사상을 표현하며 가수는 목소리로 표현한다. 나는 그 중에서 가장 위대한 수단인 인간의 육체로 표현하는 것이다. 나의 언어는 움직임이다."(1898년 혹은 1899년, 그녀의 최초의 유럽여행 이전에 뉴욕에서 강연을 위해 써놓은 원고 조각 중에서)

* *

"만약 무용이 예술로서 다시 살아날 수 없다면 그래서 그 이름이 태고(太古)의 먼지 속에 그대로 묻혀 있을 것이라면…… 나는 어떤 것을 새로 구축한다는 일에 전혀 관심이 없었을 것이다. 나는 이 물음에 지대한 관심을 갖고 있다. 무용도 예술의 한 형제라고 할 수 있을까? 만약 그렇다면 어떻게 무용을 예술로서 다시 생명을 갖게 할 수 있을까? 나는 나 자신이나 내 무용과는 전혀 별도로 이 문제를 생각해 본다. 이것은 하나의 단순한 질문으로서 모든 사람들의 관심이 될 만한 문제이다.

춤이란 내게 있어서 함께 태어난 본능적인 것이다. 나는 어렸을 때부터 춤을 췄다. 춤에 대한 어떤 정열이 있었기 때문이다. 아주 어렸을 때부터 나는 관객 앞에서 춤을 췄다. 사람들은 나를 '맨발의 무희(舞姬)'라고 불렀다. 그렇다면 나는 맨머리 맨손의 무희라는 소리도 들어야 옳을 것이다. 나는 춤출 때 옷을 벗었다. 그렇게 하면 내 육체의 자유로움과 리듬을 더 잘 느낄 수 있기 때문이다. 모든 시대를 통틀어 무용은 하나의 예술이었다. 발은 육체의 어느 부분과 마찬가지로 자유롭게 남아 있었다. 무용은 또 다른 분야의 예술에 영향을 줬다.

춤추는 사람들을 새긴 그리스의 아름다운 부조(浮彫)들과 이태리의 춤추는 조각상들에게서 그런 예가 발견된다. 오늘날에도 화가나 조각가들이 춤추는 사람들을 모델로 써서 작품을 만들 때도 맨발에 가벼운 의상을 걸친 모습을 많이 다루고 있다. 이런 점을 조금만 생각해 본다면 가벼운 옷에 맨발로 춤을 춘다는 것이 나 혼자만의 생각이 아니고 모든 시대 모든 예술가들의 의상이었음을 알 수 있을 것이다. 이렇게 되면 더 이상 나를 맨발의 무희라고 부를 수는 없을 것이다. 고백하건대 나는 그 칭호가 싫다. 무용을 예술로서 새롭게 창조해내기 위해 새로운 유파를 세우려고 노력하면서 옛 거장들이 만들어 놓은 춤추는 사람들의 모습에서 힌트를 얻어 같은 의상을 택한 것은 너무나 당연한 일이다. 그리고 거기서 발견된 육체의 표현, 리드믹한 움직임을 그의 무용원리로 삼은 것도 너무나 자연스러운 일이다.

나는 어릴 때부터 계속 대중 앞에서 춤을 춰왔다. 그 여러 해 동안 흉도 나오고 갑론을박도 있었지만 대중은 내게 일반적으로 즐거운 감탄과 격려를 보내줬다. 나의 길을 가는데 힘이 되어 준 것은 이러한 즐거운 격려였다. 나는 이런 격려는 이런 춤을 원하고 필요로 했던 사람들로부터 들려오는 목소리라고 생각했다. 그 속에는 그들이 희구해 온 움직임의 리듬이 있는 것 같았다. 나는 젊은 아가씨들로부터 수천 통의 편지를 받았다. 그 편지에는 대개 다음과 같은 공통된 말이 나온다. '우리는 일생 동안 춤추고 싶은 욕망을 느껴왔다. 당신이 바로 원하던 그 춤을 발견한 것 같다. 나를 가르쳐 주지 않겠는가?'라는 것이다.

내가 일생을 통해 점차적으로 발전시켜온 내 춤을 다른 사람들에게 가르칠 수 있다고는 생각지 못했지만, 나는 그런 요구에 대해 무언가 대답을 해야겠다는 필요를 느꼈다. 그래서 10여 년 전부터 차츰 이 문제에 대해 연구를 하게 됐고, 그 결과 진정한 무용을 발견해내기 위한 학교를 세워보려고 노력했다. 내 춤의 복사판을 길러내려는 것이 아니라 예술로서의 무용을 연구하는 학교 말이다. 나는 내 관객에게 이 목적을 간단하게 설명했고, 그들은 좋은 생각이라고 인정해 주는 것 같았다. 미국, 독일, 오스트리아, 헝가리, 프랑스 등의 모든 도시의 관객 앞에서 내가 이 말을 할 때마다 대답은 언제나 좋은 생각이라는 것이었다. 나는 드디어 학교를 설립했다, 1904년에."(1906년 12월, 콜론 신문 편집자에게 보낸 글 중에서)

* *

"인간의 형태와 크기에 대해 고대 그리스인들이 갖고 있던 정확한 지식과 느낌을 알려면 아크로폴리스 남쪽에 있는 디오니소스 극장의 원형 오케스트라 석에 직접 한번 서보는 것보다 더 좋은 방법이 없다. 옛날 배우들이 섰던 그 자리에 직접 서서 언덕 위로 펼쳐진 3만의 좌석을 마주보면 한 인간의 영혼이 그 많은 관객의 느낌을 어떻게 휘어잡을 수 있었던 지를 완벽하게 느낄 수가 있다."(유럽 주요 박물관 미술품 감상 노트 중에서)

* *

"많은 것들이 무용예술이란 깨어남의 과정이라는 신념을 갖도록 해줬다. 리드미컬한 움직임을 창조해낸다는 것은 인류의 지고한 즐거움의 원천이다.(춤은 모든 시대 종교의식 속에서 가장 중요한 역할을 했다.) 오늘날 젊은 세대의 예술가 예술학도들은 육체의 움직임에 대한 좀더 완전한 깨달음을 얻고자 갈구하는 태도를 보여주고 있다.

인간의 육체가 지니고 있는 아름답고 리드미컬한 움직임을 재발견하기 위한 것, 최고의 육체적 형태로 조화를 얻은 이상적인 움직임을 되살려내기 위한 것, 2천여 년 동안 잠자고 있던 그 예술을 다시 한번 깨어 일어나게 하기 위한 것—이것이 이 학교의 엄숙한 목적이다."(1906년 「미래의 무용」 중에서)

* *

"나는 나의 춤을 고전(古典)이라기보다 미국적인 것이라고 부르고 싶다. 나는 기본적으로 이 나라에 속해 있는 미국인이다. 월트 휘트만의 시(詩)에 나오듯 나는 미국의 자궁으로부터 태어난 것이다. ……그러므로 내 춤은 이 나라에 그 생명의 근원을 두고 있으며 그것은 미국에 속한 춤이다.

위대한 무용학파를 창설해서 새로운 음악과 합류하는 것이야말로 이 나라의 미래의 기쁨을 보장하는 것이라고 나는 확신한다."(1911년~15년, 미국 순회공연 도중 신문기사 모음 중에서)

* *

"미국이여 그대는 언제 내게 대답해 주려는가? 1898년 그대는 뉴욕신문 지상에서 나의 예술을 그대에게 바치려는 나의 최초의 노력을 읽었을 것이다. …… 그때 그대의 대답은 나를 거의 굶어 죽게 만들었고, 그래서 나는 이 나라를 떠나 가축선을 타고 유럽으로 갔었다.

유럽에서 위대한 예술가들과 많은 관중이 나를 인정한 1909년에야 나는 겨우 너에게 돌아올 수가 있었다.

아직도 나는 그대에게 나의 사랑과 희망을 보낸다.

나는 그저 춤만 춘다는 식의 춤에는 관심이 없다. 내게 있어서 춤이란 생의 표현이어야 한다. 그저 체조 같은 묘기나 예쁜 움직임의 연결이어서는 안 된다. 그 때문에 나는 보통 발레무용을 싫어하는 것이다."(1911년~15년, 미국 공연 신문기사 모음 중에서)

* *

"나는 육체의 움직임이라는 수단을 통해 인간의 영혼을 성스럽게 표현해 낼 수 있는 춤을 찾기 위해 스튜디오에서 수많은 낮과 밤을 지새웠다. 두 손을 가슴에 얹어 생명의 근원을 감싸안고 나는 몇 시간이고 가만히 서 있었다. …… 나는 추구했고 마침내는 모든 움직임의 원천을 찾아냈고 힘의 원동력이 분출하는 분화구를 찾아냈다. 움직임의 모든 변화로부터 하나의 조화가 탄생했고, 새로운 무용창조의 희망이 비쳐왔다. 이러한 발견에서부터 내가 창설한 내 학교의 원리가 탄생한 것이다. 발레학교에서는 이 원천이 척추로 등 중앙에 있다고 가르친다. 발레선생은 이 척추로부터 팔과 다리 몸체가 자유롭게 움직여야 한다고 가르친다. 그 결과는 관절이 있는 인형을 만들어 낼 뿐이다. 교묘한 기계적 움직임을 만들어 내는 이런 방법은 영혼과는 아무 상관이 없다. 나는 그 반대로 영혼을 표현할 수 있는 근원을 추구했다."(『나의 인생』 중에서)

* *

"춤을 추는 데는 두 가지 길이 있다. 춤의 혼 속으로 스스로를 던져 그 속에 있는 것을 춤추는 것이다(디오니소스). 또는 춤의 혼을 관조하면서 이야기하듯 춤을 추는 것이다(아폴로)."(1920년, 『아테네의 여행』이라는 제목으로 발행된 서한집 속에서)

* *

"미래의 벅찬 약속 중에서 나는 아이들이 춤추고 노래하고 이 세계의 지혜와 아름다움을 위해 사는 방법을 배우는 위대한 학교를 꿈꾼다. 로댕은 이런 말을 쓴 적이 있다. '자연을 이해할 때 그때 발전이 시작 된다'고.

아이들은 자연을 이해하고 자연의 리듬에 따른 춤을 춰야 한다. 이 시대의 가장 큰 사건은 무용이 자매예술인 음악과 같은 수준으로 각성했다는 것이다. 무용은 2천 년 동안 갇혀 있던 예술이다. 나는 내 전 생애를 그 사슬을 깨뜨리려는 노력에 바쳤다."(불(佛)정부에 학교 설립을 탄원한 편지)

* *

"춤을 춘다는 것은 살아간다는 것과 같다. 내가 원하는 것은 삶을 위한 학교이다. 인간의 가장 큰 풍요는 그의 영혼 속에 그의 상상력 속에 있다. 어쩌면 죽은 뒤에 세계가 있을지도 모른다. 그러나 나는 우리가 거기에 가게 될는지는 모른다. 내가 아는 것은 이 지구상에서 우리가 갖고 있는 재산이 우리의 의지 내면의 생활이라는 것을 알고 있다.

모든 예술의 최초의 법칙은 무엇인가? 위대한 조각가, 미술가들이 해놓은 대답은 어떤 것인가? 내 해답은 간단한 것이다. 자연을 보라, 자연을 연구하라, 자연을 이해하라, 그리고 그 자연을 표현하려고 노력하라는 것이다.

무용 또한 그와 같은 예술이다. 그러므로 무용의 가장 기본이 되는 최초의 원리는 '자연을 연구'하는 데서 시작돼야 한다.

무용연구의 최초의 법칙은 자연의 움직임을 배우는 것이다."(프랑스 신문 인터뷰 중에서)

* *

"무용은 오락이 아니라 종교이며, 삶의 표현이다. ……생명은 뿌리이고 예술은 그 꽃이다."(프랑스 신문 인터뷰 중에서)

* *

"아름다움을 주라, 자유를 주라, 건강을 주라, 어린이들에게. 예술을 원하는 자에게 예술을 주라. 위대한 음악은 특별히 특전을 받는 자에게만이 아니라 수많은 사람들에게 자유롭게 들려줘야 한다. 미술과 음악은 공기나 빵처럼 인간의 필수품이다. 예술은 인간의 영혼의 양식이기 때문이다."(신문 인터뷰 중에서)

* *

"나의 생애는 두 가지 주제만이 있었다. 사랑과 예술이다. 때로는 사랑이 예술을 파괴하고…… 때로는 예술에의 절박한 부름이 사랑에의 비극적인 종말을 몰고 왔다. 이 두 개의 주제는 조화를 모르고 끊임없는 투쟁을 하는 것이다."(신문 인터뷰 중에서)

[김상화 옮김]

[출처] 이사도라 던컨, 「미래의 무용과 던컨의 어록」, 『현대무용의 미학과 비평』(김태원 편), 현대미학사, 2003, 129~135쪽.

젊은 예술가들에게

오귀스트 로댕

아름다움의 숭배자가 되기를 열망하는 젊은이들이여! 그대들이 섬기려 하는 아름다움에 대해, 먼저 기나긴 예술의 길을 걸어온 한 사람으로서 내가 겪고 느꼈던 것들에 대해 이야기하려 한다.

무엇보다도 먼저 그대들은 앞선 시대에 활동했던 예술의 대가들에게 마음에서 우러나는 경의를 표해야 한다.

그들 중에서도 페이디아스[1]와 미켈란젤로는 특별히 경건한 태도로 대해야 한다. 페이디아스의 성스러운 명징(明澄)함과 미켈란젤로의 처참한 고뇌는 찬탄할 만하다. 찬탄은 그들의 숭고한 정신에 바치는 맑은 술인 것이다.

그러나 예술의 대가가 되기를 꿈꾼다면 선배들의 작품을 무작정 모방하지 않도록 경계해야 한다. 전통을 존중하는 동시에, 그 전통 속에 내재되어 있는 영원한 진실을 식별할 줄 알아야 하기 때문이다.

영원한 진실은 '자연을 사랑하는 마음'과 '성실'이며 자연과 성실함이야말로 천재를 이루는 두 가지 강한 정열이다.

---

1) Pheidias ; BC 5세기경의 조각가. 아테네의 정치가 페리클레스의 의뢰를 받아 파르테논 신전 건축을 총감독한 것으로 알려져 있다. 그래서 파르테논 조각을 이야기할 때 '페이디아스' 양식이라고 부르기도 한다.

천재들은 한결같이 자연을 숭배했으며, 결코 허위를 용납하지 않았다. 그렇게 함으로써 전통은 판에 박힌 듯한 고정된 양식에서 벗어날 수 있는, 강한 힘을 지닌 열쇠가 될 수 있었다. 이러한 전통이야말로 우리들로 하여금 꾸준히 '현실'을 직시할 수 있도록 이끌어주며, 특정한 어느 위대한 예술가를 맹목적으로 추종하는 잘못을 막아준다.

그렇기 때문에 '자연'을 오직 하나의 신으로 받들어야 하며 '자연'을 절대적으로 신뢰해야 하는 것이다.

자연이 절대로 추하지 않다는 것을 확신할 수 있을 때, 인간은 맹목적인 욕심을 억제하고 오로지 자연에만 충실할 수 있게 된다.

예술가의 눈에는 모든 것이 아름답게 보일 수 있다. 예술가의 통찰력은 온갖 사물의 성격 — 다시 말해 그 형체 밑에 투시되어 있는 내면적 진실을 발견해낼 수 있기 때문이다. 예술가의 통찰력에 의해 발견되는 진실이 곧 아름다움이다.

이렇듯 경건한 믿음으로 자연을 연구하게 되면 아름다움을 찾아낼 수 있을 것이며 또한 반드시 진실과 마주치게 될 것이다. 그리고 진실과 마주치게 되었을 때는 곧바로 그것에 몰두해야 한다.

위대한 화가들은 공간을 탐구한다

특히 조각을 하려 한다면 당신은 스스로 깊이의 감각을 강화시켜 두어야 한다. 사실 인간의 감각으로 이것을 터득한다는 것은 무척 어려운 일이다. 사물의 표면은 쉽게 파악할 수 있지만 그 내부를 명확하게 포착하기란 어려운 일이다. 눈에 보이는 형체를 그 깊이로 상상하기란 더더욱 어려운 일이다. 하지만 이것이 바로 예술가들의 임무이다.

무엇보다도 먼저, 조각하고자 하는 인물을 커다란 면(面)으로 인식할 필요가 있다. 그리고 나서 몸의 각 부분 — 머리, 어깨, 골반, 다리 등 — 이 지향하고 있는 방향을 뚜렷이 강조해내야 한다.

예술에서는 과감한 판단이 필요하다. 선을 잘 추구하여 깊이를 만들어 낼 수 있어야, 그 공간 속으로 들어가 깊이를 포착할 수 있게 된다.

요컨대 조각에서 면이 구성되었을 때 비로소 모든 것이 존재하게 되며 마침내 생명을 얻었다고 할 수 있는 것이다. 세부는 그 후에 그 속에서 솟아 나와 스스로 마무리하게 된다.

조소를 할 때는 대상을 평면이 아닌 오목함과 볼록함이 있는 입체로 느껴야만 한다. 그렇게 함으로써 표면에 드러난 것은 모두 속으로부터 밀려나온 양(量)이라고 보아야 하며 형(形)은 옆으로 벌어진 것이 아니라 우리들을 향해 앞으로 돌출한 것이라고 생각해야 한다는 말이다.

모든 생명은 하나의 중심에서부터 솟아나온다. 꽃들이 내부에서 싹을 틔워 외부를 향해 피어나는 것과 같은 이치이다. 아름다운 조각을 만났을 때 알 수 없는 강력한 내적 충동이 일어나는 것을 경험했던 적이 있을 것이다. 그것이 바로 고대 예술의 비결이다.

화가를 지망하는 사람들도 역시 현실을 그 깊이로 관찰해야 한다. 라파엘로가 그린 초상화를 예로 들어보자. 라파엘로는 인물을 정면에서부터 묘사하면서 가슴을 비스듬하게 잡아 깊이를 구성하고 있다. 그렇게 함으로써 3차원(dimension)의 환각을 보여주는 것이다.

위대한 화가들은 한결같이 공간을 탐구한다. 그렇게 부피(두께)의 관념 속에 그들의 힘을 실을 수 있게 됨으로써 외피가 아닌 양(量)만이 존재하게 된다는 사실을 잊어서는 안 된다. 소묘를 할 때 결코 외곽선에 눈이 홀려서는 안 된다. 요철(凹凸;오목함과 볼록함)을 잘 관찰해야 하는데 결국 오목하고 볼록한 면이 외곽선을 지배하고 있다는 것을 알 수 있을 것이다. 그리고 나서는 꾸준한 연습을 통해 손이 익숙해져야 한다.

예술은 결국 감정이다. 그러나 양과 비례, 그리고 색채에 대한 지식도 없고 더 나아가 손마저 익숙하지 않다면 지극히 예리한 감정도 제 구실을 할 수 없게 된다. 아무리 위대한 시인이라 할지라도 말이 통하지 않는 외국에서는 아무런 소용이 없는 것과 마찬가지이다. 신세대의 예술가들 중에는 불행하게도 언어도 제대로 배우지 않고 시를 쓰려는 사람들이 많이 있다. 그들은 결국 말을 더듬거릴 수밖에 없을 것이다.

꾸준히 인내하면서 공부하지 않고 영감(靈感)만을 바라고 있어서는 안 된다. 하늘에서 뚝 떨어지는 영감 같은 것은 존재하지 않는다. 예술가의 자격은 오직 지혜와 관심 그리고 성실과 의지에 달려 있다. 예술가는 정직한 노동자들처럼 자신의 일에 온 힘을 집중시켜야 한다.

참다운 예술은 예술을 경멸한다

젊은이들이여, 항상 진실하기를…….

진실이란 단순히 정확하게 해야 한다는 것과는 다르다. 저급한 정확성이라는 것도 있다. 예술에서의 정확성은 그것과 전혀 다르다. 예술은 내부에 진실을 갖추고서야 비로소 출발을 한다. 즉 우리들이 취하는 형태와 우리들이 사용하는 색채에 감정이 스며들어 있어야 한다는 것이다.

눈으로 보기에 좋은 것만으로 만족하거나, 본질과 관계없는, 그래서 중요하지 않은 세부에 집착하여 그것을 표현하는 예술가는 결코 대가가 될 수 없다.

한 가지 예를 들어보자. 이탈리아에 있는 어느 묘지의 장식을 만든 조각가가 유치하게도 자수나 레이스 그리고 여자의 머릿결 같은 것을 세밀하게 묘사하는 일에만 골몰하고 있다면 그것에 대해 정확하다고는 말할 수 있겠지만 진실하다고 할 수는 없다. 그것을 바라보는 사람의 마음에 다가가 호소하는 것이 없기 때문이다.

현재 프랑스에서 활동 중인 대부분의 조각가들이 앞서 이야기한 이탈리아 묘지의 조각가를 연상하게 한다.

거리나 광장에 서 있는 다양한 기념상들에서 두드러지게 눈에 띄는 것은 오로지 예복뿐이다. 탁자나 대화 혹은 의자만 눈에 띄거나, 기계, 기구(氣球), 전신기(電信機)들만이 눈에 들어올 뿐이다. 내면적인 진실을 전혀 찾아볼 수 없기 때문에 그것들에게는 예술이 없다.

예술가는 그러한 잡동사니들을 만들지 않도록 조심해야 한다. 예술가는 철저하게 진실을 말할 수 있어야 하며 자신의 느낌을 표현하는 데 있어 결코 머뭇거려서는 안 된다. 표현하고자 하는 것이 기존의 관습에 어긋나는 경우에도 마찬가지이다. 아마 처음에는 이해를 얻지 못할 수도 있을 것이다. 그렇지만 예술가는 혼자 고립되는 것을 두려워해서는 안 된다. 시간이 흐르면 언젠가는 당신을 이해하는 사람이 찾아오게 된다. 어느 한 사람에게 철저하게 진실한 것은 결국 모든 사람에게 적용되는 진실이기 때문이다.

주변의 눈치를 볼 필요도 없으며 대중들의 눈길을 끌기 위해 억지로 무언가를 할 필요도 없다. 어디까지나 단순하고 솔직해야 한다.

가장 아름다움 주제는 언제나 우리들 주변에 있으며 우리들이 가장 잘 알고 있는 것이기도 하다.

나의 가장 다정하고도 가장 훌륭한 친구인 외젠느 카리에르[2]는 너무나 일찍 세상을 떠난 화가였다. 그는 자기의 아내와 아이들을 주제로 한 그림에서 천재성을 발휘했다. 그는 숭고함에 다다르기 위한 하나의 방편으로 모성애를 예찬했으며 그것만으로도 충분히 아름다운 예술을 만들어낼 수 있었다.

이른바 대가는 세상 사람들이 누구나 다 흔히 보는 것을 자기 자신만의 눈으로 보는 사람이고, 또 너무도 흔하기 때문에 보통 사람들은 별다른 감명을 받지 않는 것에서 진정한 아름다움을 찾아내는 사람이다.

섣부른 예술가는 항상 남의 안경을 쓰고 사물을 본다. 예술에 있어 중요한 것들은 감동, 사랑, 바람 그리고 생활이다. 그렇기 때문에 예술가이기 이전에 먼저 인간이어야 한다!

파스칼은 '참다운 웅변은 웅변을 경멸한다'고 했다. 그와 마찬가지로 '참다운 예술은 예술을 경멸한다'고도 할 수 있다.

외젠느 카리에르의 경우, 전람회에 출품된 대부분의 다른 작품들은 한갓 그림에 지나지 않았지만 카리에르의 그림만은 인생을 향해 열린 창처럼 보였다.

---

2) Eugene Carriere ; 1849~1906, 화가, 모성애를 주제로 한 그림을 많이 남겼다.

부정한 비평을 두려워하지 말라

올바른 비평을 받아들일 수 있는 마음가짐, 그리고 그것을 인정하는 것도 중요하다. 당신 자신을 둘러싸고 있는 여러 가지 의문에 대해 확인해 주는 것이 바로 비평이다. 그러나 양심이 허용하지 않는 비평에 대해서는 스스로 마음을 괴롭히지 않아도 된다.

다시 말해 부정한 비평은 두려워하지 않아도 된다. 그런 부류의 비평은 당신을 찬미하는 사람들을 격분하게 할 것이며, 그로 인해 그들은 당신에 대해 더욱 깊게 이해하는 계기를 갖게 될 것이다. 그리고 더욱 깊어진 이해를 바탕으로 당신을 향한 찬미를 더욱 뚜렷하게 표명할 것이기 때문이다.

가령 당신의 재능이 매우 새로운 것일 경우, 처음에는 소수의 찬미자밖에 얻지 못할 것이며 오히려 많은 적을 갖게 될 것이다. 그러나 용기를 잃을 필요는 없다. 결국 당신을 찬미하는, 그 소수의 친구들이 이길 것이기 때문이다. 찬미하는 사람들은 당신을 사랑해야 하는 이유를 알고 있지만, 당신을 싫어해야 하는 적들은 그 이유를 모르고 있기 때문이다.

찬미하는 사람들은 진실에 대한 열망을 품고서 끊임없이 새로운 찬미자들을 모을 것이지만 적들은 자신들의 잘못된 의견을 끝까지 밀고 나갈 열정이 없기 때문이다. 전자는 꾸준하지만, 후자는 바람에 한번 흔들리면 변할 것이 분명하므로 진실이 이길 것은 확실하다.

예술가는 세속적이거나 정치적인 활동에 관계를 맺어 시간을 허비하는 일이 없도록 해야 한다. 주변에서 간혹 계략에 의해 영광을 누리거나 재산을 얻는 사람을 볼 수 있다. 그러나 그 사람은 진정한 예술가가 아니다. 그러한 사람들 중에는 대단히 총명한 사람도 있는데, 만약 그들이 노는 마당에 뛰어들어 경쟁을 해야 한다면 그들에 못지않을 만큼의 많은 시간을 – 다시 말해 당신의 전 존재를 투자해야 할 것이다. 결국 예술가다운 시간을 위해서라면 단 1분도 아껴서는 안 될 것이다.

예술가는 온 열정을 기울여 자신의 일을 사랑해야 한다. 그보다 더 아름다운 일은 없다. 예술가의 사명은 세속에서 생각하는 것보다 훨씬 더 높은 곳에 있다. 예술가는 그것에 대한 확신을 가져야만 한다.

예술가는 광범위한 기준에서 훌륭한 모범이 되기도 하며, 또한 예술가는 자기 직업을 존중한다. 예술가에게 있어 가장 고마운 보수는 작품을 잘 만들어냈을 때 누리는 기쁨이다.

그런데 오늘날의 세태는 어떠한가? 노동자들을 선동하여 일을 싫어하게 만들고 있거나, 혹은 일부러 일을 태만하게 시켜 그들을 불행에 빠뜨리고 있다. 세계의 모든 사람들은 예술가의 마음을 지니게 될 때 비로소 행복해질 수 있다. 즉 모든 사람이 자신의 일에서 기쁨을 얻는 데까지 나아갈 때 비로소 행복이라 말할 수 있는 것이다.

예술은 성실함이라는 덕목을 보여주는 교훈이 되기도 한다. 참다운 예술가는 정설로 굳어 있는 편견을 거부하는 엄청난 위험을 무릅쓰고서라도 자신의 생각을 그대로 표현해낼 줄 알아야 한다. 그렇게 함으로써 다른 사람들에게 정직함을 가르치는 것이다.

가령 이 세상의 모든 가치들 중에서 절대적인 진실성이 군림하게 된다면 얼마나 빨리 이 사회가 진보할 것인지를 쉽게 상상해볼 수 있다. 이 사회가 스스로 인정하는 과오와 추악함을 빨리 제거한다면 우리들이 발 딛고 서 있는 이곳은 매우 빠른 속도로 낙원으로 변할 것이다.

[출처] 오귀스트 로댕, 김문수 편역, 「젊은 예술가들에게」, 『예술의 숲』, 돋을새김, 2007, 10~18쪽.

도움주신 곳들

고려대학교 출판부, 그린비출판사, 난장, 노마드북스, 녹색평론사, 돋을새김, 돌베개, 동서문화사, 마로니에북스, 문예출판사, 사계절출판사, 새움, 생각의나무, 서울대학교 출판부, 씨네21, 열린책들, 웅진주니어, 을유문화사, 이화여자대학교 출판부, 인문당, 인물과사상사, 지식의날개, 집문당, 창작과비평사, 태학사, 푸른생각, 한겨레출판, 한길사, 해나무, 현대미학사, 현대지성사, 효형출판사, 후마니타스, 휴머니스트, 경향신문, 교수신문, 동아일보, 조선일보, 한겨레

도움주신 분들

강숙아, 강영신, 김미선, 김병덕, 김슬기, 김은하, 김정관, 김주현, 김효연, 류찬열, 모영철, 박정우, 손인국, 심기용, 심우일, 오창은, 이병석, 이빛나, 이유미, 임영봉, 전가은, 전덕원, 지정현, 진중권, 최유희

1. 이 책에 수록된 글들은 해당 저작권자의 허락을 받았습니다. 저작물 수록을 흔쾌히 허락해 주신 저작권자 선생님들과 출판사, 신문사, 잡지사 등에 감사드립니다.
2. 일부 저작물의 경우 저작권을 확보하기 위해 노력했으나, 접촉이 이뤄지지 않았습니다. 하지만, 교육목적이라는 특수성을 감안하여 부득이 일단 수록하는 방법을 선택했습니다.
3. 향후 저작권 요청이 있을 경우, 성심과 성의를 다해 협의하겠습니다.